RAGNAR K. KINZELBACH

ÖKOLOGIE – NATURSCHUTZ – UMWELTSCHUTZ

DIMENSIONEN DER MODERNEN BIOLOGIE

BAND 6

herausgegeben von

Walter Nagl und Franz M. Wuketits

WISSENSCHAFTLICHE BUCHGESELLSCHAFT
DARMSTADT

RAGNAR K. KINZELBACH

ÖKOLOGIE – NATURSCHUTZ UMWELTSCHUTZ

WISSENSCHAFTLICHE BUCHGESELLSCHAFT
DARMSTADT

CIP-Titelaufnahme der Deutschen Bibliothek

Kinzelbach, Ragnar K.:
Ökologie, Naturschutz, Umweltschutz / Ragnar K.
Kinzelbach. – Darmstadt: Wiss. Buchges., 1989
(Dimensionen der modernen Biologie; Bd. 6)
ISBN 3-534-02536-9
ISBN 3-534-02530-X (Gesamtw.)

Bestellnummer 02536-9

Satz: Setzerei Gutowski, Weiterstadt
Druck und Einband: Wissenschaftliche Buchgesellschaft, Darmstadt
Printed in Germany
Schrift: Linotype Times, 10/11

ISBN 3-534-02536-9

INHALT

DIMENSIONEN DER MODERNEN BIOLOGIE

Keine andere Wissenschaft hat in jüngster Zeit so viel an bahnbrechenden Ergebnissen verzeichnet wie die Biologie. Ja, man kann sagen, daß heute ausgehend von der Biologie ein tiefgreifender Wandel unseres Weltbildes stattfindet, zumal viele der modernen biologischen Erkenntnisse in ihrer Konsequenz auch außerhalb der Biologie von großer Bedeutung sind. Evolutionstheorie, Neurobiologie, Soziobiologie und nicht zuletzt die Techniken, die genetische Manipulationen ermöglichen, zwingen zu einer Revision althergebrachter Denkweisen und bedeuten eine große Herausforderung für unser Weltbild. An den gegenwärtigen Forschungen der Biologie sollten daher auch Philosophen, Sozialwissenschaftler und Pädagogen nicht vorbeigehen.

Die Bände dieser Reihe sind so angelegt, daß sie einerseits biologisches Basiswissen vermitteln, andererseits aber auch – und vor allem – die Relevanz der Biologie für ein modernes Verständnis der Welt und des Menschen in dieser Welt deutlich machen. Stets werden von den Autoren der einzelnen Bände Querverbindungen zu anderen Disziplinen geschaffen; die einzelnen Bände bleiben nicht dem Detail verhaftet, sondern sollen Perspektiven öffnen, den Leser zu eigenem, weitergehendem Nachdenken anregen. Die Autoren reflektieren ihren jeweiligen Gegenstand kritisch, mit Blick auf die offenen Fragen und die tatsächlichen oder möglichen Konsequenzen jeweiliger Erkenntnisse.

Die ›Dimensionen der modernen Biologie‹ sollen also die modernen Biowissenschaften in ihrer „ganzen Breite", in ihrer Tragweite für ein Weltbild kritisch darstellen. Die Buchreihe wendet sich daher nicht nur an Dozenten und Studierende der Biologie, sondern vor allem auch an Vertreter anderer Disziplinen und schließlich an alle, die am „Abenteuer" der modernen Biologie interessiert sind. Jeder Band ist in sich abgeschlossen, doch soll die Reihe als Ganzes erst ein geschlossenes Bild der Bedingungen, Strukturen und Tendenzen moderner biologischer Forschung ergeben.

Naturschutz ist heute ein äußerst wichtiges Anliegen geworden. Dabei geht es nicht um romantisches Schwärmertum, sondern um eine Einsicht in die ökologischen Kreisläufe dieses Planeten, wovon die Fortexistenz unserer eigenen Spezies abhängen wird. Kinzelbach trägt im vorliegenden Band diesem Umstand Rechnung und zeigt eine „ökologische Entwicklungsstrategie" auf, wobei es gleichzeitig um die Berechtigung der Frage nach einer Versöhnung von Ökologie und Ökonomie geht, die nur scheinbar durch eine tiefe Kluft getrennt sind.

Doch zugleich bietet das Buch eine Einführung in die Grundbegriffe und Konzepte der Ökologie, wovon auch biologisch weniger versierte Leser profitieren werden. Ökologisches Wissen ist heute Grundwissen und sollte zum wesentlichen Bestandteil unserer Bildung werden. Denn ökologische Strategien sind gleichsam „Überlebensstrategien“ in einer durch den Menschen in starkem Maße veränderten Welt.

Die Herausgeber

ZUM UMSCHLAGBILD

Gezeigt wird ein klassischer Fall von „Symbiose" aus dem Mittelmeer, der Einsiedlerkrebs *Pagurus prideauxi* und die auf seinem Schneckengehäuse angesiedelte Seeanemone *Adamsia palliata*. Beide Arten treten stets zusammen auf; werden sie gelegentlich einzeln gefunden, sind sie unterentwickelt, krank und kaum überlebensfähig.

Dieses enge Verhältnis gilt traditionell als ein Musterfall harmonischen Zusammenlebens und wird als Beleg für die Möglichkeit friedlichen Miteinanders und Ausgleichs in der Natur gebraucht.

Man kann es auch anders sehen. Der Einsiedler hat die Seeanemone versklavt. Ihre Wuchsform ist dem Schneckengehäuse angepaßt. Nach Störung sucht sie aktiv ihren festen Platz am Gehäuse wieder auf. Der Krebs ernährt sie zwar mit, nutzt sie jedoch ganz einseitig aus:

- als vor dem Eingang gelegene, mitwachsende Erweiterung seines meist zu kleinen Schneckengehäuses; nach den Häutungen steht ihm sofort ohne Suchen oder Kämpfen ein noch bzw. wieder passender Schutz zur Verfügung;
- als Wehr und Waffe mittels der Wehrfäden (Akontien) der Seeanemone;
- als Vorratsbeutel, indem er Beutestücke in die günstig in Reichweite gelegene Magentasche der Seeanemone praktiziert (diese darf ein bißchen daran verdauen), sie jedoch beim nächsten kleinen Hunger wieder entnimmt und selbst verzehrt, dabei möglicherweise gar noch von den Verdauungsenzymen der Seerose profitierend.

Von Harmonie und Gerechtigkeit keine Spur. Will man weiterhin vermenschlichend interpretieren, so bleiben nur eher moralisch negative Aussagen: Art-Egoismus des Einsiedlers, Nutzung der Seerose als lebendes Werkzeug, bestenfalls als Haustier, Fixierung des Opfers auf den Täter:

Die jeweilige Deutung sagt mehr aus über die Erwartungen des Betrachters von der Natur als über die Natur selbst.

Ähnlich wie mit diesem Beispiel steht es um das ganze Ökosystem: Derzeit dominieren Meinungen, Erwartungen und Interpretationen noch bei weitem das gesicherte oder gesellschaftlich akzeptierte Wissen. Und das zu einem Zeitpunkt, zu dem wir es uns eigentlich nicht mehr leisten können.

A. ALLGEMEINES

1. Einführung

1.1 Definitionen

Ökologie ist eines der häufigsten Wörter der Gegenwartssprache. Im Gebrauch abgegriffen, bedarf es einer inhaltlichen Auslotung. Ihr dienen die nachfolgenden definitorischen Näherungsversuche.

(a) Die wörtliche Bedeutung des griechischen Kunstworts aus *oikeín* (wohnen) und *lógos* bzw. *logía* (Rede, Sinn) gibt eine nur unvollkommene Erklärung.

(b) Im täglichen Gebrauch versteht man unter Ökologie eine *wissenschaftliche* Befassung mit der Umwelt von Lebewesen – um die noch sachlichste Alltagsdefinition zu nennen. Häufiger steht „ökologisch" für Grüne, Greenpeace, Umweltschutz, Furcht von „dem Atom", gesunde Lebens- und Ernährungsweise. Diese Anwendung ist im wissenschaftlichen Sinn unkorrekt, zumindest verkürzt, da sich Ökologie nicht mit der Umwelt, sondern mit Umwelt*beziehungen* befaßt, wie gleich zu erläutern sein wird.

Andererseits hat „Ökologie" als Bezeichnung für die *gesellschaftliche* Befassung mit Umweltfragen mittlerweile einen derart festen Platz erworben, daß man die doppelte Bedeutung des Wortes akzeptieren muß.

(c) Falsche Definitionen kommen auch aus wissenschaftlicher Richtung: Ökologie soll z. B. die Analyse lebender Systeme sein; eine solche ist jedoch die Aufgabe der Biologie in ihrer Gesamtheit. Gelegentlich werden umgekehrt abiotische Ökosystem-Teile als Ökosysteme bezeichnet; dies geht am durch Lebewesen geprägten Begriff der Ökologie vorbei.

(d) Die klassische Definition von Haeckel (1866): „Ökologie ist die gesamte Wissenschaft von den Beziehungen des Organismus zur umgebenden Außenwelt, wohin wir im weiteren Sinne alle Existenzbedingungen rechnen können."

Sie gilt noch mit wenigen Präzisierungen und Erweiterungen: „Ökologie ist die biologische Teilwissenschaft, die sich befaßt mit der Beschreibung und Kausalanalyse der regelhaft auftretenden Wechselwirkungen zwischen einem Organismus (mehreren Organismen) und einzelnen (oder allen) auf diesen Organismus (diese Organismen) einwirkenden, außerhalb desselben (derselben) befindlichen Größen. Eingeschlossen sind die Wechselwirkungen auf den Komplexitätsebenen des einzelnen Organismus bis zur globalen Organismengemeinschaft (Biosphäre)."

Nicht der Organismus selbst ist Untersuchungsgegenstand. Nicht die Umwelt wird erforscht, vielmehr allein die Wechselbeziehung, alles, was sich zwischen Organismus und Umwelt abspielt. Gegenstand der Untersuchung ist, was an der *Grenzfläche* zwischen beiden vorgeht.

Ökologie ist nicht nur Beschreibung und Analyse eines Zustandes, sondern eines Vorgangs, eines Grenzflächenprozesses, einer Wechselwirkung.

Im folgenden Text wird dafür öfter die Kurzfassung gebraucht:

$$\text{Organismus} \leftrightarrow \text{Umwelt}$$

Der Organismus selbst ist Gegenstand der Biologie. Seine Umwelt wird erforscht von Physik, Chemie, Geo- und Bio- und Sozialwissenschaften. Allein die Wechselwirkung „↔" ist Gegenstand der Ökologie, auf verschiedenen Komplexitätsebenen. Zu ihrer Erforschung müssen selbstverständlich jeweils die Ursachen und Wirkungen in den angrenzenden Bereichen Organismus und Umwelt mit berücksichtigt werden.

Das ist es, was das Anliegen des Ökologen so komplex und schwierig macht.

Daher rührt auch, daß Ökologie eine selbständige wissenschaftliche Fragestellung hat, jedoch keine vom Gegenstand her autonome Wissenschaft ist. Die ökologische Fragestellung kann in allen Bereichen auftreten, die mit Lebewesen zu tun haben, z. B. Mikrobiologie, Neurobiologie, Soziologie, Ethologie, Medizin, Politik.

1.2 Methoden

1.2.1 Allgemeines methodisches Vorgehen

Der Forschungsgegenstand der Ökologie ist ein Prozeß, der sich vielgestaltig zwischen hochkomplexen Gebilden, einem Organismus oder einer Gruppe mehrerer, sich gegenseitig beeinflussender Organismen, sowie einer Fülle von Umweltfaktoren in vielfältiger Kombination vollzieht. Insofern ist nicht überraschend, daß die auftretenden Fragen nur mittels einer hohen *Methodenvielfalt* gelöst werden können.

Geeignet sind letztlich alle naturwissenschaftlichen Methoden. Vor allem deshalb, weil von der Wechselbeziehung ausgehend sowohl der Organismus selbst als auch die Gesamtheit seiner Umweltverhältnisse

Tab. 1: Ökologie: Wissenschaftssystematik und Terminologie. – O = Organismus, U = Umwelt

A. *Komplexitätsebenen* (Allgemeine Ökologie)

monospezifisch	O Monozön Individuum	⟷	U Monotop Ökologische Nische	Monosystem: Organismische Stufe (Physiologische Ökologie)
	O Demozön Population	⟷	U Demotop	Demosystem: Populationsstufe (Demökologie)
polyspezifisch	O Biozönose	⟷	U Biotop (der)	Biosystem u. Ökosystem: Gemeinschaftsstufe (Syn- und Systemökologie*)

* Systemökologie: Gegenstand der Untersuchung ist die Vernetzung der Monosysteme (M) zum Ökosystem sowie der daraus resultierende Stoff-, Energie- und Informationsfluß. Vernetzung durch niche overlap sowie Biosysteme: M_2 ist Umwelt für M_1

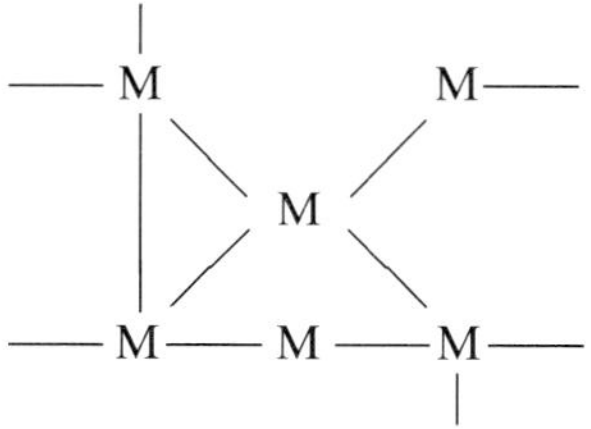

B. *Betrachtungsweisen* (Spezielle Ökologie)

1. Autökologie (Bionomie): Gegenstand der Untersuchung ist der Organismus (Individuum, Population, Art)

O_1 ⟷ { U_1 abiotisch — Physiologische Ökologie; U_1 intraspezifisch — Demökologie, Populationsökologie; U_1 interspezifisch — Synökologie }

O_1 ⟷	U_1 abiotisch	Physiologische Ökologie
	U_1 intraspezifisch	Demökologie, Populationsökologie
	U_1 interspezifisch	Synökologie

   Die autökologische Einheit umfaßt, bezogen auf maximal eine Art, Mono-, Demo- und Biosystem derselben.

2. Landschaftsökologie: spezieller Aufbau und Funktion von Teil-Ökosystemen (regionale Teilbereiche oder Typen).

Forschungsgegenstand sein können bzw. ausgerichtet auf das engere Forschungsziel untersucht werden müssen. Im Bereich des Menschen sind auch die Humanwissenschaften („Geistes"- bzw. Sozialwissenschaften) nutzbar, soweit sie sich bereits methodisch an die Naturwissenschaft anschließen, bzw. ihr empirisches Material.

Aus dieser Position der Ökologie ergibt sich einerseits die Gefahr der Zersplitterung bis zur Unkenntlichkeit, andererseits der Vorteil der (modischen, jedoch selten verwirklichten) „Interdisziplinarität", der Möglichkeit zur Synthese. Dieses von Odum (1977) vorgestellte Spannungsfeld ist fruchtbar und gefährlich zugleich. Vom erhabenen Wandern über den Grat zum furchtbaren Sturz bedarf es nur eines kleinen Schrittes.

Eine weitere Gefahr droht der Ökologie durch Ideologisierung. In Teilbereichen des emotionalen und politischen Naturschutzes werden ökologische *termini technici* zum Kirchenlatein der Reinen Lehre, das Ökosystem zum Götzen: Blut und Boden.

Das Vorgehen ökologischer Forschung hat Thienemann (1939, 1956) treffend, wenngleich in heute etwas veraltetem Vokabular vorgestellt. Wie in allen Wissenschaften gibt es in der Ökologie:

(a) Die beschreibende, deskriptive oder idiographische Stufe. Die Beschreibung erfolgt qualitativ und quantitativ unter Verwendung der *lege artis* und auf dem Stand der Zeit verfügbaren Methoden. Der überwiegende Teil *aller* Wissenschaft ist beschreibend, auch wenn viele Wissenschaftler dies in Berührungsängsten leugnen. Es ist außer Mode, „nur" zu beschreiben (man sollte auch gewiß nicht dabei stehenbleiben), somit wird diese wichtige Komponente wissenschaftlicher Tätigkeit verdrängt und vernachlässigt. Entsprechend den eingeführten Begriffen Physiographie, Geographie, Ethnographie usw. müßte jedoch das meiste, was in der wissenschaftlichen Literatur unter „Öko*logie*" läuft, ehrlicherweise „Öko*graphie*" heißen.

(b) Die kausalanalytische Stufe, gerne als experimentelle Stufe bezeichnet. Letzteres führt ab, indem Experimente sehr nützliche, unentbehrliche, jedoch nicht die einzigen Mittel der Kausalanalyse sind.

(c) Die nomothetische Stufe. Dieser verdanken Wissenschaften die verbreitete zweite Worthälfte „-logie" (z. B. Biologie, Ökologie). Hier werden Theorien formuliert, Prognosen gestellt, die sich dann der Erosion der wissenschaftlichen Kritik und Falsifizierungsversuche auszusetzen haben (Popper 1966).

Häufig bleibt Forschung bei einer der ersten beiden Stufen stehen, denn die Aufstellung einer noch so gut begründeten Theorie ist ein Risiko. Niemand läuft gerne Gefahr, öffentlich widerlegt zu werden. In der Folge wird in der modernen Forschungsbürokratie „sichere" Forschung bevorzugt; ihr Ergebnis ist bereits abzuschätzen, die Methode erprobt, der Vorstoß ins Neuland ist winzig. Wissenschaftlicher Fortschritt lebt jedoch vom Mut – nicht zu verwechseln mit Leichtsinn – zur provozierenden, zur fruchtbaren Theorie.

Nur wenn kreative, phantasiereiche Vorschläge gemacht werden, kann das Poppersche Prinzip der Falsifizierung überhaupt greifen. Wo keine These, keine fruchtbare Kritik. Zwischen einer Theorie, Hypothese, These und einer bloßen Behauptung, einem Hirngespinst, gibt es allerdings nur graduelle Unterschiede; letzteres bedarf allein einer geringeren Mühe der Widerlegung, verwickelt sich eher in Widersprüche.

Ein positives Beispiel ist der „Darwinismus". Er ist in vielen Details hinfällig, stand hinsichtlich der Vererbungslehre auf tönernen Füßen; dennoch war er als geniale Leistung mit wegweisend für die moderne Biologie; er hat sich im Kern als die bisher einzige tragfähige Evolutionstheorie bewährt. Charles Darwin besaß glücklicherweise den Mut, nicht nur seine Daten zu präsentieren, durch die allein er schon einer der Großen der Biologie geworden wäre, sondern er wagte es, eine der populärsten und schärfsten wissenschaftlichen Kontroversen der Neuzeit einzuleiten.

1.2.2 Typische ökologische Methodenbereiche

Die Fragestellungen der Ökologie kommen in der Regel aus der Natur („Freiland"). Dort erfolgen Beobachtung, Beschreibung, Messung, Zählung. Es schließt sich die Interpretation der Daten an, die Erkenntnis von regelhaften Wiederholungen, Korrelationen, Kausalbeziehungen. Es werden (Arbeits-)Hypothesen gebildet, erhärtet durch Experimente vor Ort oder im Labor. Die so fundierte Aussage führt zur Theorie, dem Baustein auf dem Weg zur approximativen Erkenntnis.

Dieses Schema ist sehr abstrakt. In der Praxis hat sich die Ökologie, ungeachtet der potentiellen Methodenvielfalt, einen gängigen Methodenkanon zugelegt. Dabei sind Taktiken der Datengewinnung (Techniken, Verfahrensweisen, Experimente, sowie ihr jeweiliger theoretischer Hintergrund: Technologie) zu unterscheiden von der am Ziel, an der speziellen Fragestellung ausgerichteten Strategie des Vorgehens (Methode – Methodik – Methodologie). Eine willkürliche, überwiegend auf Tiere bezogene Auswahl typischer Methoden gibt nachstehende Aufzählung.

(a) *Qualitatives Sammeln.* Dieses entspricht zunächst der Karikatur des Biologen mit Schmetterlingsnetz und Botanisiertrommel. Es gilt, die Arten der Organismen zu ermitteln, die einen bestimmten Raum besiedeln. Diese Aufgabe ist im Prinzip einfach, in der Durchführung außerordentlich aufwendig. Denn:

- Um Vollständigkeit zu erreichen bedarf es neben den genannten Geräten einer Vielzahl weiterer spezieller Fallen und Techniken, die den Lebensgewohnheiten und Erscheinungszyklen der Organismen angepaßt sind (Mühlenberg 1976). Infolge des Massewechsels von Jahr zu Jahr muß eine mindestens zweijährige Untersuchung angesetzt werden, da andernfalls wahrscheinlich zu viele Taxa übersehen werden.
- Es gibt weltweit mindestens 1,5 Millionen Tierarten (Schätzungen erwarten bis zu 10 Millionen) und mindestens 0,3 Millionen Arten von höheren Pflanzen. In Mitteleuropa sind es noch immer etwa 60000 Tierarten und 2000 höhere Pflanzen. Diese müssen ggf. im Freiland in allen Stadien (Geschlechter, Larven, Puppen, Eier, vegetative Stadien, Früchte, Dauerstadien) erfaßt und unzweideutig determiniert werden. Da z.B. ein auf Systematik spezialisierter Zoologe neben einem allgemeinen Überblick über das Tierreich nur eine Tiergruppe von mehr oder weniger 1500 Arten hinreichend gut „verwalten" kann, bedarf es, sofern eine exakte Erfassung angestrebt wird, schon für recht kleine Flächen eines großen Teams von Spezialisten.

Teilwissenschaften: Faunistik, Floristik, Systematik.

(b) *Quantitatives Sammeln.* Es gibt die gleichen Schwierigkeiten wie beim qualitativen Sammeln, mit dem zusätzlichen Anspruch, die jeweilige Menge organischer Substanz nach den vorhandenen Arten zu quantifizieren. Dies geschieht über Lebend- oder Trockengewicht, C-Gehalt, Enzymaktivität, Zellzahlen. Das Ergebnis ist die Biomasse nach Arten, bezogen auf Zeiten, Flächen oder Räume.

Teilwissenschaften: z.T. Vegetationskunde, Produktionsbiologie.

(c) *Sammeln in der Zeit.* Wie (a) und (b) unter zusätzlicher Beachtung der Tages-, Monats- oder Jahresperiodizität des Auftretens, der Entwicklungszyklen. Erfassung von unperiodischem Massewechsel und der damit verbundenen Veränderungen in der Populationsstruktur.

Teilwissenschaften: botanische, zoologische Phänologie; z.T. Populationsökologie.

(d) *Sammeln im Raum.* Hier geht es zum einen um Organismen auf willkürlich ausgewählten größeren Flächen. Diese können sich je nach dem Zweck der Untersuchung an Naturräumen (S.71) oder an politischen Grenzen orientieren. Diese Betrachtungsweise ist die der biologischen Geographie (Schilder 1950). Im Vordergrund steht das Anliegen, Organismen als gestaltenden Faktor von Landschaft oder eines Teilökosystems zu erfassen (De Lattin 1967, Müller 1980).

Anders geht geographische Biologie vor. Im Vordergrund steht die

Tab. 2: Ökologische Faktoren (nach Schwerdtfeger 1963)

Grundfaktoren:	Licht, elektromagnetische Strahlung Temperatur Sauerstoff, Kohlendioxid Nahrung (Unterschied: Auto- und Heterotrophe)
Dimensionen:	Raum (→ Zoogeographie) Zeit (→ Biorhythmik)
Substrat, Milieu:	Boden Wasser Luft alle Grenzschichten zwischen diesen
Spezielle Faktoren:	Schall, Ionen, Gifte, suspendierte Partikel im Milieu, Gerüche, elektrische und magnetische Felder, Radioaktivität usw.

Untersuchung des Areals einer Art als Ergebnis ökologischer und phylogenetischer bzw. ausbreitungsgeschichtlicher Vorgänge. Sie ist eine weitere unabhängige Kenngröße für eine taxonomische Einheit, neben Struktur und Funktion.

Ermittelt werden Territorien, Wanderungen, Dynamik von Arealgrenzen, Aussterben, Verteilungsmuster, Zonierungen. Techniken sind Markieren (Beringen, Fischmarken, Peilsender), Tracern (Markierung mit Farbe oder Radioaktivität), Registrierung von Bewegungen vom Flugzeug oder Satelliten aus oder mittels Radar.

Teil- bzw. Hilfswissenschaften: Biogeographie, Geographie, Paläogeographie, Paläontologie, Systematik.

(e) *Sukzessionsforschung*. Untersuchung von Besiedlungsprozessen: Neubildung, zeitliche Entwicklung und Regeneration von Pflanzen- und Tiergemeinschaften. Ökologie der Ausbreitung und des Aussterbens von Organismen. Analyse der intra- und interspezifischen Komponenten der Steuerung von Neu- oder Wiederbesiedlung. Probleme der Theoriebildung (Clements 1916).

Teilwissenschaften: Vegetationsgeschichte, Faunengeschichte, Populationsökologie.

(f) *Kurz- und Langzeitmessung von Umweltfaktoren*. Messung physikalischer und chemischer Daten, die als relevant für Pflanzen oder Tiere an ihrem jeweiligen Standort erkannt worden sind. Untersuchung von Milieus und Substraten (Tab. 2). Dazu erfolgt routinemäßige Messung z.B. von Mikro-, Meso- und Makroklima, Einfluß von Witterung, Wetter, Wetterlage, Klima auf Organismen.

Teil- bzw. Hilfswissenschaften: Physik, Chemie, Meteorologie, Ozeanographie, Limnologie, Geologie, Geographie, Bodenkunde.

(g) *Präferenzen.* Ermittlung von bevorzugten Bereichen (Präferenda) eines Umwelt-Parameters durch eine Versuchsgruppe von Organismen unter den vorgegebenen Randbedingungen eines Experiments. Dazu dienen Wahlversuche („Orgel") oder Messung bestimmter Aktivitäten des ganzen Organismus oder von Teilen seines Stoffwechsels.

Teilwissenschaften: Physiologische Ökologie, Autökologie.

(h) *Toleranzen.* Ermittlung derjenigen Größenordnungen eines Umwelt-Parameters, die eine Versuchsgruppe von Organismen unter den vorgegebenen Randbedingungen eines Experiments gerade noch zu ertragen vermag bzw. der Grenzen ihrer Belastbarkeit. Dazu zählen auch Toxizitätstests.

Teil- bzw. Hilfswissenschaften: Physiologische Ökologie, Autökologie, Toxikologie.

(i) *Mustererkennung.* Erkennen regelhafter Verteilungsunterschiede von Organismen in Raum (z. B. Areale, Patchiness) und Zeit (z. B. Biorhythmen) auf graphischen Protokollen und in Datenmengen sowie ihre Darstellung (Karten, Grafiken) und Interpretation.

Hilfswissenschaften: Datenverarbeitung, Informatik.

(k) *System-Forschung.* Erkennung und Darstellung systemhafter Zusammenhänge im Prinzip und im speziellen Ablauf, z. B. Energie- und Stoff-Verläufe ("pathways"), Wirkungsketten, Regelmechanismen. Dazu dienen Analyse, Synthese und/oder konkrete Simulation bzw. Modellierung von Teilen des Ökosystems.

Hilfswissenschaften: Mathematik, Informatik, Physik, Chemie, Umwelttoxikologie.

(l) *Fernerkundung* (Remote sensing). Großräumliche Ermittlung z. B. von Vegetationsformen, Klimadaten, Phänologie, Tierwanderungen.

Hilfswissenschaften: Geographie, Telemetrie, Luftfahrt- und Satellitentechnik.

(m) *Anwendung.* Angewandte Ökologie: *MMM.* Umweltschutz für den Menschen, Schutz des Ökosystems oder bestimmter Teile (Arten, Tiere, Pflanzen, Vegetationsformen, Gewässer etc.).

1.2.3 Erläuterungen zu *MMM*

Im Bereich der Anwendung ökologischer Erkenntnisse ragen drei Tätigkeitsbereiche besonders heraus, die mit den Anfangsbuchstaben ihrer englischen Bezeichnungen als die drei großen *M* bezeichnet werden können. Sie bedürfen vorweg einer besonderen Erläuterung.

Monitoring. Das Anzeigen von Veränderungen im Ökosystem. Dazu dienen Organismen als Bio-Indikatoren: Stirbt eine Art aus, wandert eine neue ein, vermehrt sich eine ungewöhnlich stark, hat eine keinen Nachwuchs, so sind dies Anzeichen für Veränderungen im Ökosystem, ohne daß zunächst aus den beobachteten Folgen direkt auf deren Ursachen geschlossen werden kann. Oft stellt man Korrelationen zu abiotischen Faktoren fest, die jedoch nicht notwendigerweise in Kausalbeziehungen zu den am Bio-Indikator festgestellten Veränderungen stehen. Ein Nexus kann mittelbar über viele Zwischenglieder bestehen. Das älteste und bekannteste Beispiel für praktikables Monitoring ist das Saprobiensystem, eine indirekte Meßmethode für die überwiegend vom O_2-Angebot im Wasser bestimmte „Gewässergüte" (Kolkwitz u. Marsson 1909; Liebmann 1960/62; Sladecek 1973). Seitdem sind zahlreiche weitere Verfahren entwickelt worden.

Ein Bio-Indikator kann auf verschiedenen Komplexitätsebenen anzeigen (Bick u. Neumann 1982; Arndt, Nobel, Schweizer 1987):

Individuum: Meßgrößen sind z. B. „Gesundheits"-Zustand, Vitalität, Schadstoffgehalt (nach normierter Exposition), Verhalten, Stoffwechsel usw.

Population: Meßgrößen sind z. B. Natalitäts- bzw. Mortalitätsrate (z. B. kein Nachwuchs im Bergwald der Voralpen), Alterspyramide, Expansion oder Regression am Rand des Verbreitungsgebietes, Variabilität, Parasitenbefall, Anfälligkeit für Epidemien, physiologische Leistungsfähigkeit (Bioassay-Verfahren).

Biozönose: Meßgrößen sind z. B. Ausfall oder Vermehrung von Mitgliedern, Veränderungen in der Diversität von Arten bzw. ihres relativen Anteils an der Individuenzahl bzw. Biomasse; Umleitung, Verschiebung, Drosselung oder Vermehrung bestimmter Stoff-, Energie-, Informationsflüsse zwischen Mitgliedern bzw. zum unbelebten Außenbereich; Veränderung von Grundfunktionen wie Produktion, Konsumption, Reduktion.

Bereits hier muß auf die Gefahr einer anthropozentrischen Betrachtung aufmerksam gemacht werden. In das Monitoring gehen oft vorschnell naturwissenschaftlich nicht belegbare Wertungen ein, z. B. ein vermeintlicher Eigenwert der Natur bzw. ihr Nutzwert für den Menschen. Diese Tendenz äußert sich in geläufigen Formeln: „Umkippen", „verschlechtert", ökologische „Katastrophe". Eine scheinbar wissenschaftliche Terminologie wird dann unversehens zum Instrument politischer Einflußnahme, nutzt gleichermaßen Betroffenheit und Naivität. Eine derartige Wertung hat selbstverständlich ihre Berechtigung (S. 117), darf sich jedoch nicht im Schafspelz der Wissenschaftlichkeit einschleichen. Auch im Monitoring sucht Ökologie als Wissenschaft zunächst urteilsfreien Befund: Es hat sich etwas verändert am Ökosystem. Was bedeutet das?

Zu häufig erfolgt noch – Folge unserer geringen Kenntnis – Gleichsetzung von Korrelationen mit Kausalbeziehungen: Die Geburtenrate in Mitteleuropa nahm zwar gleichsinnig mit dem Weißstorch *(Ciconia ciconia)* ab, jedoch nicht *weil* der Storch in weiten Teilen ausstarb. Raucher zeigen überdurchschnittlich oft positive soziale Persönlichkeitsmerkmale, jedoch nicht *weil* sie rauchen.

Means. Aus ökologischen Erkenntnissen resultierende vielfältige Techniken, die gezielt als nachteilig empfundene Veränderungen des Ökosystems durch den Menschen soweit möglich rückgängig oder weniger schädlich machen. Dazu zählen z. B. die Kläranlagen (mit Bakterienschlämmen, Tropfkörpern), Klärteiche, Bepflanzungen, Windschutzhecken, Feldgehölze, Nisthilfen, Kunsttümpel.

Management. Darunter versteht man die Gesamtheit von Kenntnissen und Tätigkeiten ökologischer, technischer und soziologischer Art zur überlokalen, vernetzten Planung des gesamten Ökosystems oder von Ausschnitten. Die integrative Absicht der z. T. sogar gesetzlich vorgeschriebenen Raumplanung ist richtig, doch mangels fundierter ökologischer Kenntnisse bzw. des sie einbringenden Sachverstands oft noch fehlerbehaftet. Ein anerkannter Fundus von Vorgehensweisen kristallisiert sich erst allmählich heraus. Ökologisches Management darf nicht nur einer anderen Art von Zerstörung des Ökosystems Vorschub leisten; seine Aufgabe ist, dieses angepaßt weiterzuentwickeln. Bio-Management gerät *a priori* in Interessenkonflikte, da es an die Stelle des tradierten Ökosystems etwas anderes setzt. Planung (= Kultur) ist der Natur (= Ungeplantes bzw. Unplanbares) entgegengesetzt. Nur differenzierte Betrachtung kann diesen Widerspruch auflösen (S. 113). Er wird deutlich an den derzeit propagierten ökologischen Gartenzwergidyllen: „Wir basteln ein Biotop."

1.3 Geschichte

Die Geschichte der wissenschaftlichen Ökologie ist trotz Vorläufern in Antike und früher Neuzeit relativ kurz. Unbewußt wird jedoch Ökologie betrieben seit es Menschen gibt. Allerdings ist die ökologische Verkultung der „Naturmenschen" etwa in Gestalt der Indianer Nordamerikas (z. B. Rede des Chief Seattle, Gruhl 1986) nur modische Utopie: Ihre Naturnähe, ihr Ethos der Anpassung und Bedürfnislosigkeit war eine aus schierer Not geborene Tugend. Nur aus der Einsicht in die Unfähigkeit, mit ihren Mitteln der Natur bessere Bedingungen abtrotzen zu können, ergab sich eine Minimierung der eigenen Bedürfnisse: Der Fuchs und die Trauben (S. 157).

Bewußt und wissenschaftlich wird Ökologie seit dem 19. Jh. betrieben (Trepl 1987), ist daher doch nicht so jung und modern, wie oft angenommen wird. Ihre Entwicklung ist ablesbar an einigen Grundbegriffen, die heute z. T. schon in die Umgangssprache übergegangen sind:

Ökologie	Haeckel 1866
Biocoenose	Möbius 1877
Biotop	Ratzel 1901, Dahl 1908
Autökologie, Synökologie	Schröter 1896, 1902
Umwelt	v. Uexküll 1921
Nische	Elton 1927
Ökologisches System	Woltereck 1928
Ecosystem	Tansley 1935

Im deutschsprachigen Raum gibt es eine reiche ökologische Tradition. Hervorzuheben sind neben den schon vorstehend genannten Autoren u. v. a. Balogh, Ellenberg, Francé, Kühnelt, Remane, Schwerdtfeger, Thienemann, Tischler (Trepl 1987). Daß dennoch Ökologie an den meisten deutschen Universitäten Stiefkind ist und demnach die ökologische Forschung kaum Aufsehen erregt, ergibt sich u. a. aus den Brüchen in der Wissenschaftstradition im Gefolge des physischen oder Leistungs-Ausfalls zweier Kriegsgenerationen und der Emigranten, sowie der *aktiven* Geistfeindlichkeit des Faschismus und der *passiven* unserer satten Jahre.

1.4 Ordnung

Wie kein anderes verlangt das komplexeste Teilgebiet der Biologie nach klarer begrifflicher Ordnung und Einteilung. Die daraus resultierenden Schwierigkeiten sind die der Biologie überhaupt:

Begriffsbildung (Zerschneidung von Kontinua, abbildende Begriffe, z. B. Hassenstein 1954), Begriffshierarchien zur Bewältigung der Informationsmenge (natürliche *vs.* künstliche Ordnungssysteme), Identifikation von Homologien i. w. S. (Remane 1956; Ax 1984).

Die vielfältigen Möglichkeiten der künstlichen Gliederung der Stoff-Fülle der Ökologie demonstrieren die Lehrbücher (vgl. Literatur).

Charakteristika der ökologischen Begriffswelt sind weiterhin:

- Vielfalt und Verwirrung als Folgen der raschen Entwicklung des Faches und seiner Literaturflut.
- Wissenschaftliche Dialekte, entsprechend den Schulen und den rasch divergierenden Fachrichtungen.

- Unschärfen des Trivialgebrauchs, besonders von Wörtern, die zunächst nicht wie *termini technici* aussehen: Ökologische Nische, sich einnischen, Ökosystem, „das" Biotop, der Öko, die Ökopaxe (Presse, z. B. ›Der Spiegel‹, Bundestagsprotokolle), „Ökologie- und Friedensbewegung" (E. Eppler).
  Das Problem ist, daß viele Begriffe der Ökologie (wie der Biologie überhaupt) verständlich klingen und daher jeder glaubt, sie mit Inhalt füllen zu können. In Wirklichkeit sind sie Teil einer wohldefinierten, wenn auch nicht immer wortmorphologisch abgehobenen Fachsprache.
- Pfauenwörter, wie in jeder Wissenschaft: Möge doch die Ökologie nicht an ihren Begriffen ersticken (R. Tüxen, mdl.). Es hat nicht mit Wissenschaft zu tun und ist schlechthin überflüssig, z. B. alle Details eines Lebensraums mit griechisch-lateinischen Kunstwörtern zu belegen.
- Klassifizierende, hierarchische Benennung als Selbstzweck. Sie grassiert besonders bei Typologien von Umwelten/Lebensräumen. Ordnung ist wichtig, doch ein Zuviel läuft dem Zweck zuwider. In Maßen sind deskriptive Systeme notwendig, haben jedoch meist bereits mit ihrer Erstellung ihren Zweck erfüllt; sie sollten nicht festgeschrieben, sondern so rasch wie möglich transzendiert werden. Vergleichbares gilt für die Terminologie der Biozönosen, die besonders bei Pflanzengesellschaften seit Braun-Blanquet (1964) entwickelt wurde (vgl. Walter 1973; Runge 1980). In Maßen unentbehrlich, führt sich bei zu starker Differenzierung das System *ad absurdum*. Die mit noch weit mehr Arten befaßte Zoologie hat damit, von gelegentlichen Sündenfällen abgesehen, glücklicherweise nie angefangen.

2. Die Bedeutung der Ökologie

Ökologische Forschung entspringt wie alle Forschung der Neugierde, dem Spiel, dem Staunen, aber auch der Lebensangst. Sie wird, systematisch durchgeführt, zu einem Mittel der Bewältigung von Schwierigkeiten. Sie ist Teil eines spezifischen Anpassungsmechanismus des Menschen, ein Medium des „Fortschritts". Sie führt zur Einordnung, Berechenbarkeit, Reproduzierbarkeit des Unbekannten und damit zu seiner Beherrschung. Sie bewältigt Ängste, produziert aber auch neue. Sie modifiziert die philosophische Grundfrage „Was ist der Mensch?" zur Frage nach seiner Einbindung in das Ökosystem.

Ökologie i. w. S. dient in besonderem Maße dem Selbstschutz des Menschen vor falscher Einschätzung und Verwaltung seiner Ressourcen, vor Selbstzerstörung. Ihr Ziel ist die Minimierung unvorteilhafter systemökologischer Veränderungen bei gleichzeitiger Optimierung der menschlichen Autökologie. Sie ist (wie eigentlich alle Forschung) somit nie zweckfrei, d. h. immer von Nutzen, bewußt oder unbewußt. Sie ist jedoch im Idealfalle zielfrei, indem ihr wissenschaftliches Ergebnis und die daraus ggf. abzuleitenden Empfehlungen nicht vorher festliegen. Gibt sie diesen Anspruch auf, wird sie zur Ideologie.

Andererseits befindet sich Ökologie als Wissenschaft in einem Spannungsfeld zwischen Reduktionismus und Holismus, das schon Odum (1977, in: Odum 1983) ausgeleuchtet hat. Ökologische ist wie jede wissenschaftliche Forschung bestrebt, die behandelten komplexen Phänomene auf einfachere Gesetzmäßigkeiten bzw. niedrigere Kausalitätsebenen zurückzuführen. Schon bei einfacheren biologischen Systemen erwies sich jedoch der Vergleich innerhalb gleicher Komplexitätsebenen ebenso wie die Übertragung von Erkenntnissen auf höhere Ebenen als fruchtbar. Beides kommt auch für die Ökologie in Frage, insbesondere hinsichtlich ihrer Anwendung auf die Umweltsituation des Menschen.

Ökologie behandelt das o. g. Wechselverhältnis zwischen Organismen und Umwelt in allen seinen Weiterungen mit naturwissenschaftlicher Methodik. Sie ist demnach eine theoretische Wissenschaft. Sie ist allerdings infolge der vielfältigen Beziehung ihres Gegenstandes zum Menschen für diesen vielfach eine Entscheidungs- und Handlungshilfe. Ökologie ist somit in weitestem Umfang anwendbar. Sie ist dennoch keine „angewandte“ Wissenschaft – die es vom Sprachsinn her eigentlich nicht geben kann. Sie ist eine der wissenschaftlichen Grundlagen der auf Umwelt und Ökosystem gerichteten Tätigkeiten des Menschen, z. B. des Natur- und Umweltschutzes. Einige oft mit Ökologie vermengte Begriffe aus dem Bereich ihrer Anwendung sollen schon hier differenziert werden:

Naturschutz: Schutz der Natur (um ihrer selbst willen [„ethisch“] oder um des Menschen willen [s. u.]) vor dem Menschen. – Erhaltung von Genom und Lebensraum (Arten- und Habitatschutz).

Umweltschutz: Schutz der Natur als Teil der menschlichen Umwelt, um sie dem Menschen nutzbar zu erhalten (Ressourcen, Erholung, Psychosomatik) und um Schaden vom Menschen abzuwenden (Vergiftung, Mangelzustände, soziale Krisen). Umsetzung von Ökologie in Politik mit dem Ziel der Erhaltung menschenwürdiger Umwelt durch deren Beeinflussung und Gestaltung.

Umweltforschung: Erforschung der artspezifischen Umwelt des Menschen (Humanökologie, Spezielle Ökologie des Menschen), jedoch gegenwärtig meist eingeschränkt und bezogen auf solche Faktoren, die zur Pejorisierung tendieren und den Menschen potentiell gefährden.

B. ÖKOLOGIE

Zum Verständnis der Grundlagen von Natur- und Umweltschutz bedarf es einer Kenntnis ökologischer Sachverhalte. Sie werden nachstehend in zwei Gruppen präsentiert. Einmal als Allgemeine Ökologie, die solche Gesetzmäßigkeiten und Informationen erfaßt, die für das gesamte Ökosystem gelten und damit für alle seine Teilungen, sei es nach Regionen oder nach beteiligten Organismen-Gruppierungen. Zum anderen als Spezielle Ökologie, in der die spezifischen regionalen Unterschiede von Teil-Ökosystemen und die Vielfalt der Einbindung von Organismen hervorgehoben und Gegenstand der Untersuchung sind.

1. Allgemeine Ökologie

Der Inhalt der Allgemeinen Ökologie wird zweckmäßigerweise in steigender Reihenfolge seiner Komplexität dargestellt. Dies entspricht den drei natürlichen zur Ökologie gehörenden aufeinander aufbauenden Komplexitätsebenen (Abb. 1). Diesem Vorgehen folgen, im Detail zwar sehr unterschiedlich, im Prinzip jedoch übereinstimmend, die meisten Lehrbücher und Systematiken der Ökologie.

1.1 Das Monosystem: Organismische Stufe

Die erste und einfachste der drei Komplexitätsebenen betrifft die Ökologie einzelner Organismen und wird daher als organismische Stufe bezeichnet. Der ökologische Grenzflächenprozeß erfolgt hier an einem Individuum oder einer Art. Daher die Bezeichnung Monosystem (gr. *mónos*: allein) (Schwerdtfeger 1963). Dieses ist allerdings weit bekannter unter dem etwas schillernden Begriff „ökologische Nische".

1.1.1 Terminologie um die ökologische Nische

Es gibt mehrere Möglichkeiten der Näherung an dieses Begriffsfeld. Das Grundschema ist auch hier:

$$\text{Organismus} \leftrightarrow \text{Umwelt}$$

Die Entsprechungen zu Folgebegriffen zeigt Tab. 1.

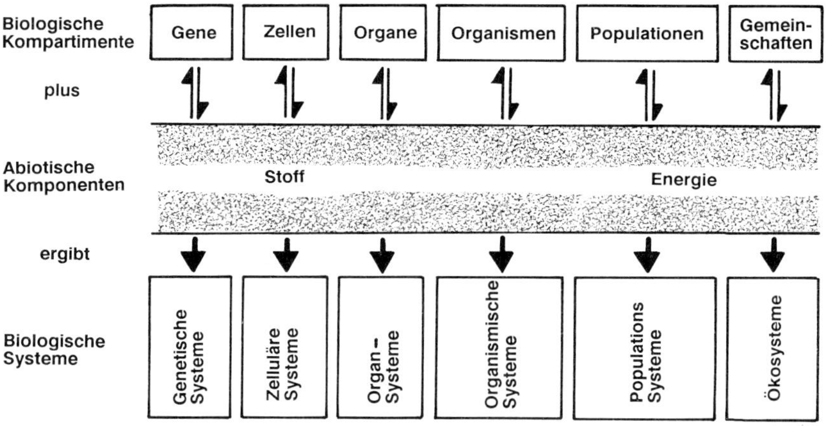

Abb. 1: Komplexitätsebenen des Lebens. Verändert nach Odum (1983).

1. Näherung: Präzisierung von Organismus.

Ein Lebewesen, ein Organismus, ist eine Einheit, die die allgemeinen Eigenschaften des Lebens aufweist: Spezifische Struktur (z. B. Besitz von Nukleinsäuren), Energie- und Stoffwechsel, Reproduktionsfähigkeit. Für die ökologische Betrachtung sind zwei Eigenschaften hervorzuheben:

(a) Der Organismus ist durch eine Trennschicht (Integument i. w. S.: Zellmembran, Pellicula, Epidermis, mehrschichtige Haut) abgetrennt vom umgebenden Medium. Er bildet ein Kompartiment. Diese Trennung erfolgt allerdings nur partiell, indem Energie, Stoffe und Information kontrolliert, meist über spezialisierte Strukturen, zwischen Organismus und Milieu ausgetauscht werden können.

(b) Leben tritt im Prinzip immer in „Quanten", in Individuen auf. Deren absolute Größe ist grob mit ihrer Komplexität korreliert: Subzellular organisierte Organismen (z. B. Viren), monozellulare Organismen (z. B. Bakterien, einzellige Pilze, Pflanzen und Tiere), vielzellige Organismen (höhere Pflanzen, Pilze und Tiere).

Ersetzt man den allgemeinen Begriff des Organismus im Grundschema, so ergibt sich eine aufsteigende Reihe von Substituenten. Sie beginnt mit einem sehr genau definierbaren Fall und endet mit einer hinreichend präzise, jedoch nur noch statistisch umrissenen Gruppe von Individuen.

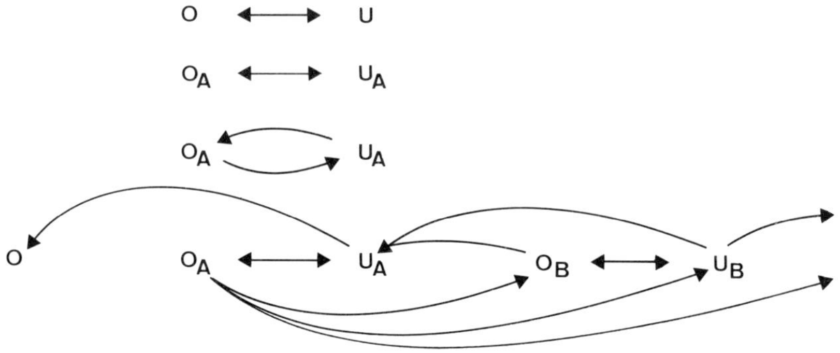

Abb. 2: Das Monosystem und Vernetzung von Monosystemen zweier Organismen (A und B). O = Organismus (Monozön), U = spezifische Umwelt (Monotop).

Substituenten (abnehmender Präzision):

- Definiertes Individuum: Betrachtet wird ein Individuum, dessen Vorgeschichte und Lebensumstände exakt bekannt sind, z. B. Art, Zuchtstamm, Alter, Geschlecht, Stadium, Stand im Tages- und Jahreszyklus, Streßbelastung, Aktivität, Sättigungsgrad, frühere und jetzige Krankheiten, Voranpassung an den Versuch usw. Nur hinsichtlich eines derart möglichst vollständig bekannten Organismus kann eine exakte Aussage über seine Beziehungen zur Umwelt gewonnen werden.
- Undefiniertes Individuum: Betrachtet wird – und das ist der Regelfall – ein Individuum, das aus praktischen Gründen nicht so genau definiert werden konnte wie im vorgenannten Idealfall. Damit ist ein Verlust an Genauigkeit der Aussage über seine Umweltbeziehungen verbunden.
- Engste genetische Verwandte: Betrachtet werden z. B. eineiige Mehrlinge; ungeschlechtlich entstandene Teilstücke der gleichen Pflanze (z. B. durch Ausläufer, Stecklinge, Zellkulturen); ungeschlechtlich entstandene Teiltiere (Zooide, „Personen") eines Tierstocks (Kormus: z. B. Korallen, Staatsquallen, Moostierchen, vgl. Boardman et al. 1973). Es ist gewiß, daß sich die hier betrachteten Einheiten ökologisch sehr ähnlich verhalten werden; eine gewisse Streubreite tritt jedoch auf.
- Weitere genetische Verwandte: z. B. Inzuchtstämme (Klon); Generationengruppen (Familien); Geschwistergruppen; Tierstaaten (Nachkommen weniger Individuen: z. B. Bienenstock).
- Aggregation, Konglobation (Herde): Sommerschwärme von Staren, Herden von Straußen, Zebras, Gnus oder Rothirschen oder

Schwärme von Fischen bestehen aus sowohl nahe verwandten als auch im gleichen Milieu aufgewachsenen bzw. noch lebenden Individuen. Sie zeigen ähnliche Umweltbeziehungen, wenngleich die Streubreite wiederum größer ist als in den vorgenannten Fällen.

- Population: Gruppe von Individuen unterschiedlichen, jedoch größeren Umfangs, die sich ökologisch sehr einheitlich verhält infolge eines uneingeschränkten internen genetischen Austauschs (Panmixie) und infolge der Besiedlung einer räumlich begrenzten, gleichartigen Umgebung.
- Subspecies (Unterart, geographische oder Wirts-Rasse): Der genetische Austausch mit Nachbargruppen ist zwar potentiell noch möglich, durch geographische, ökologische oder ethologische Sperren *de facto* jedoch stark eingeschränkt. Infolgedessen gibt es deutlich wahrnehmbare Unterschiede in struktureller, ethologischer und ökologischer Hinsicht.
- Art (Species): Die ranghöchste Gruppe innerhalb derer potentiell uneingeschränkt genetischer Austausch erfolgen kann. Von (phylo-) genetischen Sonderfällen (verminderte Fertilität unter Angehörigen der gleichen Art, Aufhebung von Paarungsschranken zwischen Arten u. ä.) sei hier abgesehen. Eine Art ist jedoch weder genetisch völlig homogen noch besiedelt sie einen ökologisch einheitlichen Raum. Über die Ökologie einer Art können daher zwar noch sinnvolle generelle Aussagen gemacht werden, doch ist mit erheblichen Unschärfen und Streubreiten zu rechnen.

Mit der Art endet die Reihe der legitimen Substitution im taxonomischen Bereich. Arten sind u. a. dadurch voneinander unterschieden, daß sie verschiedene Ökologien aufweisen. Es gibt daher keine Ökologie der Gattungen, Familien, Ordnungen, Klassen. Diese sind historisch-phylogenetische Begriffe, ohne Entsprechung auf der Seite der Ökologie. Es gibt keine Ökologie der Vögel, der Mollusken usw. außer als Buchtitel, d.h. als subjektive Auswahl. Systematisch weit getrennte Mitglieder ökologischer Gilden (S. 31) stimmen in ihrem ökologischen Verhalten stärker überein als mit ihren näheren phylogenetischen Verwandten.

Es gibt jedoch andere, legitime Substituenten über die Art hinaus:

- Biozönose: Eine Gruppierung aus mehreren bis vielen Arten, die gemeinsam in einem engeren geographischen Bereich auftreten (S. 68). Ihr Gegenüber auf der Umweltseite ist der Biotop. – Oft hat sich hier der illegitime systematische Aspekt eingeschlichen: Man spricht von Phytozönose (Lebensgemeinschaft von Pflanzen), Zoozönose (von Tieren), Ichthyozönose (von Fischen), Ornithozönose (von Vögeln) usw. Soweit diese Wörter rein praktische Begrenzungen wiedergeben, mögen sie toleriert sein; leider entwickeln sie meist eine Eigendynamik und täuschen im Ökosystem nicht wirklich vorhandene Gemeinschaften vor.

- Biosphäre: Unter Vernachlässigung einiger in der Landschaftsökologie und Geographie üblichen Zwischenstufen (S. 72) wird damit in der Begriffshierarchie die Gesamtheit des Lebens auf der Erde bezeichnet. Allgemeine Eigenschaften des Lebens entsprechen den allgemeinen Umwelt-Randbedingungen unseres Planeten: Geosphäre. Auch über diese Beziehung können, allerdings nur sehr allgemeine, ökologische Feststellungen getroffen werden.

2. Näherung: Präzisierung von „Umwelt“.

Zur Präzisierung von „Umwelt“ auf der Stufe des Monosystems hat J. v. Uexküll (1921) beigetragen, indem er der „Innenwelt“ des Organismus drei Abstufungen dessen gegenüberstellte, was sich um den Organismus befindet.

- Außenwelt: Sie *ist*, sie existiert lediglich. Sie umfaßt das Universum außerhalb des betrachteten Lebewesens.
- Umgebung: Sie *ist* und *wird potentiell wahrgenommen*, sei es bewußt oder unbewußt. Sie ist nicht einer bestimmten Art oder Artengruppe zugeordnet. Der Begriff ist beschreibend und deckt sich mit der „Landschaft“ der Geographie oder mit dem mehr oder weniger unverbindlichen „Habitat“.
- Umwelt: Sie *ist, wird potentiell wahrgenommen* und hat *Bedeutung* (Relevanz) für ein Lebewesen, und zwar *regelhaft* (z. B. ist ein einmaliger Meteorfall auf ein Krokodil keine nennenswerte ökologische Größe). Bezieht sich Umwelt auf maximal eine Art im Sinne der vorgenannten Substitution, so heißt sie Monotop. Steht die Umwelt mehrerer, jedoch im gleichen Bereich lebender Arten in Rede, so heißt sie Biotop.

Demnach ist Umwelt derjenige Ausschnitt der Außenwelt bzw. Umgebung, der für einen bestimmten oder für eine definierte Gruppe von Organismen (s. o.) regelhaft eine wie auch immer geartete Bedeutung trägt. Sie ist die Gesamtheit aller für einen Organismus oder eine Organismengruppe regelhaft relevanter Faktoren (abiotische, biogene, psychische usw.).

Einige Folgen dieser Definition sollen vorgestellt werden:

(a) Umwelt ist exakt nur bestimmbar für das o. g. definierte Individuum. Hingewiesen sei auf den raschen Wechsel der Umwelt in der Zeit z. B. durch Gestimmtheiten im Sinne der Ethologie (Abb. 3). Bei Betrachtung umfassenderer Gruppierungen gewinnt Umwelt eine hohe Streubreite der einzelnen Faktoren; sie wird stochastisch. Umwelt ist jeweils verschieden für Teilgruppen (z. B. Morphen, Stadien, Individuen) einer Art, wie z. B. für Frau oder Mann, für Königin oder Arbeiterin bei

Abb. 3: Kurzfristiger Wechsel der Einnischung in der Zeit („Stimmungen") beim Weißstorch. (a) Storch in einer Umgebung. (b) Umweltfaktoren zu einem bestimmten Zeitpunkt: Grundfaktoren Licht, Luft, Temperatur, Untergrund; spezielle Faktoren: Beute und Störung durch Angler. (c) Umweltfaktoren etwas später: Grundfaktoren gleich; speziell wirksame Faktoren sind jetzt die Beute und das Nest, in dem Junge warten. Original.

Bienen; anders für Ei, Larve, Jungtier, Erwachsenes; anders für Herrn Müller oder Schmitt.

(b) Umwelt ist artspezifisch. Die Umwelt von Pantoffeltierchen *(Paramecium caudatum)*, Honigbiene *(Apis mellifica)*, Lachs *(Salmo salar)*, Veilchen *(Viola odorata)* oder Mensch *(Homo sapiens)* ist offensichtlich verschieden.

Die Artspezifität kann auf unterschiedlicher Grundlage beruhen. Man vergleiche z.B. die sehr verschiedene Wahrnehmung von Umgebung durch das Auge (Abb. 4) oder auf wie unterschiedliche Weise Licht Organismen beeinflussen kann (Abb. 5). Tiere mit bestimmtem Instrumentarium können nur ein spezielles, begrenztes Nahrungsangebot aufnehmen (Abb. 6, 7). Gleichzeitig wirken mehrere bis viele Faktoren. Die Ursachen artspezifischer ökologischer Einpassung sind z.T. komplex (Abb. 8).

(c) Gewisse Teile der Umwelt sind allerdings allen oder einem großen Teil der Lebewesen gemeinsam, die sog. Grundfaktoren, z.B. Substrat, Sauerstoff, Temperatur, Wasser etc. (Tab. 2). Es gibt Bereiche weiter Überlappung der Umweltansprüche, die „Großnische". Allerdings gilt Gauses (1932) Hypothese:

CCCC *(Complete competitors cannot coexist)*.

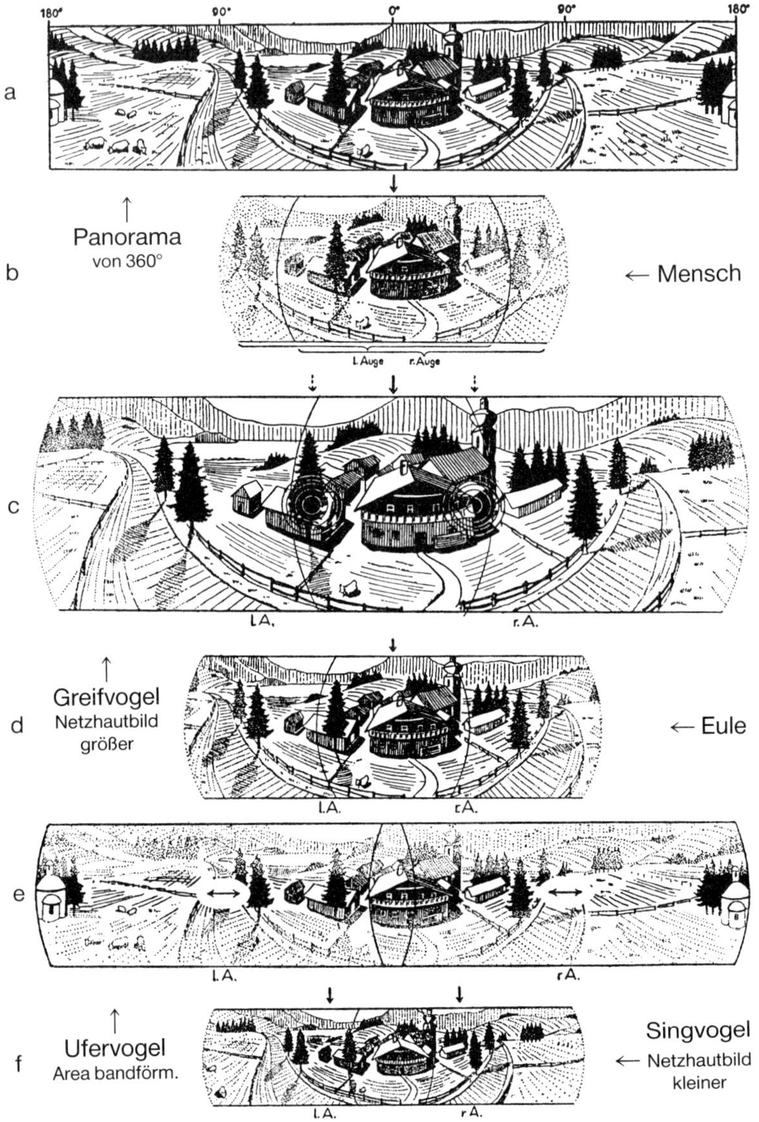

Abb. 4: Vergleich der artspezifischen Wahrnehmung eines Panoramas (a). Die Überschneidungsbereiche der Augen sind durch Kreisbögen angedeutet; sie sind hoch beim Menschen und bei einer Eule, gering bei einem Ufervogel. Verzerrungen bzw. Lücken im Bild sind in (c) durch konzentrische Kreise, in (e) durch weiße Flecken mit Pfeil symbolisiert. Nach J. Schwarzkopff, in: Berndt u. Meise (1959).

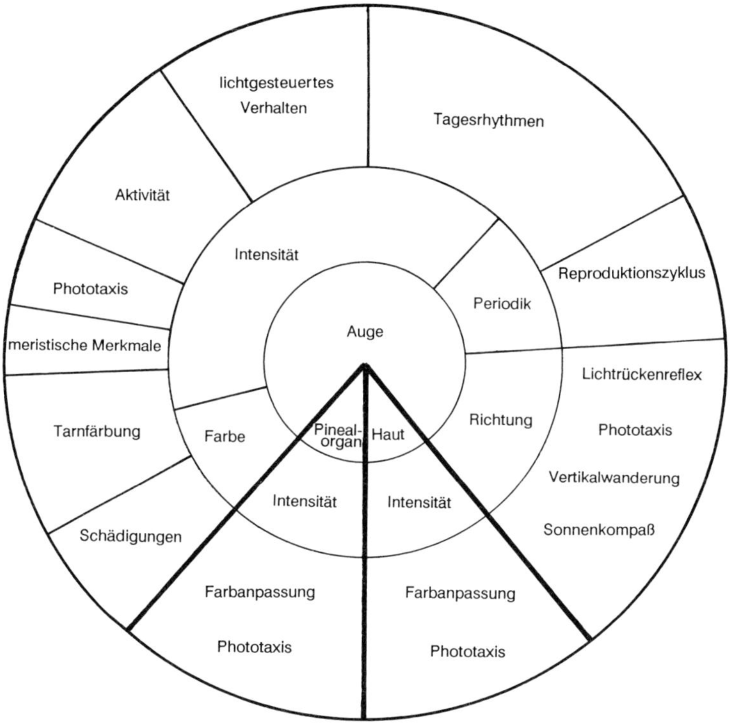

Abb. 5: Schema der Möglichkeiten der Interaktionen von Licht auf einen Fisch. Von innen nach außen: Organe der Perzeption, Eigenschaften des Lichtes, Wirkungen des Lichtes. Nach J. H. S. Blaxter, in: Kinne (1970).

Sind zwei Organismengruppen in ihren Umweltbeziehungen (fast) gleich, so handelt es sich entweder um Angehörige derselben Art – mögen sie auch zunächst verschieden erscheinen – oder sie treten in Konkurrenz. Diese führt entweder zu Abwanderung einer der Gruppen, zu Vernichtung oder rascher divergierender Entwicklung in Teilbereichen der Nische unter Verringerung der Konkurrenz. Jede Art hat ihre spezifische ökologische Nische, die sich nur teilweise, niemals völlig, mit der einer anderen Art überlappen kann. – Der Druck zur Abgrenzung wird sinnfällig bei Merkmalsverschiebung *(character displacement)* im Überlappungsbereich nahe verwandter Taxa (Abb. 9). – Die Konkurrenz kann allerdings bei Vorliegen hoher Standortdiversität („Verstecke“) gemindert sein; ähnlich erhöht eine solche erheblich die Überlebensrate der Beute in einem Räuber-Beute-System (S. 46).

(d) Umwelt wird mit wachsender Komplexität der Organismen

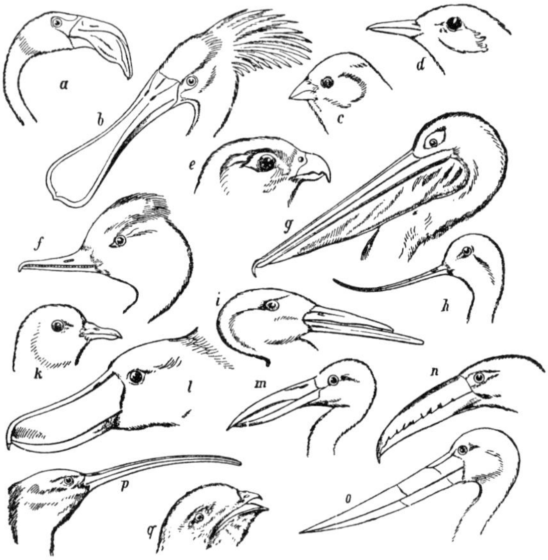

Abb. 6: Anpassung einer Struktur an die Nahrungsaufnahme. Schnäbel von (a) Rosenflamingo *(Phoenicopterus ruber roseus)*, (b) Löffler *(Platalea leucorodia)*, (c) Goldammer *(Emberiza cirinella)*, (d) Blaumerle *(Monticola solitarius)*, (e) Gerfalk *(Falco rusticolus)*, (f) Gänsesäger *(Mergus merganser)*, (g) Australien-Pelikan *(Pelecanus conspicillatus)*, (h) Säbelschnäbler *(Recurvirostra avosetta)*, (i) Scherenschnabel *(Rhynchops nigra)*, (k) Felsentaube *(Columba livia)*, (l) Schuhschnabel *(Balaeniceps rex)*, (m) Indischer Klaffschnabel *(Anastomus oscitans)*, (n) Arassari *(Pteroglossus aracari)*, (o) Sattelstorch *(Ephippiorhynchus senegalensis)*, (p) Sichler *(Plegadis falcinellus)*, (q) Mauersegler *(Apus apus)*. Nach Naumann-Hennicke, in: Berndt u. Meise (1959).

immer komplexer. Immer mehr und immer subtilere Faktoren können ökologisch relevant werden. Ferne astronomische Gebilde wie z. B. die Jupitermonde oder der Andromeda-Nebel sind Außenwelt für alle Organismen. Für das scharfe Auge einer Eule könnten sie Umgebung sein, indem sie potentiell wahrnehmbar sind. Für den Menschen sind sie Umwelt, indem etwa ein Astronom davon lebt sie zu erforschen, indem ein Techniker seinen Unterhalt damit bestreitet, Satelliten oder Fernrohre zu ihrer Untersuchung zu konstruieren. Das Prinzip der funktionellen Diversifikation der Organismen wird innerhalb der Art Mensch in überaus subtiler und vielfältiger Weise fortgesetzt.

Gleichsinnig geht der Anteil der einfachen Faktoren für komplexe Tiere relativ zurück. Die klassischen Grundfaktoren (s. Tab. 2) treten hintan, besonders wiederum für den Menschen. Dieser manipuliert die

Abb. 7: Unterschiedliche Jagdstrategie von Greifvögeln. Das ethologische Inventar bestimmt z. T. die Nahrungsnische. Nach Dylla u. Kraetzner (1985).

basalen Bereiche der Umwelt, kann sich künstlich adäquate abiotische Umwelten schaffen (z. B. zur Raumfahrt). Hingegen nehmen Anteil und Bedeutung der psychosozialen Umwelt zu.

(e) Umwelt ist historisch. Phylogenese der Organismen ist Anpassung an sich ändernde Umwelten. Umweltveränderung ist über die Selektion ein Motor der Evolution. Die spezielle Bildung vieler Organe läßt noch erkennen, daß sie einst an andere Funktionen angepaßt waren, sich bei einem Wechsel der ökologischen Beziehungen jedoch als zufällig geeignet erwiesen, neue Aufgaben zu übernehmen („Präadaptation"); z. B. lassen die Hangel-Arme, der opponierbare Daumen und die Fähigkeit zum räumlichen Sehen des Menschen einen kletternden Waldbewohner als Vorfahren erkennen, der unentbehrliche Eigenschaften für unser spezifisches Mensch-Sein einbrachte. Auch im Verlauf der Ontogenese ändern sich ökologische Beziehungen (S. 42). Besonders bei höheren Wirbeltieren tritt dazu noch die Möglichkeit zur Bildung in der Zeit variabler Traditionen: Bei vielen Singvögeln gibt es ein Erlernen des Gesangs vom Vater; bei Makaken, Rabenkrähen oder Schmutzgeiern Werkzeuggebrauch; beim Menschen das Tradieren zahlreicher Moden, Sitten, Symbole, Wertschätzungen (Gold, Eigenheim), Rangabzeichen (Titel, Hut, Mercedes). Diese erfahren sogar eine analog zu basalen biologischen Merkmalen verlaufende Evolution (Koenig 1968).

(f) Die ökologischen Beziehungen des Menschen bilden durch ihren Umfang und ihre Universalität ein Störpotential. Sie bedingen jedoch

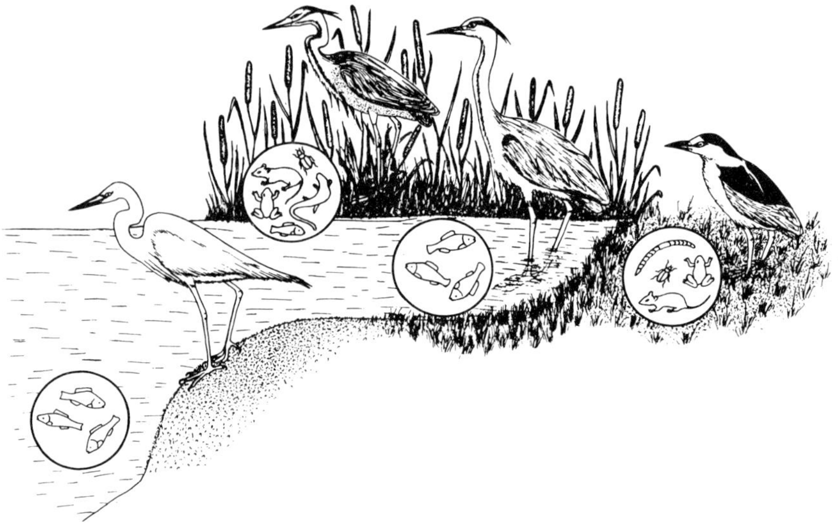

Abb. 8: Aufteilung der Nahrungsräume und angepaßtes Verhalten des Nahrungserwerbs bei (von links) Silberreiher *(Casmerodius albus)*, Purpurreiher *(Ardea purpurea)*, Graureiher *(Ardea cinerea)* und Nachtreiher *(Nycticorax nycticorax)*. Die Nahrung ist zwar verschieden, jedoch nicht für die einzelnen Arten spezifisch. Sie ist Folge der, nicht Ursache für die Einnischung. Nach Stugren, in: Tischler (1976).

auch eine Überlegenheit, die sich nicht zuletzt in seiner Bevölkerungszahl ausdrückt (S. 88).

(g) Umwelt (Art-Lebensraum, Standort) ist differenziert darzustellen bzw. zu verstehen als ein dynamischer Komplex aller physikalischen und chemischen Größen, die regelhaft, bewußt oder unbewußt, aktiv oder passiv, dauernd oder intermittierend mit einem Organismus (oder einer Organismengruppe) in Beziehung treten.

3. Näherung: Präzisierung durch Definitionen des Monosystems.

Bisher wurde die Seite des Organismus und die Seite der Umwelt im Grundschema erläutert. Was sich zwischen ihnen abspielt, blieb noch im Ungefähren. Hier bringt die Betrachtung des Monosystems weiter.

	←——— Reiz	
Organismus	←———————→	Umwelt
Monozön		*Monotop*
	Reaktion ———→	

Es besteht aus dem Organismus (Innenwelt), der aufgrund seiner spezifischen Organisation über eine bestimmte Reaktionsnorm verfügt. Im

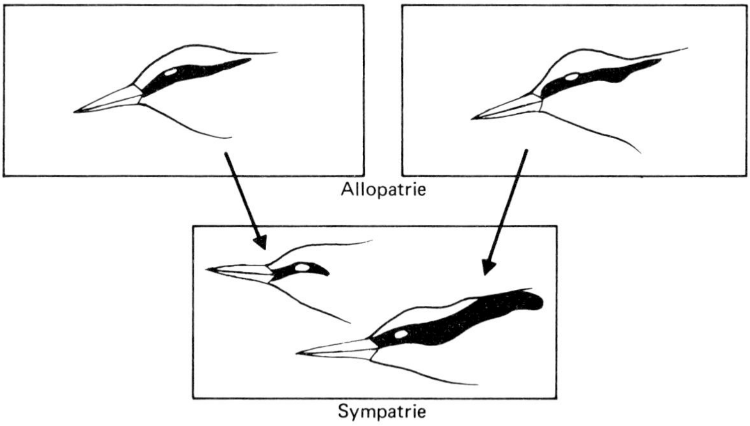

Abb. 9: Merkmalsverschiebung (character displacement) zu stärkerer Kontrastierung im Bereich gemeinsamen Vorkommens (Sympatrie) am Beispiel von Klippenkleiber *Sitta tephronata* und Felsenkleiber *Sitta neumayer* in Ostanatolien. Nach C. Vaurie, in: Odum (1983).

Monosystem heißt der Organismus Monozön (in Angleichung an Biozönose auf höherer Komplexitätsebene). Er reagiert auf von außen gesetzte Reize. Die Gesamtheit der relevanten, reiz-ausübenden Faktoren war als Umwelt, genauer Monotop bezeichnet worden, in Angleichung an Biotop auf höherer Komplexitätsebene (Schwerdtfeger 1963).

Mit den Begriffen Monozön, Monotop und Monosystem liegt ein bündiges verbales Schema für das vor, was häufig weniger genau als ökologische Nische bezeichnet wird. Zudem gibt es zwei stark divergierende Definitionen von Nische:

– Die „angelsächsische Nische" nach Elton (1927) = Monotop.
  Sie umfaßt die Gesamtheit aller für einen Organismus (bis zum Artniveau) regelhaft relevanten Faktoren. Sie umschreibt Umwelt in Beziehung auf einen bestimmten Organismus.
  Auf feinere Differenzierungen, z.B. die Nischen – Modelle nach Hutchinson (1965) bzw. Grinnell (1904) sei hier nur hingewiesen (vgl. James et al. 1984).
– Die „kontinentaleuropäische Nische" nach Peus (1954). Sie entspricht dem Monosystem. Sie kennzeichnet den Zustand und die fortwährende Erhaltung der An/Einpassung eines Organismus an eine spezifische Kombination relevanter, regelhaft auftretender Faktoren, beschreibt somit den ökologischen Grenzflächenprozeß.

Entsprechend dem Gebrauch in der internationalen Literatur ist die Gleichsetzung von ökologischer Nische mit Monotop vorzuziehen.

Tab. 3: Hierarchie der Anpassungs- bzw. Reaktionsgeschwindigkeit. Sie läuft parallel zur Größe der sie tragenden Einheit und zum Grad der Reversibilität

Langfristige erbliche Adaptation der *Art* als Gesamt-Genpool über Mutation/Selektion.
Anpassung einer *Population via* Streubreite durch rasche Selektion Begünstigter bzw. Benachteiligter, „Siebung" nach Grad der fitness (z. B. Resistenzzucht; soziale Siebung).
Anpassung durch *individuelle* Modifikabilität (besonders deutlich bei Pflanzen: Standortmodifikationen).
Regulationsfähigkeit ohne wesentliche oder andauernde Veränderung des physiologischen Zustandes (z. B. Ausscheidung eines Übermaßes an Kochsalz; Färbungsanpassung eines Chamäleons).
Kurzfristige Reaktionsfähigkeit (z. B. Flucht).

Reize: Die die Umwelt(en) bildenden Faktoren sind zahlreich und komplex, die von ihnen gesetzten Reize sind für den „Empfänger" Organismus adäquat oder inadäquat. Die Drift von Umweltfaktoren in Qualität und Quantität in der Zeit (periodisch, unperiodisch, kurz- oder langfristig) ist der Motor des von außen gesetzten Zwanges zur Anpassung der Organismen auf verschiedenen Ebenen, mit unterschiedlicher Reaktionsdauer und unterschiedlichem Reversibilitätsgrad (Tab. 3).

Reaktionen: Sie sind in großer, jedoch begrenzter Anzahl vorhanden, sind spezifisch auf adäquate Reize ausgerichtet oder unspezifisch bei inadäquatem Reiz (z. B. Licht im Auge bei einem Schlag; Temperaturerhöhung von Wechselwarmen bei jeder Art von Belastung). Es gibt eine Hierarchie der zeitlichen Verfügbarkeit, die grob mit dem Grad der Komplexität korreliert ist (Tab. 3). Die Reaktionen halten Schritt mit exogenen Veränderungen – oder auch nicht. Mutation, Selektion, Vererbung und Rekombination sind die Mittel zur langfristigen, mit einer gewissen Streubreite genetisch fixierten Anpassung einer Population (Wuketits 1987).

4. Näherung: Beschreibung des Monosystems im Nachvollzug des Prozesses seiner historischen Entstehung bei der Bildung neuer Arten oder bei Veränderungen im Verlauf von Ausbreitungsvorgängen in neue Habitate.

Ökologie kann nicht sinnvoll betrieben werden ohne engste Beziehung zur Phylogenetik mit ihren Teilbereichen Systematik, Taxonomie und geographische Zoologie (Mayr 1975).

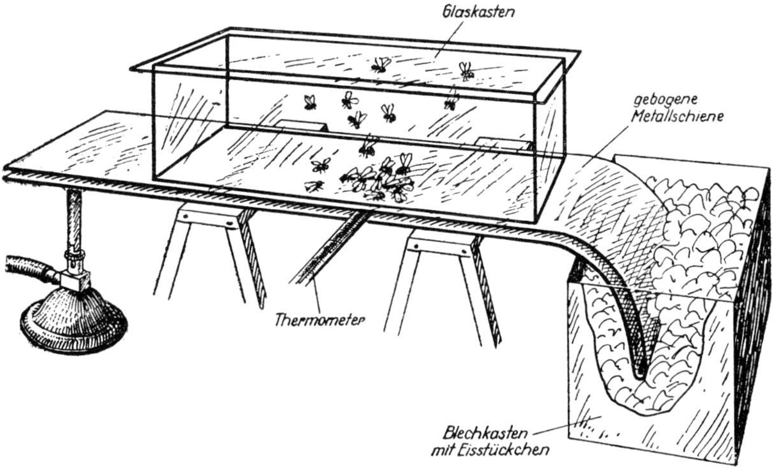

Abb. 10: Einfache Temperatur-Orgel. Nach Herter, in: Braun (1959).

5. Näherung: Präzisierung des Monosystems durch Betrachtung des ökologischen Prozesses: „↔"

Das Monosystem ist kein Zustand, sondern ein Prozeß. Dieser wurde oben als die ökologische Situation vorgestellt.

Ein Umweltreiz wird adäquat beantwortet, sofern ein Antwortmechanismus verfügbar ist. Zwischen Reiz und Reaktion besteht jedoch nicht unbedingt ein kurzgeschlossener Regelkreis im Sinne der Selbsterhaltung, wie es Schulbeispiele gerne glauben machen wollen. Die Reaktion versucht zwar im Rahmen des verfügbaren Repertoires (Reaktionsnorm) einer für den Organismus günstigen Strategie zu folgen, beseitigt jedoch nur selten direkt die Ursache des Reizes, mildert allenfalls seine Folgen durch Ausweichen und meidet Wiederholung.

So töten sich z. B. Essigsäurebakterien oder Hefen selbst, wenn sie ihr Milieu über eine kritische Konzentration hinaus mit ihren nicht regulierbaren Stoffwechselprodukten Essigsäure oder Ethanol erfüllt haben. Hier erfolgt zwar auch eine Regulation, jedoch keine von den betroffenen Organismen aktiv ausgehende oder ihre Existenz fördernde. Sie können nicht auf die Setzung von sie selbst betreffenden Umweltschäden „verzichten" (vgl. S. 157).

Zum Verständnis der ökologischen Situation sollte der Umfang der Reaktionsnorm hinsichtlich eines jeden relevanten Faktors bekannt sein (Schellford 1913). In ihren Rahmen sollte die jeweilige momentane Lage oder Verhaltensweise oder der physiologische Zustand eines Organismus eingeordnet werden können. Dazu dient bei beweglichen Tieren

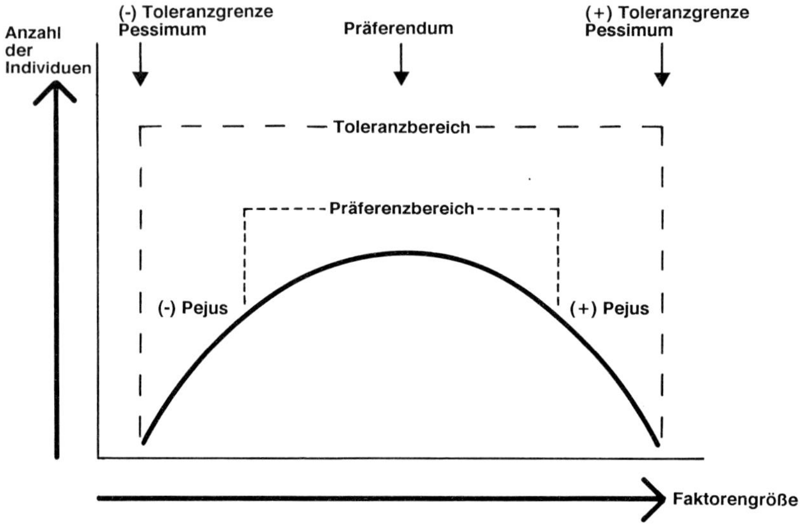

Abb. 11: Verteilung von Organismen im Wahlversuch („Orgel") und die sich daraus ergebende Terminologie.

das klassische Verteilungsexperiment, der Wahlversuch mit der „Orgel" (Abb. 10). Eine Gruppe von Tieren wird unter Konstanthaltung aller sonstigen Rahmenbedingungen in geeigneter Weise einem Gefälle eines einzigen Faktors in geeigneter Weise ausgesetzt. Darüber hinaus und bei unbeweglichen Organismen können auch andere Reaktionen gemessen und vergleichend eingeordnet werden.

Die Tiere vermeiden solche Abschnitte der Apparatur, in denen der Wert über oder unter dem mit ihrer Reaktionsnorm zu vereinbarenden Minimum oder Maximum des variablen Faktors liegt. Dadurch gelangt man zum Begriff der Toleranz und Toleranzgrenze. Der Toleranzbereich wird gewahrt oder überschritten; letzteres ist möglicherweise mit Schädigung verbunden. Andererseits zeigt sich das „ökologische Optimum". Es ist nur relativ zu den Randbedingungen aussagekräftig und wird daher richtiger „Präferendum" oder Präferenzbereich genannt. Es handelt sich um eine Zone bevorzugten Aufenthalts. Es ist legitim anzunehmen, daß die Werte des untersuchten Faktors hier besonders gut mit der Reaktionsnorm des Tieres übereinstimmen.

Der Verteilungsmodus der Organismen im Präferenzbereich entspricht keineswegs immer einer (erwarteten) mehr oder weniger symmetrischen Normalverteilung nach Gauss; vielmehr sind sehr einseitige Kurvenverläufe möglich. Bei dem Bachflohkrebs *(Gammarus fossarum)* befinden sich vorangepaßte Tiere z. B. bei 26° C noch fast im Präferenz-

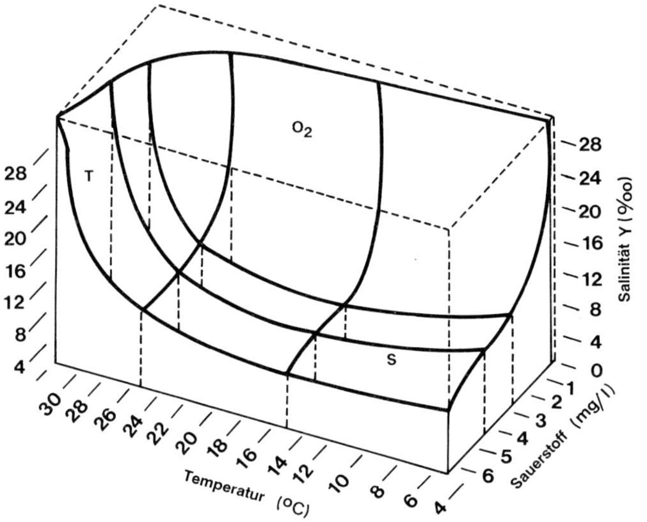

Abb. 12: Toleranzbereich des Amerikanischen Hummers *(Homarus americanus)* aus dem Synergismus dreier Umweltfaktoren in räumlicher Darstellung. Nach McLesse (1956), in: Kinne (1972).

bereich, bei 27° C liegt schon ihre obere Temperaturgrenze; jenseits derselben sterben die Tiere im Belastungsexperiment ab.

Aus Abb. 11 ergibt sich ein ganzes Begriffssystem. Organismen, welche für einen bestimmten Faktor sehr enge Bereiche präferieren, werden sten – ök, steno – valent genannt (gr. *stenós*: eng); solche mit breiten Präferenden eury – ök, eury – valent (gr. *eurýs*: breit); dazwischen kann man meso – valent einfügen (gr. *mésos*: inmitten). Dieses Schema kann zu einer umfangreichen deskriptiven, meist überflüssigen Nomenklatur ausgebaut werden, indem man den Namen des untersuchten Faktors im zweiten Wortteil zum Ausdruck bringt. Gebräuchlich sind z. B. steno/eury – halin (Salinität), steno/eury -therm (Temperatur), steno/eury -top (Aufenthaltsort), steno/eury -phag (Nahrung).

Ein Organismus wird im Freiland gleichzeitig von einer großen Anzahl kurzfristig variabler Größen getroffen, die ihn möglicherweise jeweils in andere Richtung steuern. Seine Gesamtreaktion ist jeweils nur eine Resultante, bestimmt von artspezifischen Hierarchien der wirksamen Faktoren und der Reaktionen. Im Experiment ist dieses Zusammenspiel meist nur hinsichtlich weniger Faktoren darstellbar (Abb. 12). Manche Parameter sind experimentell nur schwer trennbar, z. B. Temperatur und O_2-Konzentration im Wasser.

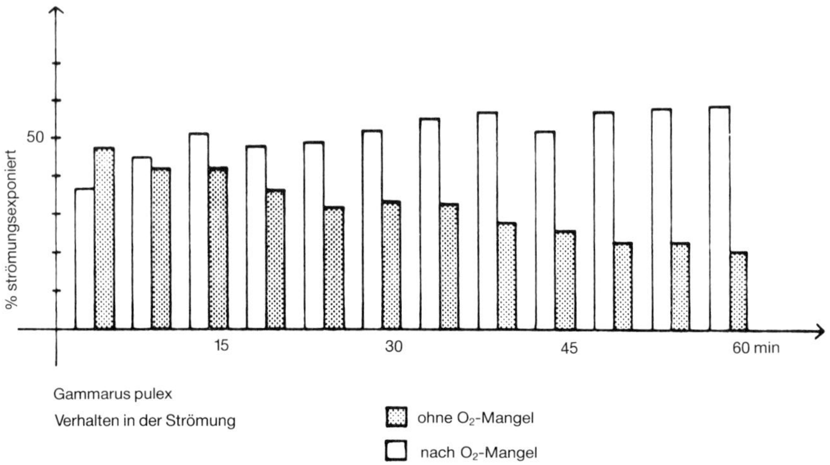

Abb. 13: Flohkrebse (Amphipoda), die längere Zeit einem O_2-Mangel ausgesetzt waren, exponieren sich häufiger der Strömung, wobei sie Gefahr laufen verdriftet zu werden. Original, vgl. Instinsky (1983).

Die gegenseitige Beeinflussung der Faktoren ist der Grund dafür, daß das Präferendum nicht Optimum genannt werden darf. Das Präferendum z. B. für Temperatur ist nicht fest in der Reaktionsnorm verankert; man kann es z. B. bei vielen Spinnen oder Insekten durch gleichzeitige Veränderung der relativen Luftfeuchtigkeit verschieben. Bei Flohkrebsen kann das Temperaturpräferendum durch die Konzentration von Cl^--verschoben werden; ebenso die Präferenz einer Strömung durch O_2 (Abb. 13).

Gleichzeitig auf einen Organismus einwirkende Reize können sich verstärken (Synergismus i. e. S.) oder abschwächen (Antagonismus). Im weiteren Sinne wird jedes Zusammenwirken als Synergismus bezeichnet.

Ein klassisches Beispiel ist „Antabus“, ein Präparat aus dem Falten-Tintling *(Coprinus atramentarius)*. Wird das sonst harmlose Mittel gleichzeitig mit Alkohol eingenommen, kommt es zu sehr unangenehmen Reaktionen des Körpers. Man hoffte, durch diese Koinzidenz Trinker von ihrer Krankheit zu heilen. Weitere Beispiele finden sich neuerdings auf vielen Beipackzetteln von Pharmazeutika unter den Kontraindikationen.

1.1.2 Lebensformtypen und Gilden

(a) Ökologische Typisierung. Die ältere Ökologie unterschied zahlreiche Ökotypen. Sie begegneten uns bereits in den Bezeichnungen, die mit eury- und steno- beginnen; vergleichbar gibt es das Begriffspaar -phil (gr. *phílein*: lieben) und -phob (gr. *phóbein*: fürchten, meiden). Im Falle von Thermo-, Rheo-, Hygro-, Tyrpho-, Calciphilie bevorzugt ein Organismus hohe Temperatur, starke Strömung, Feuchtigkeit, Torf oder Kalkgrund bzw. meidet selbige im Falle einer -phobie. Diese Begriffe sind zu trennen von den Taxien. Hier sind im Falle von Thermo-, Rheo- oder Hygrotaxis die entsprechenden Faktoren in einem engeren, rein physiologischen Sinn als Auslöser einer bestimmten Richtung gemeint, die ein beweglicher Organismus einschlägt.

Es gibt eine Menge weiterer ökologischer Aufenthaltscharakterisierungen wie epizoisch, endozoisch, saprozoisch für Tiere, die auf einem oder im Inneren eines anderen Organismus oder in sich zersetzenden Materialien wohnen; gleichartige Zusammensetzungen mit -phytisch beziehen sich auf Pflanzen. Epilithisch und epipelisch sind auf Steinen oder Schlamm ansässige Organismen; benthisch, pelagisch bzw. nektisch, planktisch gilt für Gruppen von Lebewesen auf dem Boden oder im freien Wasserkörper von Gewässern bzw. für aktiv schwimmende oder überwiegend passiv treibende. Weiterhin gibt es die beschreibenden Begriffe für Lebensweise wie oikobiont oder synanthrop für Mitbewohner unserer Häuser, arboricol für Baumbewohner – genug.

Manche dieser Wörter sind praktisch und gehören daher zur ökologischen Alltagssprache. Die meisten jedoch zeigen nur die Grenzen der Typologie, indem fast jeder Organismus durch verschiedene Eigenschaften in mehrere dieser Begriffsysteme fällt. Eine Süßwasserschnecke wie z. B. den aus Neuseeland zu uns gelangten *Potamopyrgus antipodarum* als epipelisch – mikrophytophag – halophil – limnisch – eurythermen Makrozoobenther zu kennzeichnen ist absurd. Man verfasse lieber endlich eine ordentliche autökologische Monographie.

Genaue ökotypologische Differenzierung muß letztlich zur einzelnen ökologischen Nische und damit Art kommen. Zusammenfassungen sind nur bedingt möglich durch die Hierarchie enkaptischer Nischenüberlappung von der „Großnische" des Lebens überhaupt, über Nischengruppen ökologisch näher übereinstimmender Arten (Gilden, s. u.), bis zur Nische jeder einzelnen Art.

Ökologische Typisierung von Artengruppen ist somit nur praktikabel in kleinem Umfang, aus rein praktischen Gründen, sofern man bei allgemein beschreibenden Überbegriffen bleibt: z. B. Landbewohner, Wasserpflanzen, Phytoplankton, Anaerobier, Rüttelflieger. Einige weiter-

Tab. 4: Beispiele für strukturelle Parallelismen einiger Tiergattungen

Schwertfisch-Form: Sägerochen *(Pristis)*, Stör *(Polyodon)*, Knochenhecht *(Belone)*, Schwertfisch *(Xiphias)*, Fischechse *(+Eurhinosaurus)*, Narwal *(Monodon)*.

Igelstacheln: Seeigel *(Echinus)*, Schnabeligel *(Echidna)*, Stachelmaus *(Acomys)*, Igel *(Erinaceus)*, Igeltanrek *(Setifer)*, Stachelschwein *(Hystrix)*.

Angelzunge: Schwarzspecht *(Dryocopus)*, Erdferkel *(Orycteropus)*, Ameisenbär *(Myrmecophaga)*, Schuppentier *(Manis)*.

Grabbein: Maulwurfsgrille *(Gryllotalpa)*, Beutelmull *(Notoryctes)*, Goldmull *(Chrysochloris)*, Maulwurf *(Talpa)*.

Fangbein: Fangschreckenkrebs *(Squilla)*, Gottesanbeterin *(Mantis)*, Fanghaft *(Mantispa)*.

Hüpfer (nur Säuger): Känguruh *(Macropus)*, Rüsselspringer *(Macroscelides)*, Rennmaus *(Meriones)*, Wüstenspringmaus *(Dipodomys)*, Hüpfmaus, *(Zapus)*, Feldhase *(Lepus)*.

gehende Versuche sind zwar ungemein anregend, jedoch letztlich nur verwirrend (Koepcke 1973/74).

(b) Lebensformtyp. Andererseits ist unübersehbar, daß Organismen mit vergleichbarer Tätigkeit in vergleichbaren Lebensräumen ähnliche Strukturen oder Verhaltensweisen herausbilden. Dies ist leicht erklärlich, indem zur Erfüllung gleichartiger Anforderungen seitens der Umwelt nur eine begrenzte Menge durch physikalisch-chemische Gesetze vorgegebener konstruktiver oder physiologischer Lösungsmöglichkeiten zur Verfügung steht.

Dadurch kommt es häufig zu mehr oder weniger weitreichenden „Konvergenzen", zu Parallelismen in stammesgeschichtlich nicht näher verwandten Gruppen. Musterbeispiele sind unter den Vögeln die Kolibris bzw. Neuweltgeier der Neuen und Nektarvögel bzw. Geier der Alten Welt (Tab. 4).

(c) Gilden. Darunter werden Lebewesen verstanden, die nicht unbedingt strukturelle Parallelismen aufweisen, die jedoch wie die alten Handwerkerzünfte im gleichen Lebensraum gleichartiger (Nahrungs-) Erwerbstätigkeit nachgehen und sich – auf ggf. unterschiedliche Weise – den gleichartigen äußeren Gegebenheiten angepaßt haben. Dies schließt Teil-Konkurrenz nicht aus. Sie stellen funktionell gleichartige Gruppen im Ökosystem, sind damit unscharf umrissene Kompartimente niedriger Ordnung desselben (S. 62, 77). Beispiele sind:

– Bodenlebende räuberische Arthropoden arider Gebiete: Skorpione, Spinnen, Walzenspinnen, Skolopender.

- Anadrome Wanderfische in großen europäischen Strömen, z.B. einst im Rhein: Meerneunauge, Flußneunauge, Stör, Finte, Maifisch, Lachs, Meerforelle, Schnäpel, Flunder.
- Die tagsüber oft gemeinsam flugjagenden insektenfressenden Vögel des Mittelmeergebietes: Alpen-, Mauer-, Fahl-, Weißbürzelsegler, Mehl-, Rauch-, Rötel-, Felsen-, Ufer-, Wüstenschwalbe (Bezzel 1988).

Angehörige solcher funktionsverwandter Gruppen ähneln sich vielfach trotz phylogenetisch völlig unterschiedlicher Stellung ökologisch bis in Details. So sehen z.B. Plattwürmer (Tricladida), die im algenbewachsenen Felslitoral Hydrozoenstöckchen verzehren, in Größe, bunter Färbung und Gestalt manchen im gleichen Bereich auf gleiche Weise lebenden Hinterkiemerschnecken (Nudibranchia) außerordentlich ähnlich. Die Gemeinsamkeit geht so weit, daß beide in vergleichbarer Weise die mit ihrer Nahrung aufgenommenen Nesselkapseln (Cleptocniden) unversehrt in ihrer Rückenhaut deponieren und selbst zur Abwehr nutzen können. Angehörige zweier weit getrennter Tierstämme stimmen hier in ihrer Ökologie weitgehend überein; die Gildengenossen ähneln sich in Struktur und Verhalten weit mehr als z. B. anderen, näher verwandten Plattwürmern und Schnecken.

1.1.3 Die Vernetzung von Monosystemen

Hinsichtlich der Herkunft der Reize bzw. Richtung der Reaktionen in Monosystemen erfolgte bisher noch keine spezielle Aussage. Zieht man in Betracht, daß ein Teil der Reize nicht von der anorganischen Umwelt gesetzt wird, sondern von anderen Organismen, sei es von Artgenossen oder Artfremden, und daß umgekehrt Reaktionen auch andere Organismen treffen können, so ergeben sich Vernetzungen, die zu höheren Komplexitätsebenen der Ökologie führen (s. Abb. 1 u. 2). Gleichzeitig sind entsprechend der o.g. Nischen-Enkapsis viele, vor allem räumlich benachbarte Organismen, auch verschiedener Species, den gleichen abiotischen Bedingungen ausgesetzt und dadurch zu „Assoziationen“ (S. 49, 51) vereint.

Jeder Organismus zeigt Beziehungen zu anorganischer und organischer und innerhalb letzterer zu artgleicher und artfremder Umwelt. Daher sind die Stufen Mono-, Demo- und Biosystem abstrakt. Es soll mit ihnen nur gezeigt werden, was im Vordergrund der Betrachtung steht. Die übrigen Beziehungen werden dadurch methodisch, jedoch nicht tatsächlich ausgeblendet.

Aus der Vernetzung von Monosystemen zu höheren Einheiten ergibt sich letztlich das globale Ökosystem. Einer der Wege zu seiner Erforschung ist der Nachvollzug dieser Synthese (S. 70).

1.1.4 Limitierende Faktoren, Bio-Indikatoren

Die Reaktionsnorm erlaubt einem Organismus eine Existenz auf Dauer nur dort, wo alle Faktoren, aus denen sich seine artspezifische Umwelt zusammensetzt, annähernd innerhalb der Toleranzgrenzen liegen. Diejenigen Faktoren, die zuerst nicht erfüllt werden und damit ggf. zuerst das Erlöschen des Organismus bedingen, werden limitierende bzw. Minimum-Faktoren genannt. Dieses „Gesetz des Minimums" wurde zuerst 1840 von J. Liebig gefunden, später von Pflanzennährstoffen auf weitere Faktoren, z. B. Temperatur oder verfügbare Entwicklungszeit ausgedehnt (Schwerdtfeger 1963). Odum (1980) gab zwei Fälle an, in denen es nicht zutrifft: Bei vorübergehend instabilen Zuständen z. B. in einem See in der Mixis und bei Synergismen.

Für viele Wassertiere ist z. B. der Sauerstoffgehalt des Wassers der erste und wichtigste begrenzende Faktor. Ihr nach abgestufter Empfindlichkeit fraktioniert erfolgendes Aussterben kann daher als Anzeiger, Meßgröße für den langfristig durchschnittlichen Sauerstoffgehalt des Wassers genutzt werden: Saprobiensystem – die älteste standardisierte Methode der Bio-Indikation (S. 9). Andererseits zeigt das Absterben der Wasserorganismen keine spezifische Ursache an. Auch andere Faktoren, z. B. die verschiedensten Gifte, können den gleichen Effekt zeitigen. Daher sind Organismen i. d. R. nur Mischindikatoren. Sie weisen den Vorzug der Daueranzeige, den Nachteil der Unspezifität auf. In der Praxis sind sie verwendbar für ein Monitoring. Die bisherigen Verfahren sind im einzelnen noch verbesserungsfähig und verbesserungswürdig, z. B. im Rahmen der Umwelttoxikologie (Bitz u. Neumann 1982; Arndt, Nobel u. Schweitzer 1987).

Der Begriff der Bio-Indikation sollte nicht auf das Anzeigen veränderter (meist für die betreffende Art pejorisierter) Standortbedingungen beschränkt werden. Tier-Areale können z. B. paläogeographische Zustände anzeigen (Kinzelbach 1987; Krupp 1987), Pflanzenzonierungen können an der Küste Salinität des Bodens, an Seeufern den Grundwasserpegel anzeigen. Schon im vorigen Jahrhundert wurden Pflanzen als Indikatoren für Temperaturzonen verwendet. Anzeiger für spezielle Mineralien ist z. B. das Galmei-Veilchen *(Viola calaminaria)*.

Stenöke Arten sind als Anzeiger besser geeignet als euryöke Arten. Als Indikator können Individuen (z. B. Größe, Wachstum, Reaktionen, Gesundheitszustand, Inhaltsstoffe), Populationen (z. B. Altersaufbau,

Siedlungsdichte), schließlich Gruppen von vergesellschafteten Arten (z. B. relative Artenzusammensetzung, relative Artendiversität) dienen. Ein Anzeiger kann „geeicht" werden durch genaue Untersuchung seiner Kenngrößen, im Falle einzelner Organismen von Präferenzen und Toleranzbreite hinsichtlich bestimmter Umweltfaktoren. Zur Beurteilung von Populationen und interspezifischen Artengruppen ist der zeitliche Vergleich mit einem Ausgangszustand und/oder benachbarten ähnlichen Gruppen unbedingt erforderlich. Odum (1980) betonte, daß der Gebrauch von Arten oder Gruppen von Arten als Indikator umfangreiche Erfahrung in Freiland und Labor voraussetzt. Viele der heutigen Umweltexpertisen verstoßen beim Einsatz von Bio-Indikatoren eklatant gegen diese grundlegenden Prämissen.

1.2 Demosystem: Populations-Stufe

Demökologie (gr. *démos*: Volk) überschneidet sich z. T. mit der älteren Tiersoziologie, z. T. mit der jüngeren Soziobiologie. Sie untersucht intraspezifische (auch „infraspezifisch") ökologische Vorgänge, d. h. solche zwischen Individuen oder Gruppen innerhalb einer Art. Die wichtigste Bezugsgröße ist, wie mittlerweile auch in der Evolutionsbiologie, die Population.

1.2.1 Aufbau der Population aus der Reproduktionsgruppe

1.2.1.1 Reproduktionsgruppe i. e. S.

(a) Sexualpartner. Bei der überwiegenden Zahl der Organismen tritt die (Bi-)Sexualität als Strategie des Austauschs genetischer Information zwischen Individuen einer Art auf. Die geschlechtliche Polarisierung tritt in geringerer oder komplexerer Differenzierung entgegen, indem zwischen Sexualpartnern zu den Unterschieden im Genom geringe (Einzeller: + und − Individuen) oder größere strukturelle, verhaltensmäßige oder physiologische Unterschiede bestehen: Sexualdimorphismus.

Einige Extremfälle: Ortsbeweglichkeit kann auf die Gameten (Keimzellen) beider oder eines der Sexualpartner beschränkt sein (z. B. Schwämme, Korallen). Ein Geschlecht, meist das männliche, ist mit leistungsfähigem Orientierungsvermögen zur Auffindung des anderen ausgestattet (z. B. Insekten), es werden komplizierte Kopulationsmechanismen entwickelt, im Extremfall Dauerkopulation auf Lebenszeit (Leberegel: Bilharzien; Fische: Tiefsee-Angler). Die Suche nach

Geschlechtspartnern ersparen sich einige der nicht seltenen Zwitter zumindest bei Fehlen von Austausch-Partnern durch Selbstbefruchtung (z. B. manche Blütenpflanzen, Bandwürmer). Die Geschlechter unterscheiden sich häufig in sekundären Merkmalen; diese können völlig unterschiedlich gestaltet sein (z. B. Igelwurm *Bonellia viridis*: winziges, larvenförmiges Männchen und kugelförmiges, mit 25 cm langem Rüssel ausgestattetes Weibchen) oder extrem verschieden gefärbt sein (z. B. Tenimber-Edelpapagei *Lorius roratus*: Männchen rot, Weibchen grün). Dies führt zu erheblichen Divergenzen in der Autökologie der Geschlechter. Auf komplexeren Formenwechsel bei Thallophyten und Pilzen sei nur hingewiesen.

(b) Zeitliches Zusammentreffen der Geschlechtsreife (Synchronisation) der Sexualpartner ist Voraussetzung für erfolgreiche Reproduktion. Zeitgeber können Gezeiten (Wattmücke *Clunio marinus*, Auster *Ostrea edulis*), Mondphasen (Palolowurm *Eunice viridis*), Tageslängen (Singvögel), aber auch bestimmte Temperaturen oder Ernährungszustände sein. Unterschiedliche Zeit der Geschlechtsreife tritt als arttrennender Mechanismus auf z. B. bei Kröten. Bei Zwittern (Weinbergschnecke, Leberegel) kommt es zu unterschiedlichen Reifungszeiten des männlichen bzw. weiblichen Geschlechtsapparats zur Erschwerung von Selbstbefruchtung: seltener zu Protogynie (zuerst weiblich), häufiger zu Proterandrie (zuerst männlich).

(c) Räumliches Zusammentreffen wird gewährleistet durch Schwärmen (Maikäfer *Melolontha melolontha)*, Balzplätze, Tanzplätze (Kranich *Grus grus*, Kampfläufer *Philomachus pugnax)*, Aggregation, Zusammenscharung (Seestern *Asterias rubens*), optische Reize (Kaisermantel *Argynnis paphia*, Pfau *Pavo cristatus*; verschiedene Leuchtkäfer, leuchtende Tiefseefische), akustische Reize (Heuschrecken, Zikaden; bei Fröschen, Vögeln oder beim Brüllaffen *Alouatta alouatta*; Instrumentallaute z. B. von Spechten), olfaktorische Reize (Schwammspinner *Lymantria dispar* mit einer Lock-Entfernung bis 3,8 km; Säugetiere).

(d) Werbung und Balz sorgen für Weckung und Steigerung der Kopulationsbereitschaft. Volle Synchronisation wird erreicht durch Berührung (Weinbergschnecke, „Betrillern" bei Insekten, Spinnen), Hören (Geräusch-Intensivierung bei Insekten; das Rucksen der Haustaube), Riechen (makrosmatische Säuger über Pheromone), Schmecken (Labialdrüsen-Sekret bei der Skorpionsfliege *Panorpa communis*), Sehen (Prachtkleider von Stichling oder Pfau) und schließlich durch Rituale (Beute-Gabe bei Tanzfliegen Empididae; Präsentieren von Nistmaterial beim Haubentaucher *Podiceps cristatus*).

(e) Die Kopulation beendet die vorgenannten Abläufe und initiiert das Brutpflegeverhalten.

(f) Im Falle von Paarbildung und Ehe gehen die Geschlechtspartner eine kürzere oder lebenslange Bindung zum Zweck wiederholter Reproduktion und/oder der Brutpflege ein. In unterschiedlich komplexer Ausbildung bei Schnurfüßern *(Strongylosoma pallipes)*, bei manchen Fischen und Reptilien (Mauereidechse *Podarcis muralis)*, bei manchen Vögeln (Graugans *Anser anser*), selten bei Säugern (z. B. Mensch).

(g) Beide Eltern, häufiger nur die Mutter, können mehr oder minder enge oder langdauernde Bindungen an die Nachkommen eingehen. Man unterscheidet nach dem Grad der Intensität:

Brutfürsorge:

- Schutz der Brut, z. B. Verstecken (Weinbergschnecke), Bildung eines spezialisierten Eipakets (Kolbenwasserkäfer *Hydrous piceus*), Eiablage in Tiere (Bitterling *Rhodeus amarus* legt Eier in die Mantelhöhle der Teichmuschel *Anodonta anatina*).
- Ernährung der Brut durch Eiablage auf die spezielle Futterpflanze (Erlenblattkäfer *Agelastica alni* auf Schwarz-Erle) oder an den spezifischen Wirt bei den häufigen Parasitoiden unter den Insekten.
- Schutz und Ernährung zusammen (Eiablage in Borke beim Borkenkäfer *Ips typographus*; Nahrungs- und Wasservorrat aus Mist wird zusammen mit dem Ei versteckt beim Pillendreher *Scarabaeus sacer*).

Brutpflege:

- Aktiver Schutz, Reinigung des Geleges (Ohrwurm *Forficula auricularia*; Stichling *Gasterosteus aculeatus*).
- Schutz in Verbindung mit Transport am Körper (Geburtshelferkröte *Alytes obstetricans*; männliche Seepferdchen *Hippocampus hippocampus* mit Bruttasche; maulbrütende Fische bergen die Brut im Mund, z. B. Cichlidae).
- Schaffung geeigneter Temperatur für das Gelege (Fäulniswärme im Bruthaufen des Tallegallahuhns *Leiopa ocellata* und im Nest des Haubentauchers *Podiceps cristatus*; aktives Brüten anderer Vögel; Verbringen der Puppen in geeignete Temperaturbereiche des Baues bei Ameisen).
- Füttern der Brut mit fremden Materialien bei Vögeln, Ameisen, Bienen oder mit körpereigenen Produkten bei Säugetieren (Milch) oder Tauben (Kropfmilch).
- Säubern der Brut (Larven und Puppen der Ameisen, Lecken bei Säugern, Kotfressen bei Fuchs und Vögeln).
- Führen und Lehren (Haushuhn, Katze; Primaten, bes. Mensch).

Eine besondere Strategie bildet auf dem Wege der Brutunterschiebung der Brutparasitismus. Der Rüsselkäfer *Rhynchites sericeus* schmarotzt beim Eichenblattroller *Attelabus nitens*. Unter den Hautflüglern ist Brutparasitismus verbreitet, z. B. bei den Wegwespen, den Kuckucksbienen und bei Sklavenhalter-Ameisen. Unter den Vögeln sind z. B. der Kuckuck *Cuculus canorus* (bei vielen Singvögeln), der Häherkuckuck *Clamator glandarius* (bei Elstern) und die Witwen, Viduinae (bei Webervögeln) zu nennen, daneben die nordamerikanische Kuckucksente *Heteronetta atricapilla*.

1.2.1.2 Reproduktionsgruppe i. w. S., Verbände

(a) Familienverbände. Dazu zählen Eltern und Nachkommen, der Geschwisterverband (z. B. Raupennester der Prozessionsspinner *Thaumatopoea* sp. oder von Wicklern *Hyponomeuta* sp.), die Sippe (z. B. bei der Wanderratte *Rattus norvegicus*), Tierstaaten (bei Termiten, Ameisen, Bienen).

(b) Zu Stockbildung kommt es, wie bei Pflanzen, besonders bei Tieren mit ungeschlechtlicher Fortpflanzung. Dazu gibt es eine Fülle von Beispielen bei Wimpertierchen (Ciliata), Staatsquallen (Siphonophora), Korallen (Anthozoa), Schwämmen (Porifera), Rädertierchen (Rotatoria), Moostierchen (Bryozoa). Es kommt dabei zum Verlust von Individualität, andererseits ist funktionelle Differenzierung der Zooide („Personen") möglich (Boardman et al. 1973).

(c) Gesellungsverbände bestehen zeitlich begrenzt zum Zweck gemeinsamer Wanderung oder Zuges (Wanderheuschrecken, Starenschwärme), erfolgreicherer Jagd (Pelikane), zur Balz (Kampfläufer), zur Überwinterung (Feuersalamander, Fledermäuse), Schlaf (Gartenbaumläufer) oder Schutz (Heringsschwärme, „Kindergärten" von Adeliepinguinen).

(d) Kolonieverbände sind in den Brutkolonien von z. B. Saatkrähe *Corvus frugilegeus*, Trottellumme *Uria aalge* und Siedelweber *Philetairus socius* gegeben, in den Kolonien der Präriehunde *Cynomys* sp., in den städtischen Siedlungen des Menschen. – Unter vagilen Tieren gibt es den Herdenverband bei Fischen, Walen und Antilopen. Die Mechanismen der Koordination sind vielfältig: Pheromone, Laute, optische Signale, „Führer".

1.2.2 Die Population

1.2.2.1 Definition

Eine Population ist eine intraspezifische Gruppe von Organismen, die sich in einem definierten Territorium aufhält bzw. dort reproduziert. Ihre Angehörigen stehen untereinander in engerem genetischen Austausch als mit Individuen aus anderen Teilgruppen der gleichen Art, im Idealfalle in Panmixie. Sie stimmen weiterhin darin überein, daß sie annähernd gleichen Qualitäten und Quantitäten von Umweltfaktoren, dem gleichen „Demotop" ausgesetzt sind. Es gibt keine absolute Begrenzung einer Population, etwa durch Individuenzahl oder Größe des Areals. Eine Abgrenzung ergibt sich genetisch durch unterschiedlichen Druck von Isolationsfaktoren, ökologisch durch geringfügig unterschiedliche Selektionsfaktoren, topographisch durch fleckenhafte Verbreitung (S. 17, 48), natürliche Habitatgrenzen (Wasser/Land, Waldrand, Klimaschranke) oder durch künstliche Grenzen (z. B. Rand eines Forstes, willkürliche Begrenzung einer Probefläche durch den Experimentator). Die übereinstimmende genetische Basis und der gleichartige lokale Selektionsmechanismus im Demotop führen zu großer Ähnlichkeit der Mitglieder einer Population untereinander, zu einer mehr oder weniger großen Divergenz gegenüber anderen Populationen der gleichen Art.

An der Population vollzieht sich sowohl der ökologische Prozeß als auch die Evolution (Mutation/Selektion). In ihr treffen sich Systematik und Ökologie. Sie verdient daher besonderes Interesse.

1.2.2.2 Intraspezifische Konkurrenz

Erinnert sei an Gauses Prinzip (S. 19). Dieses gilt auch innerhalb der Art. Auch hier führt totale Konkurrenz von Artgenossen zur totalen Vernichtung. Eine solche tritt zwangsläufig auf, indem die Artgenossen weitestgehend übereinstimmende Monotope besetzen. Um diese für die Art zerstörerische Konkurrenz (Lorenz 1978) auszuschalten bzw. zu begrenzen gibt es mehrere Strategien:

(a) Territorialität:

Zwischen den Individuen, besonders jedoch zwischen den Reproduktionsgruppen einer Art, häufig repräsentiert durch ein markierendes Männchen, wird eine artspezifische räumliche Distanz hergestellt. Dieser Individual-Abstand ist sehr verschieden bei sessilen und vagilen Tieren, verschieden zu unterschiedlichen Jahreszeiten usw. (Abb. 14). Er kommt zustande durch ein Gleichgewicht zwischen anziehenden Fak-

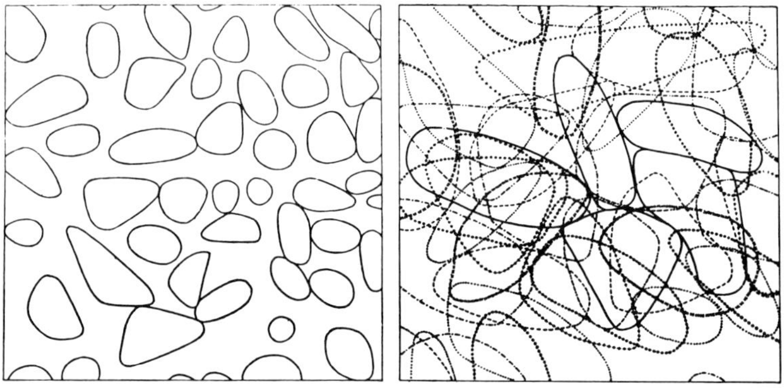

Abb. 14: Schema der Revierverteilung. Ausschluß innerhalb einer Art (links), Überschneidung zwischen mehreren Arten (rechts). Nach Kendeigh (1974).

toren wie z.B. Sexualpartner und abstoßenden Faktoren wie Konkurrenz um Nahrung, Rast- und Brutplätze. Aus letzterem entstehen Konkurrenzkämpfe. Zur Vermeidung von Schäden im Sinne der Arterhaltung werden diese mehr oder weniger stark ritualisiert, zu Schein- und Schaukämpfen.

Die Folge der vorgenannten Vorgänge sind die Territorien, biopositiv als Gebiete ungestörter Nutzung und verminderter Konkurrenz: Ritualkämpfe müssen nur am Rand stattfinden. Dessenungeachtet bleibt die intraspezifische Konkurrenz um Ressourcen aller Art der entscheidende Ansatzpunkt für die Selektion in der Population. Der innere Druck, der aus der Verteidigung eines jeden Territoriums hervorgeht, sorgt für gleichmäßige Verteilung der Artgenossen bzw. Familiengruppen über die ganze verfügbare, besiedelbare Habitatfläche.

Einige Eigenschaften von Territorien sind:

- große Arten mit hohem Nahrungsbedarf bedürfen großer Territorien.
- Territorien verschiedener Arten überschneiden sich, ohne daß es infolge der verschiedenartigen Einnischung zu wesentlicher Konkurrenz kommt. Interaktionen sind jedoch möglich (vgl. Biosysteme).
- Verteidigung durch ggf. ritualisierten Kampf erfolgt (außer gelegentlich gegen Freßfeinde) nur gegen Artgenossen. Auslöser sind die spezifischen Merkmale des Markierungsverhaltens bzw. die dazu verwendeten akustischen, optischen und/oder olfaktorischen Signale (z.B. Reviergesang vieler Singvögel, Instrumentallaute, z.B. Trommeln der Spechte, Färbungsmerkmale, z.B. rote Brust des Rotkehlchens, Verhaltensmerkmale, z.B. Schauflüge des Baumpiepers, Ge-

ruchsmarkierung bei vielen Säugetieren, elektrische Felder bei Fischen).

- Verteidigung des Reviers erfolgt nur gegen erwachsene, imponierende Artgenossen. Die deshalb oft „schlicht“ oder abweichend gefärbten Weibchen und Jungtiere der eigenen Art sind ausgeschlossen, z. B. Schlichtkleider bei vielen Vögeln, Jugendfärbung von revierenden Korallenfischen.
- Territorialität wechselt je nach Funktionskreis. Storch und Star wahren am Nest ein Territorium, auf dem Zug sind sie gesellig. Die Individualdistanz schrumpft dann auf Hackabstand (z. B. Stare auf Leitungsdrähten). Dieser Minimalabstand bestimmt die Größe des Territoriums bei sozial brütenden Vögeln, z. B. bei der Trottellumme.
- Intensität und „Qualität“ der akustischen Reviermarkierung schwindet mit Verringerung der Reviergröße bei wachsender Vergesellschaftung der Neststandorte. Z. B. singen in der Reihe Amsel – Singdrossel – Misteldrossel – Wacholderdrossel – Rotdrossel die ersten drei Arten intensiv, die in lockeren Gruppen brütende Wacholderdrossel nur gelegentlich; sie zeigt viel häufiger Stimmfühlungs- und Soziallaute. Die gesellig lebende Rotdrossel hat keinen ausgeprägten Reviergesang mehr.
- Sind Territorien im Rahmen des artspezifischen Maßes klein, so kommt es häufiger zu Kämpfen. Wird das Optimum zu weit unterschritten, kann infolge dauernden Kämpfens keine geordnete Reproduktion mehr erfolgen. Ein Bruterfolg bleibt dann aus oder die Nachkommenzahl ist gering, die Nachkommen sind schlechter versorgt. Derart erfolgt mittelfristig ein wesentlicher Teil der Regulation der Siedlungsdichte. Dichter Bestand führt zu Vertreibung unverpaarter Individuen; diese verbleiben z. T. als Reserve, falls Revierinhaber ausfallen, z. T. werden sie zum Weiterwandern veranlaßt und finden ggf. neue Habitaträume, die zur Expansion der Art geeignet sind. Eine Selektion erfolgt auf Optimierung der Revierverteidiger.
- Bei Überbesiedelung treten weitere Mechanismen der Entlastung ein. Ihre Ursachen sind nur in Einzelfällen geklärt; möglicherweise spielt Streß durch den „Gedrängefaktor“ (S. 47) eine Rolle. Man unterscheidet: ungerichtete Invasionen (z. B. Steppenhuhn *Syrrhaptes paradoxus*, Kohlmeise *Parus maior*), gerichtete Invasionen, nahrungsorientiert (z. B. Fichtenkreuzschnabel *Loxia curvirostra*, Bergfink *Fringilla montifringilla*, Schnee-Eule *Nyctaea scandiaca*), Ungerichtetes, jedoch biopositives Ausschwärmen zur evtl. Besiedlung noch unbesiedelter Räume (z. B. Zwischenzug des Graureihers *Ardea cinerea*). Ähnliche Verhaltensweisen traten ursprünglich beim

Menschen in soziokultureller Überbauung auf, z. B. *ver sacrum* mit Auswanderung des Jungvolkes einer Gemeinde zur Koloniegründung bei den alten Italikern.

(b) Ontogenetische Nischendifferenzierung:

Verschiedene Altersklassen einer Art können teilweise oder ganz der Konkurrenz durch die erwachsenen Artgenossen entzogen werden. Wie schon erwähnt, wachsen Jungtiere territorialer Arten konkurrenzarm auf infolge Fehlens kampfauslösender Signale; dazu gehört auch das „Kindchenschema“ (Lorenz 1978). In vielen Fällen besetzen die Altersklassen völlig verschiedene ökologische Nischen: Raupe – Schmetterling, planktische Larve – sessiler Seeigel.

(c) Polymorphismus:

Im Falle des Polymorphismus treten verschiedene Anpassungsstrategien bzw. Einnischungen innerhalb der gleichen Art auf. Ausgehend von äußerlich sichtbaren gibt es eine Vielzahl nur auf physiologisch unterschiedlichen Leistungen (Reaktionsnorm) beruhende Poly„morphismen“. Diese Strategie geht gleitend in die einer hohen Variationsbreite innerhalb einer Art über. Fallgruppen sind:

- Sexualdimorphismus. Die Geschlechter besitzen verschiedene Einnischung „um“ die totale Konkurrenz zwischen diesen beiden, gleichermaßen arterhaltenden Morphen zu verhindern (z. B. sind Stechmücken Blut-[♀] bzw. Nektar-[♂]sauger; beim Habicht *Accipiter gentilis* schlägt das ♀ größere Beute als der um 1/3 kleinere „Terzel“). Hier liegen auch biologische Wurzeln des kulturell überbauten Geschlechtsdimorphismus beim Menschen (S. 114).
- Kasten-Polymorphismus. Er ist weit verbreitet bei Ameisen, Bienen, Termiten, seltener bei sozial lebenden Säugern (z. B. Nacktmull *Heterocephalus glaber*). Die Soziobiologie konnte vergleichbare innerartliche Differenzierungen bei immer mehr Arten nachweisen (Buschinger 1987).
- Balancierter Polymorphismus. Hier treten im typischen Fall sichtbar abgesetzte Morphen auf, die mit – meist noch unbekannten – unterschiedlichen Leistungen korreliert sind (z. B. Zweipunkt-Marienkäfer *Adalia bipunctata*; Schnirkelschnecken *Cepaea hortensis* und *Cepaea nemoralis*; die extrem variable Schnecke *Polymita picta* auf Kuba; Strandschnecke *Littorina obtusata*; Kronenschnecke *Melanopsis praemorsa*; das Eichhörnchen *Sciurus vulgaris* mit roten, schwarzen und braunen Tieren; schwarze und braune Hamster *Cricetus cricetus*; Chromosomen-Polymorphismus vieler Mäuse; „Phasen“ = Morphen bei vielen europäischen Vögeln: Kuckuck *(Cuculus canorus)*, Waldkauz *(Strix aluco)*, Eleonorenfalke *(Falco eleonorae)*, Mittelmeersteinschmätzer *(Oenanthe hispanica)*,

Hausrotschwanz *(Phoenicurus ochruros)*, Trauerschnäpper *(Ficedula hypoleuca)*.

– Selektion auf „soziale Fitness“. Zu besseren Überlebenschancen auch des Individuums innerhalb einer Population kann Verzicht auf Konkurrenz beitragen. Auch diese Strategie kann genetisch verankert sein: „Altruismus-Gen“. Sie wurde mittlerweile bei vielen Säugetieren nachgewiesen. Die Befunde der Soziobiologie spielen für die Beurteilung des menschlichen Verhaltens im Spannungsfeld zwischen Egoismus und Altruismus wohl noch eine gewichtige Rolle (Wilson u. Bossert 1976; Dawkin 1977).

1.2.2.3 Populationsökologie

Dieses weite Feld kann hier nur hinsichtlich einiger weniger charakteristischer Aspekte und Meßgrößen zur Beurteilung von Populationen vorgestellt werden.

(a) Das *Verhältnis von Gesamtzahl der Population zur Zahl der fortpflanzungsfähigen Individuen*. Letztere müssen nicht unbedingt *adulti* sein; nicht selten gibt es Fortpflanzung larvenartiger Stadien, die sog. Neotenie. Ein Extremfall ist der Bienenstaat, in dem langfristig nur ein Weibchen fortpflanzungsfähig ist.

Bei einigen Arten wechselt regelmäßig unisexuelle (Parthenogenese) oder asexuelle (Monogonie) mit bisexueller Fortpflanzung (Generationswechsel). Andere Arten können sich von Ort zu Ort wechselnd entweder uni- oder bisexuell fortpflanzen, z. B. bei Sackträgermotten.

(b) Das *Geschlechterverhältnis* (die Sexratio) ist bei miktischen Arten sehr unterschiedlich, aufgrund ganz verschiedener Ursachen. Gesteuert wird es z. T. genetisch, z. T. durch modifikatorische Geschlechtsbestimmung embryonaler Frühstadien (z. B. über die Umgebungstemperatur im Nest bei den Seeschildkröten), z. T. durch unterschiedliche Überlebensraten der Geschlechter. Alle Komponenten können zu unterschiedlichen Anteilen zusammenwirken. Nur bei Zwittern beträgt die Sexratio stets 1 : 1.

Die auf jeweils 100 Weibchen entfallende Anzahl von Männchen beträgt bei: Mensch (neonat) 103–107, beim Kraken *Octopus vulgaris* 33, beim Pferd *Equus caballus* 93, beim Anglerfisch *Lophius piscatorius* 385 und bei der „Schwarzen Witwe“ *Latrodectes tredecimguttatus* 819.

(c) Der *Anteil der Fortpflanzungsperiode an der Gesamtlebensdauer* beträgt bei der Taufliege *(Drosophila melanogaster)* 65% beim Menschen 30%, bei der Wanderratte 20%, bei der Wanderheuschrecke 15%, bei der Eintagsfliege *(Ephemera danica)* bedingt durch die lange Larven- und extrem kurze Imaginalzeit > 92%. Bei der amerikanischen Zikade *(Cicada tredecim)* und ihren Verwandten dauert die Larvenperiode noch länger: 13, 16, 30 Jahre bei nur wenigen Wochen Imaginalzeit.

Bei vielen Tieren, z.B. bei vielen Insekten, kommt es nur einmal im Leben zur Kopulation bzw. Eiablage. Viele langlebige Pflanzen blühen nur einmal (Hapaxanthe).

(d) *Natalität*. Darunter versteht man die durchschnittliche Nachkommenzahl eines fortpflanzungsfähigen Individuums bzw. einer Population. Sie bestimmt im Bezug zur Mortalität Geburtenüberschuß bzw. -defizit.

Größere, längerlebige, brutpflegende Tiere erzeugen weniger Nachkommen. Tiere mit Ausbreitungslarven (z.B. marine sessile Tiere) müssen viele Nachkommen produzieren. Extrem viele Nachkommen benötigen Parasiten infolge der geringen Chance der Neuinfektion eines Wirtes. Ein Bandwurm *Taenia* sp. erzeugt täglich 13 Abschnitte (Proglottiden) mit jeweils etwa 8800 Eiern über mehrere Jahre hinweg.

(e) *Mortalität*. Die Sterberate (korreliert mit der Lebenserwartung) ist extrem verschieden. Sie besitzt mit dem genetisch fixierten Alter eine endogene, mit der Einwirkung der Umwelt eine exogene Komponente. Letztere ist ein Maß für den Selektionsdruck (vgl. Mortalität als Meßgröße bei Bio-Indikatoren). Die genaue Bestimmung der Mortalität im Freiland ist schwierig. Es gibt z.B. bei der Wanderheuschrecke *Schistocerca* sp. erhebliche Unterschiede zwischen Befunden in Labor und Freiland. Die Divergenz zeigt den Unterschied zwischen dem endo- und dem exogenen Anteil der Steuerung. Empirische Daten gelten daher stets nur für eine bestimmte Population zu einer bestimmten Zeit mit den dann gegebenen Randbedingungen.

Grundsätzlich wird die Mortalität vom Nahrungsangebot und von der Revierdichte (Tragekapazität einer Region) gesteuert. Andere Faktoren bzw. Freßfeinde spielen nach neueren Befunden eine untergeordnete Rolle. Noch Odum (1983) schrieb ihnen erhebliche Regulationswirkung zu. Massenvermehrungen von Mäusen gab es z.B. schon, bevor der Mensch Fuchs, Bussard, Eulen und andere Mäuse-Prädatoren zu dezimieren begann. Grundsätzlich bestimmt die Zahl der Prädatoren nicht diejenige ihrer Beutetiere, sondern sie hängt umgekehrt von deren Häufigkeit ab (Frank 1986). Die Beurteilung scheint allerdings nicht unerheblich von der Auswahl der Beispiele abzuhängen.

Auch künstliche, vom Menschen gesetzte Verminderung der Dichte veranlaßt Tiere (bedingt auch Pflanzenpopulationen) zunächst nur, ihr Vermehrungspotential so lange auszuschöpfen, bis die unter den jeweiligen Umweltverhältnissen maximal mögliche Dichte wieder erreicht ist.

Permamente Bekämpfung bewirkt also eine ständige Ankurbelung der Vermehrung.

Dies ist eine wichtige Erkenntnis für die Strategie des Artenschutzes (S. 120). In solchen Fällen ist nämlich ein Schutz von Individuen einer Art (von Argumenten des Tierschutzes zur Vermeidung von Quälereien abgesehen) überflüssig. Ist ihre Siedlungsdichte gering, so sind die Ursachen in ungenügender Natalität, nicht in zu hoher Mortalität zu suchen. Liegt hohe Mortalität vor, so ist ihre überwiegende Ursache im ungenügenden Nahrungsangebot und im Einfluß der Witterung, dann erst in Krankheiten, Parasiten und Räubern zu suchen. Die drei letztgenannten partizipieren oft eher opportunistisch von bereits anderweitig geschwächten Individuen bzw. Populationen. Eine Vermehrung einer Population im Interesse eines Artenschutzes ist überwiegend nur über Habitatschutz und nur in den nachstehend genannten Sonderfällen durch Verringerung der Mortalität zu erreichen.

Die Mortalität durch Räuber spielt dann eine ggf. entscheidende Rolle,

- wenn die Bestände bereits durch geringe Natalität oder durch Nahrungsknappheit ausgedünnt sind,
- wenn es sich um auffällige, leicht wahrnehmbare Tiere (oder Pflanzen) handelt,
- wenn diese sehr intensiv und gezielt bejagt oder besammelt werden,
- wenn keine ausreichenden Versteck- bzw. Ausweichmöglichkeiten vorliegen (Abb. 15),
- wenn der Jäger der Beute technisch absolut überlegen ist.

Hieraus ergibt sich, warum mit dem Beginn einer regionalen Bevölkerungsexplosion des Menschen stets die Gefährdung gerade der großen, auffallenden und „schönen" Tiere und Pflanzen einsetzt. Sie werden zunächst durch die vom Menschen gezielt betriebenen Entnahmen über die Mortalität dezimiert. Erst mit weiterer Zunahme der menschlichen Siedlungsdichte gewinnen die indirekten, die Tragekraft der Habitate und damit die Natalität der betroffenen Arten steuernden Faktoren an Einfluß, z.B. Umweltchemikalien, Veränderungen von Mikroklima, Wasserhaushalt usw. Sie betreffen dann allerdings nicht nur mehr die auffallenden, sondern alle Organismen.

Somit ist ungeachtet häufiger andersartiger Hypothesen völlig sicher, daß viele der einst verbreiteten großen Säuger Mitteleuropas (Mammut, Wollnashorn, Riesenhirsch, Bär, Luchs, Wisent, Elch, Otter, Wolf, Biber), aber auch andere Wirbeltiere (Stör, Sumpfschildkröte) durch überhöhte Mortalität ausstarben oder reduziert wurden: Überjagung, Überfischung. Die Populationszusammenbrüche lassen sich im Einzel-

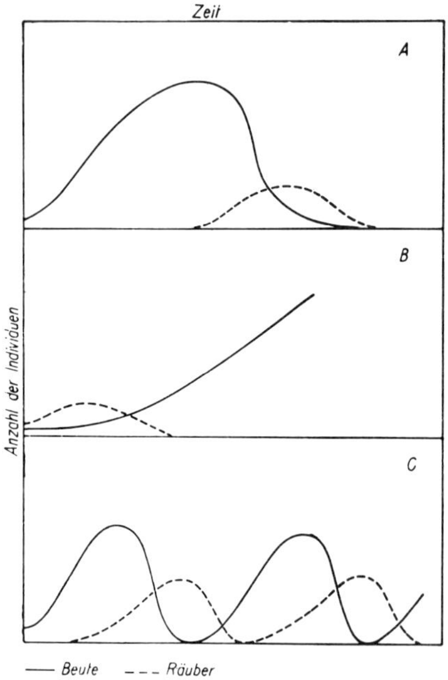

Abb. 15: Räuber-Beute-Modell. Das Pantoffeltierchen *Paramecium caudatum* und das räuberische *Didinium nasutum* (beide Ciliata) wechseln ab (C), rotten sich bei Fehlen von Versteckmöglichkeiten für die Beute aus (A) oder der Räuber verhungert bei Vorhandensein günstiger Verstecke für die Beute (B). Nach Gause (1934).

fall mit ganz bestimmten Zeiten bzw. kulturellen Entwicklungen des Menschen in Beziehung setzen: Ökologie des Aussterbens.

(f) Der *Altersaufbau* einer Population wird graphisch zweckmäßigerweise in Form einer Alterspyramide wiedergegeben (S. 92, 94). Diese unterscheidet sich artspezifisch. Sie läßt langfristige Tendenzen der Populationsentwicklung erkennen.

(g) Die *Generationsfolge* ist an Zyklen gekoppelt oder unabhängig. Die erste Reproduktion erfolgt im Geburtsjahr oder erst später. Viele Vögel brüten erst im 3. Lebensjahr, z. B. Großmöwen. Andere beginnen unregelmäßig mit der Reproduktion, da neben den abiotischen erst die zur Koloniebildung erforderlichen biotischen Randbedingungen, z. B. eine Mindestansammlung brutbereiter Individuen, gegeben sein müssen; solche liegen nicht in jedem Jahr vor (z. B. Stelzenläufer, Flamingo). Bei Neuansiedlung wird ein geeignetes Gelände oft jahrelang von wachsenden Anzahlen nicht brütender Individuen aufgesucht, bis eine „kritische Masse“ beisammen ist und das Brüten einsetzt (z. B. bei

Neuansiedlungen von Graureiher, Nachtreiher, Lachmöwe oder Kormoran im Oberrheingebiet).

(h) *Gradationen* sind starke Schwankungen in der Siedlungsdichte. Sie können exogen durch Wechsel besonders günstiger bzw. ungünstiger Umweltbedingungen hervorgerufen werden, besitzen jedoch auch endogene Komponenten (s. u.). Gradationen sind besonders von mehreren Arten von Feldmäusen und Lemmingen bekannt; in ihrem Gefolge können auch deren Freßfeinde (z. B. Fuchs, Schleiereule, Schnee-eule) mehr oder weniger günstig reproduzieren.

(i) *Gedrängefaktor.* Nach Selye (1936) führt in einem dicht von einer Tierart besiedelten Territorium die gesteigerte Begegnungshäufigkeit der Bewohner zu einer Steigerung der Adrenalin-Ausschüttung, verbunden mit rapidem Glucogen-Abbau. Daraus resultiert (sozialer) Streß, gestörtes Verhalten und im Extremfall der sog. Adrenalintod. Im Experiment produziert ein Feldmauspaar 128 Kinder, 985 Enkel, 1444 Urenkel, zusammen 2557 Mäuse pro Jahr – falls keine Außen-(Nahrungsmangel, Krankheit) oder Innenregulation (Platzmangel: Streß) erfolgt.

Als Effekte des Gedrängefaktors lassen sich in abgewandelter Form wahrscheinlich die Ausbildung der Wander-Morphen (Verhaltensveränderung; morphologische Differenzierung) von Wanderheuschrecken deuten; ebenso das Wanderverhalten von Invasionsvögeln aus Gebieten mit hoher Natalität (z. B. Steppenhuhn, Kreuzschnäbel, Tannenhäher); schließlich die Auslösung von Areal-Expansion (z. B. Wacholderdrossel, Türkentaube).

(k) *Besiedlungsstrategien.* Gelangen Organismen in ein geeignetes, von ihrer Art noch nicht besiedeltes Habitat, so werden sie sich im Extremfall nach dem Modell der K-Strategie oder r-Strategie verhalten. K-Strategen sind Bewohner stabiler Lebensräume, gekennzeichnet durch hohes Lebensalter und geringe Nachkommenzahl. Gute Adaptation, Wehrhaftigkeit und Brutpflege erlauben dennoch hinreichende Ergänzung der Population. Die r-Strategen sind angepaßt auf Expansion in rasch sich anbietende günstige Habitate (Sukzessionsstadien, Expansion einer Nahrungsquelle, klimatisch günstige Jahre bzw. Jahreszeiten). Sie produzieren schnell Nachkommen im Überschuß (z. T. sog. Überschwemmungsvermehrung), die zu einem großen Teil vor Erreichen der Geschlechtsreife durch r-Selektion absterben.

Am Rand ihres Areals grenzen Arten und Populationen häufig an Defizit-Zonen, z. B. Wüstenrandgebiete, Überschwemmungszonen. Deren Besiedelung erfolgt vor allem durch r-Strategen in günstigen Zeiten; es kommt vorübergehend auch zu Reproduktions-Erfolg. Bei Änderung der Umweltfaktoren verschwindet die Art wieder.

Tendenziell finden sich diese beiden Strategien beim Menschen

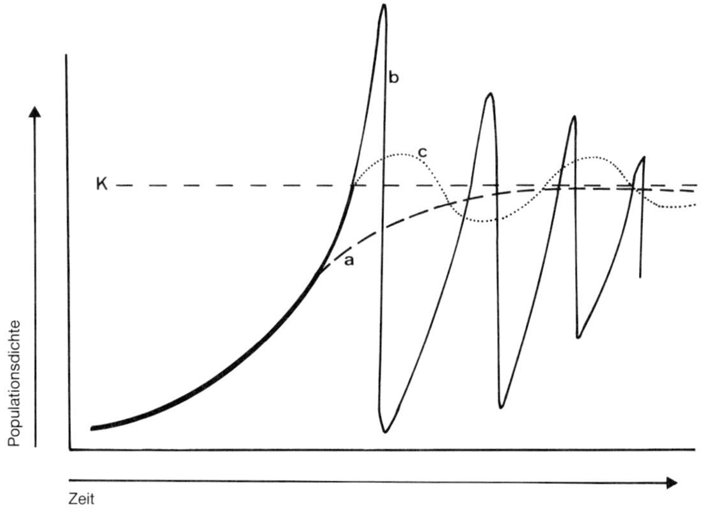

Abb. 16: Drei Typen von Wachstumskurven einer Population. K = Wachstumsgrenze. Gemeinsam ist ihnen eine erste Phase mit logistischem Wachstum. Im Falle (a) flacht sich dieses in der Nähe von K im Sinne einer sigmoiden Kurve ab; es bleibt unter der durch K bestimmten Grenze oder pendelt nur unwesentlich in deren Bereich. Im Falle (b) erfolgt exponentielles Wachstum mit anschließendem starkem Zusammenbruch; dies kann sich abgeschwächt mehrfach wiederholen. Im (mehr oder weniger intermediären) Falle (c) pendelt sich das Wachstum mit größeren Schwankungen um K ein. Verändert nach Nicholson (1954).

wieder (grundsätzlich ist der Mensch allerdings ein K-Stratege) in der Umgestaltung der Alterspyramide vom „naturnahen" Wachstumszustand zum Zustand der Stabilisierung unter den Bedingungen der industriellen Gesellschaften (Abb. 28).

(l) Das *Wachstum von Populationen* kann sich als logistisches, als exponentielles und als angepaßtes Wachstum vollziehen – um einige Haupttypen zu nennen (Abb. 16). Es wird durch einen (Minimum-)Faktor bzw. eine Faktorenkombination (K) begrenzt. K ist der abstrakte Grenzwert, der die maximale Populationsdichte bzw. die Tragefähigkeit einer Region bestimmt. Sowohl zur Interpretation von Verbreitungsgrenzen einer Art als auch zu ihrer Anwendung im Sinne eines Bio-Indikators sollten die K im speziellen Falle ausmachenden begrenzenden Faktoren bzw. Kombinationen so genau wie möglich qualitativ und quantitativ bekannt sein.

(m) *Gründerprinzip.* Wird eine Population neu von einer kleinen Ausgangsgruppe begründet, so besteht die Wahrscheinlichkeit, daß die

Gründerindividuen nicht die gesamte genetische Variationsbreite ihrer Art mitbrachten, sondern nur einen Ausschnitt derselben. Werden somit mehrere Populationen von verschiedenen Individuen einer Ausgangspopulation begründet, so besteht die Wahrscheinlichkeit, daß die Tochterpopulationen stärker divergieren bzw. eine jeweils andersartige, jedoch jeweils eingeschränkte Variationsbreite aufweisen (Wright 1960). Bei sehr kleinen Populationen kann derart in relativ kurzen Zeiträumen eine starke Divergenz verursacht werden („Inselrassen"). Auf gleiche Weise kann sich eine z. B. durch menschliche Einwirkung bis auf wenige Individuen fast erloschene Population wieder erholen, wobei die Nachkommen der Überlebenden vermehrt deren Resistenz-Eigenschaften besitzen und in jedem Fall eine starke genetische Drift zeigen (Resistenzzüchtung, Kanalisierungseffekt, vgl. S. 131).

1.3 Biosystem (Stufe der zwischenartlichen Beziehungen)

Auf der Ebene der Gemeinschaften wird nochmals unterschieden zwischen dem speziellen Verhältnis von Art zu Art (Synökologie) und dem allgemeinen Beziehungsgefüge zwischen allen Arten (Systemökologie). Im Vordergrund stehen die interspezifischen Beziehungen der Organismen. Das bedeutet nicht, daß die Beziehungen zur abiotischen und zur intraspezifischen Umwelt nicht bestehen bleiben und gleichzeitig wirksam sind.

1.3.1 Synökologie (Spezielle Biosysteme)

Zusammengefaßt werden unter diesem Begriff Wechselbeziehungen zwischen Organismen unterschiedlicher Art, überwiegend zwischen Pflanzen und Tieren sowie Tieren untereinander. Nur wenige Organismen können ohne solche interspezifischen Wechselbeziehungen existieren (einige Bakterien, Pflanzen); bei Tieren bestehen sie immer, zumindest über die Nahrungskette. Innerhalb eines begrenzten Habitats müssen jedoch zwei dort auftretende Arten nicht notwendigerweise signifikant aufeinander einwirken. In geringem Maße werden sie es vermutlich immer tun (vgl. Assoziation).

Aus der Vielzahl der Biosysteme werden meist nur einige auffallende Typen bzw. Sonderfälle ausgewählt und stellvertretend dargestellt. Odum (1980) verwendete das nachstehend zugrundeliegende System von neun Stufen von nicht nachweisbaren bzw. positiven und negativen Wechselwirkungen zwischen zwei Arten.

Biosysteme können auch mit dem heute nur noch selten in diesem allgemeinen Sinne gebrauchten Begriff als „Symbiose“ (i. w. S.) bezeichnet werden. Er geht auf Deegener (1918) zurück, ebenso wie die nachstehend verwendete Klassifikation von Biosystem-Typen. Verbliebene Unsicherheiten über Begriffe und Definitionen wurden später ausgeräumt (Henry 1966).

1.3.1.1 Neutralismus

Zwei syntop auftretende Arten beeinflussen sich nicht, zumindest nicht in wahrnehmbarem oder wesentlichem Umfang. Neutralismus ist selten, wenn nicht überhaupt hypothetisch, da in fast jedem Falle eine mehr oder weniger starke Konkurrenz um basale Ressourcen, z. B. Raum, erfolgt. Neutrale Koexistenz war früher für viele pflanzliche und tierische Gemeinschaften angenommen worden, die sog. Assoziationen.

1.3.1.2 Konkurrenz

Die Konkurrenz wirkt über zwei Mechanismen: Direkte Einwirkung einer Art auf eine andere, sowie indirekte Beeinflussung über gemeinsam beanspruchte Ressourcen. Jeweils beide Partner erfahren eine Hemmung (z. B. hinsichtlich Individualwachstum, Aktivität, Natalität, Ausbreitung).

Interspezifische Konkurrenz ist weit verbreitet und ein wichtiger Faktor bei der relativen Verteilung der Organismen über die Erde. Sie bestimmt zusammen mit dem Angebot an abiotischen Faktoren und den ökologischen Prozessen die Bildung von charakteristischen Pflanzen- oder Tiergemeinschaften (Phyto- oder Zoozönosen, zusammen Biozönosen).

- Ein wichtiger Faktor ist Platzkonkurrenz. Pflanzen tragen sie aus durch Übergipfelung und verschiedene Wachstumsstrategien, Ausläufer, Blüte- und Einzugszeiten (Küppers 1987). Ähnliche morphologische Strategien stehen sessilen Meerestieren, z. B. Schwämmen und Korallen, zur Verfügung (z. B. Riedl 1966).
- Häufig ist direkte gegenseitige gestaltliche Beeinflussung (Enantiomorphie) bei kolonial lebenden Mollusken, z. B. die „Stenomorphie“ der Röhren des Schiffsbohrwurms *Teredo navalis*, die häufige Verformung oder Zwergwuchs bei der Wandermuschel *Dreissena polymorpha* oder Miesmuschel *Mytilus edulis*.
- Nahrungsmangel durch Konkurrenz führt bei Insekten zu Notverpuppung unter Bildung kleinerer Imagines. Nahrungskonkurrenz

unter Filtrierern mit der Folge geringeren Wachstums wurde z. B. zwischen Auster *Ostrea edulis* und Pantoffelschnecke *Crepidula fornicata* beschrieben.

– Zwei Arten grenzen sich unter dem stärkeren Konkurrenzdruck morphologisch (ggf. auch ethologisch, physiologisch) in Bereichen syntopen Vorkommens stärker voneinander ab als in anderen Teilen ihres Areals, in denen sie jeweils allein auftreten *("Character displacement"*, Abb. 9). Dies findet Entsprechungen im psychosozialen Bereich des Menschen, wo Grenzbevölkerungen, Isolate oder Minderheiten viel schärfer auf ihrer Identität beharren als der Durchschnitt ihrer jeweiligen Gruppe.

Bereits auf S. 9 wurde Gauses Hypothese vorgestellt. Je stärker ein "niche overlap", in desto mehr Bereichen werden zwei Arten konkurrieren. Hinsichtlich einzelner Ressourcen kommt es allerdings oft auch zu scharfer Konkurrenz bei im übrigen sehr unterschiedlich eingenischten Arten.

1.3.1.3 Biosysteme mit Nutzungs-Ungleichgewicht

(a) Amensalismus, Antibiose:

Eine Art wird gehemmt, die andere bleibt offensichtlich unbeeinflußt. Beispiele bietet die verbreitete chemische Hemmung (Allelopathie) unter Pflanzen durch über die Wurzel abgegebene Stoffe nach dem Muster: Walnuß hemmt Eiche und Apfel. Planktische Cyanobakterien scheiden bei Massenentwicklung („Wasserblüten") Toxine in das Wasser ab, die z. B. konkurrierende Algen schädigen. Penicillin und ähnliche Antibiotika sind in der Natur Waffen von Pilzen gegen konkurrierende Bakterien. Marine Schwämme und Korallen wehren mit Hilfe ihres Immunsystems Überwachsungen durch Platzkonkurrenten ab. Eine noch ungeklärte chemische Unverträglichkeit soll zwischen Schlammschnecken *(Lymnaea stagnalis)* und Wasserflöhen *(Daphnia magna)* bestehen.

(b) Phytophagie:

Alle Nahrungsketten von Tieren beginnen mit dem Verzehr von Pflanzen (oder Bakterien, Pilzen). Pflanzenfresser (wenn es beliebt auch Pflanzenesser), als herbivor oder phytophag (analog: bacteriophag, mycophag) bezeichnet sind in zunehmender Spezialisierung eury-, steno- oder monophag. Ihre jeweilige Ausstattung mit Strukturen zur Aufnahme und Aufschließung von Nahrung, bzw. ihr Enzymspektrum kann zuweilen extrem spezialisiert sein, z. B. beim eukalyptusfressenden Koalabären *(Phascolarktos cinereus).*

(c) Episitismus („Räuber-Beute-Verhältnis"):

Episiten verzehren andere Tiere. Ist die Beute groß, spricht man subjektiv von „Räubern", „Raubtieren", Beutegreifern. Es gibt Gruppen nach der Art der Nahrung (carnivor, insectivor, omnivor, koprophag, saprophag), nach der Breite des Nahrungsspektrums (monophag, stenophag, euryphag), nach Fang- bzw. Erwerbsmechanismen (Räuber [Episiten i. e. S.], Filtrierer, Pipettierer, Leimrutenfänger, Ansitzjäger, Blutsauger).

Die Art der Nahrung eines Episiten ist ebenfalls vorgegeben von seiner Enzymausstattung, von der Struktur des Magen-Darm-Trakts, von Mundwerkzeugen, von Fangeinrichtungen (Fangbeine, Bewegungsfähigkeit, Sinnesleistungen) und vom Verhaltensinventar. Daraus resultiert meist eine gewisse Einengung des Nahrungsspektrums.

Die Art der Nahrung kann im Laufe der Entwicklung wechseln (Jungfisch – Erwachsener, Raupe – Schmetterling). Sie kann geschlechtsspezifisch verschieden sein (Stechmücken, Habicht, vgl. S. 42).

Räuber und Beute bilden ein aufeinander bezogenes System. Dessen Dynamik ist weit komplizierter als früher angenommen. Ein Beispiel zeigt Abb. 15. Den Anpassungen des Episiten zum Erwerb der Beute stehen Anpassungen der Beute gegenüber, die geeignet sind, sie dem Zugriff des Räubers zu entziehen. Beide vollziehen eine Co-Evolution, jeweils im Sinne des eigenen Überlebens.

- I. d. R. wird in der natürlichen, Verstecke bietenden Umgebung keine Beute vom Räuber beseitigt. Eine Ausnahme bildet der Mensch, der als Jäger und Fischer viele für ihn leicht aufzuspürende Großtier-Arten infolge seiner technischen Überlegenheit ganz oder fast ganz ausrottete oder zumindest zur Beschleunigung ihres Aussterbens als Wildtier erheblich beitrug (vgl. S. 45). In Eurasien: u. a. Mammut, Wollnashorn, Wisent, Ur (z. T. → Rind), Riesenhirsch, Wildpferd (z. T. → Hauspferd), Höhlenbär, Löwe, Steller-Seekuh, Riesenalk, Stör. In Amerika: u. a. Mastodon, Riesengürteltier, Riesenfaultier, Pferd, Riesenalk, Wandertaube, Karolinasittich.
- Einige Fangmechanismen bzw. -techniken von Episiten: Jagdstrategien von Greifvögeln (Abb. 7); Lichtköder im Mund des Tiefsee-Anglerfischs *Melanocetes* sp.; Instrumentalisierung der Vogelschnäbel (Abb. 6); Vortäuschung einer Blüte an den Fangbeinen der Fangschrecke *Idolum diabolicum*. In Sonderfällen tritt Gebrauch nicht körpereigener Werkzeuge zum Nahrungserwerb auf, z. B. bei Schimpanse, Seeotter, Schmutzgeier, Bartgeier, Laubenvögeln, Spechtfink, Rabenkrähe. Als Instrumente können auch andere Lebewesen benutzt werden: Artgenossen als Honigtöpfe bei

Tab. 5: Beispiele für Entzugsstrategien der Beute

Flucht: Feldhase, Amsel, Wasserfrosch, Plötze, Heuschrecken.

Kampf: Moschusrind, Büffel, Nashorn.

Wehrhaftigkeit: Igel, Stachelschwein, Giftschlangen, Skorpione, Wespen.

Verstecken: Kaninchen, Zauneidechse.

Nächtliche Lebensweise: Schläfer, Fledermäuse.

Sperrig-machen: Kugelfisch *Lagocephalus*, Cyclomorphose von Cladocera und Rotatoria.

Größe der Beute: Ichthyosaurier (Feind: Großhai), Riesenkalmar (Feind: Pottwal). Gegenseitiges Aufschaukeln der Körpergröße im Laufe einer Co-Evolution.

Tarntracht (Verbergetracht, Somatolyse): Rindenfärbung von Baumläufern, Eulen, Ziegenmelkern, Wendehals; Fetzenfisch in *Sargassum*; Birkenspanner auf hellerer oder dunklerer Unterlage; Chamäleons; Wandelndes Blatt; Stabheuschrecken.

Täuschung: Vorn-Hinten-Schlangen bzw. Raupen. Augenartige Flecken am Hinterkopf mancher Käuze.

Warntracht (aposemantische Tracht): Auffallende, für Feinde leicht erlernbare Tracht in Verbindung mit Wehrhaftigkeit: Wespen, Rotfeuerfisch, Marienkäfer-„Reflexbluten".

Mimikry: Nutzung der Wehrhaftigkeit anderer durch Nachahmung ihrer Muster: Mimikryringe bei Lepidoptera, Korallenschlangen. In der einheimischen Fauna das Wespenmuster: Vespidae, nachgeahmt durch Sirphidae, Sesiidae, Wespenbock.

Droh-Augenflecke: Bei Schwärmern, Spinnern, an Eulen bzw. Katzen anschließend.

Honigameisen; die Taschen-Aktinie *Adamsia palliata* beim Einsiedlerkrebs *Pagurus prideauxi* (Umschlagbild, S. XI).

- Vielfältig sind auch die Entzugsstrategien der Beute (Tab. 5).
- Die „Beute" wird nicht nur zum Eigenverzehr erworben. Sie dient auch den Nachkommen (vgl. Brutpflege, Brutfürsorge), als Wohnung (Einsiedlerkrebse), als Nutzobjekt (Schmuck, Kleidung beim Menschen). Organnutzung erfolgt in Form der von verzehrten Hydroidpolypen stammenden Nesselkapseln (Cleptocniden) bei manchen Strudelwürmern (Tricladida) und Hinterkiemerschnecken (Nudibranchia) (S. 33).

(d) Kommensalismus:

Er steht dem Episitismus nahe. Kommensalen sind Mitesser, zuweilen Nahrungskonkurrenten. Als Vorstufe kann eine Interessengemeinschaft beim Nahrungserwerb gelten, bei der die Beteiligten nicht an der gleichen Nahrung zehren, der größere Partner jedoch dem kleineren durch Freilegung oder Aufstöbern von Beute einen Vorteil verschafft: Schneehuhn/Ren, Hausrind/Bachstelze, Schaf/Schafstelze.

Der Honigkuckuck *(Indicator indicator)* ist Kommensale des Honigdachses *(Mellivora capensis)*, bei dessen Mahlzeiten an Bienenstöcken für ihn die Larven der Insekten anfallen.

Kommensalen im Bereich des Menschen sind z. B. die Stubenfliege *(Musca domestica)*, der Haussperling *(Passer domesticus)* und der abfallfressende Schmarotzermilan *(Milvus migrans parasiticus)*. Auch andere staatenbildende Tiere, z. B. Termiten und Ameisen haben ihre Kommensalen. Verbreitet ist das Nahrungs-Schmarotzen mehrerer Arten von Möwen (Larinae) bei fischenden Pelikanen, Zwergtauchern oder bei beutetragenden Rabenkrähen. Obligatorisch wurde dieses Verhalten bei allen Raubmöwen (Stercorariinae).

In den Fangbehältern von Kannenpflanzen *(Sarracenia, Nepenthes)*, die zu ihrer eigenen zusätzlichen Ernährung Arthropoden fangen, leben synök Stechmückenlarven, daneben kommensalisch Larven von Libellen, die von der potentiellen Beute mit profitieren. Auch eine Komponente des Brutparasitismus (S. 37) kann als Kommensalismus gelten.

Vom vorgenannten Ekto- kann der Entokommensalismus unterschieden werden: Der Borstenwurm *Nereilepas fucata* lebt in von Einsiedlerkrebsen besiedelten Schneckengehäusen und beteiligt sich an den Mahlzeiten des Einsiedlerkrebses. Die Amöben *Entamoeba gingivalis* und *E. coli* leben kommensalisch im Mund bzw. Darm des Menschen.

(e) Synökie:

Die systemhafte Gemeinschaft in der wenig scharf umrissenen Gruppe der Synöken besteht in Wachstum auf (Epökie), neben (Parökie) oder in (Entökie) einem anderen Organismus. Sie besteht in lokkerer, allerdings regelhafter Nutzung des von der Partnerart zur Verfügung gestellten Raumes ohne Nahrungsbeziehungen. Hierher gehört auch das Verhältnis der meisten Tiere zu den strukturbildenden Pflanzengesellschaften.

Zwischen Tieren bilden sich Aufwuchsgemeinschaften, z. B. in Korallenriffen, auf den sekundären Hartböden („coralligène"), z. B. des Mittelmeeres. Es kommt wie zwischen Pflanzenarten einer Pflanzengesellschaft zu Platzkonkurrenz, zu „Platzparasitismus" (s. o.). Abwehr der Larven von Neuansiedlern erfolgt z. B. bei Stachelhäutern (Echinodermata) durch zangenartige Pedicellarien, bei Moostierkolonien (Bryozoa) durch spezialisierte, schnabelartige Zooide (Avicularien).

Lockere, jedoch regelhafte interspezifische Vergesellschaftungen (Parachorium) mit sichtbarem, jedoch nicht lebensnotwendigem Nutzen für eine oder mehrere der beteiligten Arten gibt es in Brutkolonien von Reiher-Arten und Kormoranen, Lummen und Möwen (übergreifender Schutz von Gelegen und Jungen). Hierher gehören die gemischten Schwärme von Meisen, Kleibern und Spechten im winterlichen Wald (gegenseitiges Anzeigen von Nahrungsquellen, Warn-Verbund, s. u.).

Die Rothalsgans *(Branta ruficollis)* brütet nahe bei ihrem potentiellen Beutegreifer Polarfalke *(Falco rusticolus)* („Burgfrieden"-Hypothese). Der Haussperling besiedelt Nester des Weißstorchs. Viele Stechmücken (Culicidae) leben in Kleinsäugerbauten. Silber- *(Lepisma saccharinum)* und Ofenfischchen *(Thermobia domestica)* oder die Schabe *Blattella germanica* leben fast nur beim Menschen (Kulturfolger, Vorratsschädlinge, vgl. S. 131). Der Fisch *Carapus (Fierasfer) acus* bewohnt die Wasserlunge von Seegurken (*Holothuria* sp.). Die Muschelwächter-Krabbe *(Pinnoteres pisum)* siedelt in der Mantelhöhle von Steckmuschel *(Pinna nobilis)* und Miesmuschel *(Mytilus edulis)*.

Fester umrissene synökische Verhältnisse bestehen zwischen einigen Rankenfußkrebsen und ihren Trägern unter den Haien, Seeschildkröten und Walen, z. B. der Seepocke *Coronula diadema* und dem Buckelwal *(Megaptera nodosa)*.

(f) Phoresie:

Hier erfolgt die Nutzung ausschließlich der Beweglichkeit eines Partners. Eine Art läßt sich regelmäßig von einer oder mehreren anderen vertragen.

Larven von Fadenwürmern (Nematoda) warten mit Suchbewegungen (daher „Winker" genannt) auf koprophage Käfer, ebenso die Deutonymphen der Milbe *Parasitus coleoptratorum* auf den Mistkäfer *(Geotrupes stercorarius)*. Parasitische Triungulinus-Larven von Öl- und Fächerkäfern (Meloidae, Rhipiphoridae) oder Primärlarven von Fächerflüglern (Strepsiptera) lassen sich phoretisch von ihren Wirten (z. B. Hymenoptera) in deren Nester tragen. Tierläuse (Mallophaga) nutzen oft Stechmücken als Träger. Moosskorpione (Pseudoscorpiones) und Milben (Acari) brauchen verschiedene Mücken und Fliegen zum Transport. Der Remorafisch *(Naucrates ductor)* läßt sich vom Riesenrochen *(Manta birostris)*, von Haien *Carcharias* sp. und z. B. von der Suppenschildkröte *(Chelonia mydas)* vertragen.

Ein längerdauerndes phoretisches Verhältnis (Symphorium) besteht bei Sauginfusorien (Suctoria) auf Kiemen von Bachflohkrebsen *(Gammarus fossarum)*; ebenso bei sessilen Ciliata wie *Zoothamnium* spp. oder *Vorticella* spp., die z. T. artspezifisch auf verschiedenen Krebsen siedeln.

(g) Parasitismus:

Parasiten schmarotzen in mehrerlei Hinsicht: Nahrung, Platz, Ortsbewegung und Verbreitung. Der Schaden liegt ganz auf seiten des Wirtes. Parasitismus umfaßt oft hochangepaßte Biosysteme mit weitgehender Schonung des Wirtes. Entsprechend ist die Wirtsspezifität überwiegend sehr hoch. Fast 1/3 der Tiere sind ganz oder teilweise Parasiten. Entstanden ist Parasitismus aus Episitismus, Synökie und Saprophagie. Die erforderlichen Präadaptationen konnten auf verschiedene Weise erworben werden (vgl. Mehlhorn u. Piekarski 1989; Frank 1976).

– Ektoparasiten leben an der Oberfläche des Wirtes, verbleiben dort mittels Haltevorrichtungen und obliegen meist einer stechend-saugenden Nahrungsaufnahme aus dem Wirt, z. B. Blutegel, Zecken, Läuse, Flöhe. Übergang zum Entoparasitismus erfolgt z. B. über Fischkiemen bei Ruderfußkrebsen (Copepoda); über die Haut von Säugern beim Sandfloh *Tunga penetrans*; über den Rachen von trinkenden Säugern beim Nilegel *(Limnatis nilotica)*; sonst im Gefieder lebende Mallophaga bewohnen beim Rosapelikan das Innere des Kehlsacks.
– Entoparasiten schmarotzen in Geweben, in Körperhöhlen und im Darmtrakt. Gemeinsam ist ihnen Reduktion von Bewegungs- und Sinnesorganen, Vereinfachung oder Veränderung (Cestodes) des Verdauungsapparates, gesteigerte Vermehrungsfähigkeit (Vermehrung oder Vergrößerung des Geschlechtsapparates, Zwittertum, Generationswechsel, Polyembryonie, asexuelle Vermehrung, Wirtswechsel), „Wurmgestalt", Pigmentarmut, Möglichkeit zur Anaerobiose.
– Reaktionen des Wirtes äußern sich z. T. als „Fremddienliche Zweckmäßigkeit", z. B. exponierendes Festbeißen an Pflanzen der mit Metacercarien vom Kleinen Leberegel *(Dicrocoelium dendriticum)* befallenen Ameise; Wassersuche von Insekten und Spinnen mit Nematomorpha- bzw. Mermithidae-Befall; Gallenbildung bei Pflanzen und seltener bei Tieren (z. B. in Korallen). Abwehrreaktionen treten auf, z. T. mit nachfolgender Immunisierung des Wirtes gegen weiteren Befall: Erwachsene sind im Gegensatz zu Kindern weitgehend gegen Madenwürmer *(Enterobius vermicularis)* bzw. gegen Dipterenlarven, die sog. Larva migrans, immun.
– Man unterscheidet Teil(zeit)parasitismus (Parasitoide): Bei fast allen parasitischen Insekten parasitieren nur die Larven; ebenso bei den Flußmuscheln (Unionidae) nur die Glochidium-Larven. Sozialparasitismus tritt auf beim Menschen, bei sog. Sklavenhalter-Ameisen und bei der Wespe *Sulcopolistes* sp. Hyperparasitismus ist die Parasitierung eines Parasiten, z. B. Nematoda oder Schlupfwespen in parasitoiden Fächerflüglern. Zahlreich sind Pflanzenparasiten als Minierer, Bohrer, Gallenbildner. Auch hier kommt es zu Immunisie-

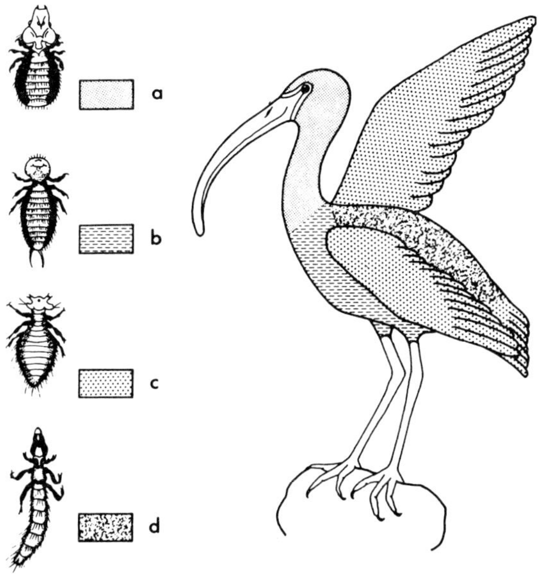

Abb. 17: Verteilung verschiedener Arten von Federlingen (Mallophaga) auf dem Gefieder des Sichlers *(Plegadis falcinellus)*. Nach W. Frank (1976).

rung. Es gibt Parasiten-Biozönosen: Bei Mehrfachbefall konkurrieren Parasiten (z. B. Muschel-Glochidien mit Ruderfußkrebsen an Fischkiemen). Auf dem gleichen Wirt kommt es zu Nischendiversität ähnlicher Arten (Abb. 17).

1.3.1.4 Biosysteme mit Nutzungs-Ausgleich

Odum (1980) unterscheidet Protokooperation für nicht obligatorische und Mutualismus für obligatorische Beziehungen mit beiderseitigem Nutzen.

(a) Allianz:

Alliierte sind z. B. in der Savanne Huftiere und Strauße; sie ergänzen sich hinsichtlich der Feindwahrnehmung über Geruchs- bzw. Gesichtssinn. Bei der Vergesellschaftung von Huftieren mit Kuhreihern *(Ardeola ibis)* oder Madenhackerstaren *(Buphagus erythrorhynchus)* tritt Nutzung des Huftieres als Nahrungsquelle hinzu (aufgescheuchte bzw. angelockte Insekten, Parasiten).

Nicht selten ist zum gemeinsamen Nutzen „Sprachkenntnis" über Artgrenzen hinaus: Der Warnruf des Eichelhähers oder das warnende Trillern der Blaumeise wird von vielen Arten richtig interpretiert; der Warnruf vieler Grasmückenarten ähnelt sich.

(b) Mutualismus, Symbiose i. e. S.:

Bei Symbiosen im strengen Sinne können beide Partner nicht ohne den jeweils anderen leben. Es gibt unterschiedliche Grade der Gebundenheit, wobei hier eine Typologie überfrachtet ist, da jeder Fall seine speziellen Bedingungen hat (Tab. 6).

1.3.2 Systemökologie (Ökosystem)

Die Vernetzung aller Biosysteme ergibt das Gesamt-Ökosystem der Erde. Umgekehrt kann dieses beschrieben werden als die Gesamtheit aller biogenen Stoff- und Energieflüsse.

1.3.2.1 Allgemeine Eigenschaften des Ökosystems

Ein System ist die regelhafte Anordnung und/oder das regelhafte Zusammenwirken einer Vielzahl von Einzelgrößen, beim Ökosystem von ökologischen Einzelgrößen (Organismen, Umwelten). Das Ökosystem ist eingeschaltet in ein Energiegefälle. Es bildet ein Fließgleichgewicht (v. Bertalanffy 1957) von Energie, Stoffen und Information in einer zeitlichen Drift. Die beteiligten Größen beeinflussen sich gegenseitig wie beschrieben, teilweise regulativ. Eine Eigengesetzlichkeit wurde nicht, eine Regulation im Sinne einer Selbststabilisierung nur partiell nachgewiesen.

Das globale Ökosystem (Ökosphäre) wird von Lebewesen getragen. Deren Gesamtheit ist die Biosphäre. Der Raum der Biosphäre ist die Topo- oder Geosphäre (vgl. S. 72). Lebensraum von Organismen kann außerhalb dieses Beziehungsgefüges als Habitat bezeichnet werden (Mikro-, Makrohabitat).

Teile des Ökosystems sind:

- Raum. Es gibt nur *ein* irdisches, globales Ökosystem, das notwendigerweise auch extraterrestrischen Einflüssen ausgesetzt ist, besonders der Sonnenstrahlung. Andere Ökosysteme mögen auf anderen Planetensystemen existieren.

  Die übliche Unterteilung in eine Vielzahl von (Teil-)Ökosystemen erfolgt nach Großräumen (S. 72). An oberster Stelle einer Hierarchie stehen die Räume Meer, Land und Süßwasser. Das Land wird in von Breitenlage und relativer Höhe vorgegebene Zonen gegliedert,

Tab. 6: Mutualismus, Symbiosen i. e. S.

Ektosymbiosen (Partner frei)

Putzsymbiosen: Fische in Putzeruniform (vgl. Mißbrauch durch Putzer-Nachahmer): *Elacantinus, Crenilabrus.* – Krokodilwächter. – Kuhreiher. – Kuhstärlinge.

Trophobiose: Ameisen / Blattläuse, Zikaden, Schildläuse, Woll-Läuse.

Symphilie: Synöken, die den Ameisen nützen, und sei es durch „Drogen" (gelbe Trichome). – Termitensynöken mit auffallend verdicktem Hinterleib.

Mutualismus: Einsiedlerkrebse (nur z. T., sehr verschiedenartige Verhältnisse zu Aktinien und Schwämmen; Musterfall: *Pagurus prideauxi / Adamsia palliata*).

Tier / Pflanze: Ameisen / Acacia-Dornen. – Bestäubung der Kulturfeige. – Bestäubungssymbiose mit Insekten, Vögeln, Fledermäusen. – Ameisen / *Viola*-Samen. – Samenverbreitung durch Vögel (Kot). – Samen- oder Sproßteil-Verbreitung durch Klebevorrichtungen („Kletten" – Zoochorie, hier liegt der Nutzen wieder eher einseitig bei der Pflanze).

Pflanze / Pflanze: *Anabaena / Azolla* u. ä.; Übergänge zum Hemiparasitismus *(Viscum album, Cuscuta).*

Endosymbiosen

Erinnert sei an die Endosymbiontentheorie der Zelle (Plastiden, Mitochondrien, Flagellen mit Basalapparat = „Reduplikanten"). Sie ist entstanden aus Vereinigung vordem freilebender Lebewesen.

Vielzelliges Tier / Protozoon: Entodiniomorpha / Wiederkäuer (Produktion von B-Vitaminen, Cellulase zum Aufschluß der Nahrung des Wiederkäuers). Polymastigina / Termiten (Cellulase aus Bakterien, Hypersymbiose).

Ein- und Vielzeller / Protophyt (Zoochlorellen, Zooxanthellen). Symbiontische Algen in: *Paramecium bursaria* (Pantoffeltierchen). – Riffkorallen. – *Chlorohydra viridis* (Hydroidpolyp). – *Convoluta roscoffensis* (Plattwurm der Gezeitenzone). – *Tridacna gigantea* (Riesenmuschel). Alle ernähren sich von den Stoffwechselprodukten bzw. von der Biomasse ihrer „körpereigenen" Algen, im Sinne eines „Nutzgartens".

Tier / Bakterium: *Pelomyxa palustris* Bakterien als „Mitochondrien". – Egel (Symbiontenkammer in Metanephridien). – Borkenkäfer (Mycetome). – Bei zahlreichen mono- bzw. stenophagen Insekten, die Zellulose, Wachs, Blut, Horn verzehren (Buchner 1960). Leuchtsymbiosen bei Insekten, Fischen usw.

Pflanze / Bakterium: Knöllchen der Fabaceae.

Pflanze / Pilz: Flechten. – Mykorrhiza.

die durch Klima bzw. Vegetation gekennzeichnet sind, die Biome (Abb. 24).

- Lebewesen. Sie tragen das Ökosystem. Ihre Evolution ist die des Ökosystems. Sie bringen ihre basalen Eigenschaften ein (s. u.), besonders die Fortpflanzungsfähigkeit – ohne sie kein zeitlicher Fortbestand des Ökosystems – und ihre Anpassungsfähigkeit an wechselnde Randbedingungen.
- Zeit. Das Ökosystem erfährt eine Drift in der Zeit durch den außengesteuerten Wechsel von Randbedingungen und durch die einmaligen ungerichteten Ereignisse im Verlauf der Evolution seiner Lebewesen (Mutation, Rekombination). Auf beides wirken auch kosmische Ereignisse ein, z. B. Meteoritenfälle oder Kometen-Einschlag, Bahnstörungen, vor allem jedoch die Biographie der Sonne. Durch letztere ist prinzipiell ein Ende des irdischen Ökosystems vorgegeben in dem Falle, daß sie in das Stadium des Roten Riesen eintritt – falls nicht vorher andere Katastrophen ein Ende setzen.
- Die Energie im Ökosystem stammt fast ausschließlich (allochthon) von der Sonne. Alle die Sonne verehrenden Religionen trafen insofern aus der Sicht der Ökologie das Wesentliche. Hinzu kommen, von untergeordneter Bedeutung, die Strahlungsenergie von anderen Sternen und die Erdwärme. Weitgehend unbekannt ist noch die quantitative Bedeutung der von chemoautotrophen Bakterien bereitgestellten Energie.
  Das Leben schaltet sich in den energiereichen Strahlungsstrom von der Sonne auf die Erdoberfläche ein durch die Interzeption von Licht und die anschließende Photosynthese von energiereichen organischen Verbindungen. Letztere ist der grundlegende biochemische Prozeß im rezenten Ökosystem (Abb. 18).
- Die Stoffe im Ökosystem stammen fast ausschließlich (autochthon) von der Erde. Die geringen Mengen von anderen Himmelskörpern sind für das nichtmenschliche Ökosystem bedeutungslos. Für die Umwelt des Menschen sind sie punktuell bedeutsam: Gebrauch von Meteoreisen; Verehrung von Meteoriten bei antiken semitischen Kulturen (Baetyle = Häuser Gottes), wissenschaftliche Untersuchung von Meteoriten, Mondgestein.

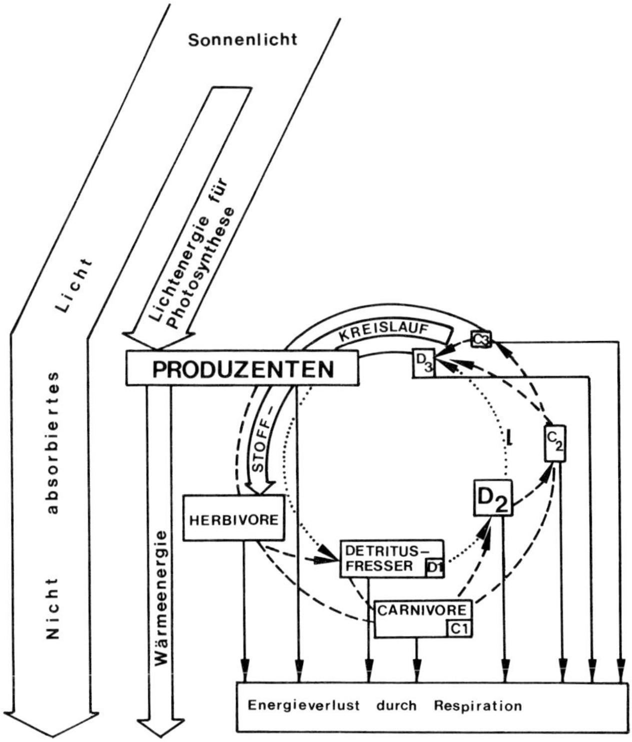

Abb. 18: Die Einschaltung des Ökosystems in den Strahlungsfluß zwischen Sonne und Erde. Im Zyklus in Kästen abnehmender Größe die trophischen Niveaus der (Primär)Produzenten, Konsumenten (mit Herbivoren, Kette von Carnivoren C_1–C_3) und Reduzenten (Detritusfresser, D_1–D_3). Nach Tischler (1976).

1.3.2.2 Modell: Ökosystem Lebewesen höherer Komplexität

Lebewesen sind gekennzeichnet durch eine Reihe von Eigenschaften, die an der Basis (Zellkompartimente, Viren) unscharf mit denen der „unbelebten" Makromoleküle zusammenfallen.

- Charakteristische Strukturen (z. B. Membranen, autoreproduzierende Moleküle),
- Stoffwechsel im Niveau der Zelle bzw. des Vielzellers,
- Energiefluß,
- Individualität, ausgeprägter mit wachsender Komplexität,
- Ontogenese (Reproduktion, Wachstum, Regeneration, Altern),
- Phylogenese.

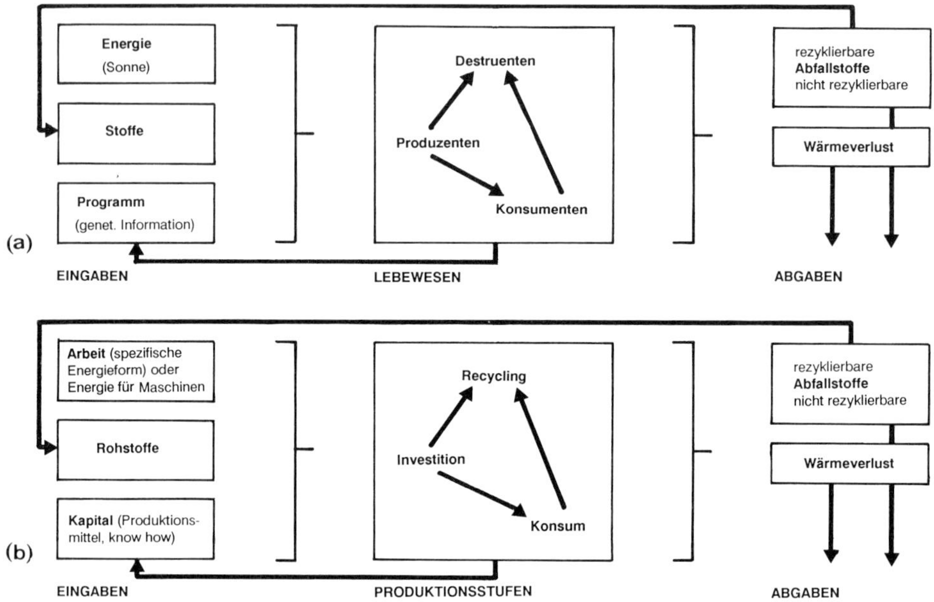

Abb. 19: Ökologisches (a) und ökonomisches (b) System. Die Raumstruktur ist vernachlässigt. Original.

Die Lebewesen bringen diese ihre Eigenschaften in das Ökosystem als bestimmender Teil desselben ein. Darauf hat bereits 1939 A. Remane hingewiesen. Wiederholung ähnlicher Strukturen auf verschiedenen Komplexitätsebenen kennzeichnet bereits die Lebewesen. Der Aufbau des Ökosystems setzt diese fraktale Struktur nach oben fort (Cramer 1988).

1.3.2.3 Empirisches Funktionsmodell

Stoffe, Energie und (genetische) Information treten in das Ökosystem ein (Input), nehmen in seinem Inneren einen bestimmten Verlauf (bioökochemische Zyklen bzw. Stoffwechsel); sie treten schließlich in meist veränderter Form wieder aus dem System aus (Output) (Abb. 23). Der „Körper" des Ökosystems (Biomasse) wächst oder schrumpft, je nach der Bilanz des In- und Outputs.

Das Ökosystem ist nicht homogen, sondern mehr oder weniger deutlich wie ein Lebewesen in unterschiedliche Leistungsbereiche, in Kompartimente, unterteilt. Zu deren wichtigsten zählen z. B. die (Primär-)

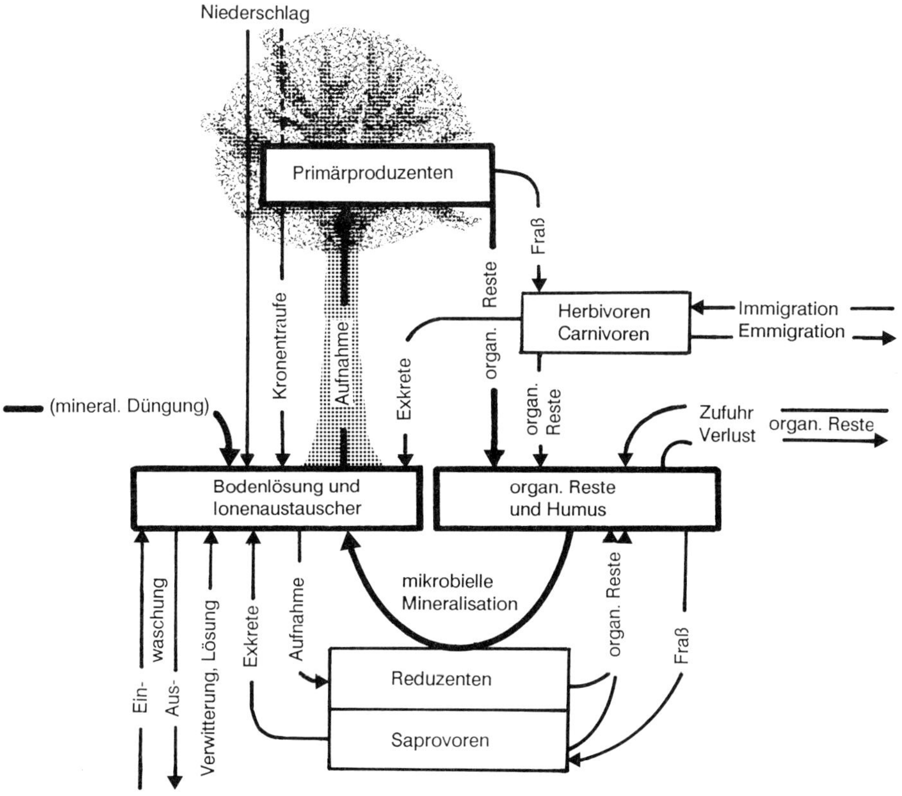

Abb. 20: Mineralstoffumsatz im Ökosystem. Nach Rensing et al., in: Kloft u. Gruschwitz (1988).

Produktion, die Konsumption (in verschiedenen Stufen) und die Destruktion (hier einschließlich Reduktion). Sie sind jeweils an bestimmte Organismengruppen gebunden (Abb. 19).

Die Primärproduktion ist – von Archaeobacteriales (s. u.) abgesehen – an die Pflanzen und Cyanobacteriales gebunden, die in der Lage sind photoautotroph zu produzieren, d. h. organische Substanz aufzubauen und in ihr Energie aus dem Sonnenlicht chemisch zu speichern. Die Konsumption im engeren Sinne vollziehen die meisten Bakterien, die Pilze und Tiere, indem sie komplexe, energiereiche Moleküle aus der Primärproduktion sowohl zum Aufbau ihrer Körpersubstanz nutzen als auch aus ihnen ihre Lebensenergie beziehen. Die Destruktion und Reduktion wird ebenfalls von Bakterien, Pilzen und Tieren geleistet; mit ihr wird der Abbau toter organischer Substanz zu einfachen, energiearmen Stoffen umschrieben.

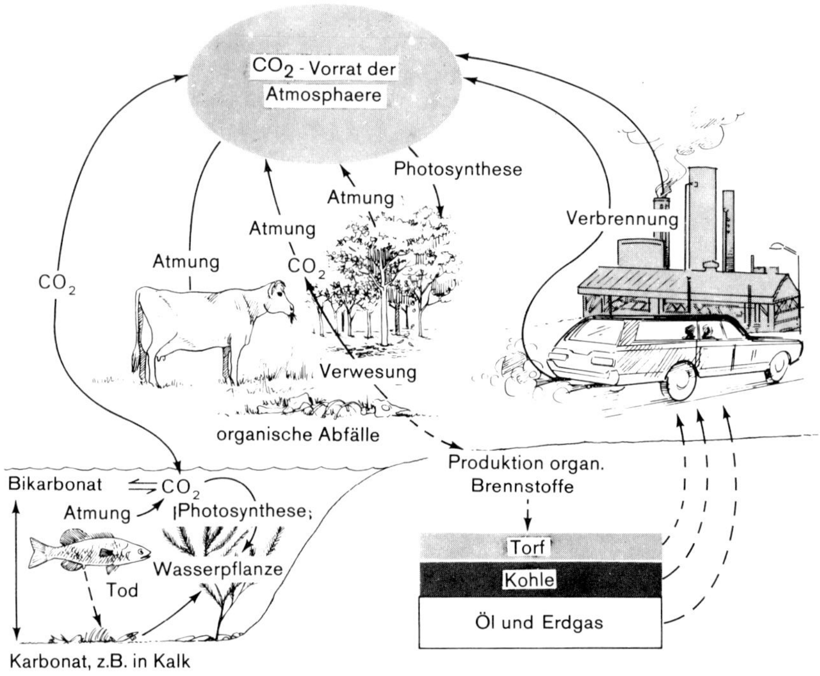

Abb. 21: Der Kohlestoff-Zyklus. Nach Ehrlich, Ehrlich u. Holdren (1975).

Die Grenzen zwischen diesen Funktionsgruppen sind unscharf, indem viele Organismen mehrere der genannten Leistungen vollbringen.

Die in das Ökosystem eingehende *Energie* ist nicht rezyklierbar. Das Ökosystem funktioniert nur durch dauernden Energienachschub von der Sonne. Andere, z. B. chemische Energie von Schwefelverbindungen nutzende Ökosysteme sind nur lokal vorhanden, z. B. Archäobakterien in der Tiefsee. Sie sind im gegenwärtigen Zustand der Erde quantitativ bedeutungslose Relikte. In früheren Zuständen des globalen Ökosystems waren sie bedeutsamer. Sie verschwanden durch frühe ökologische Katastrophen (Markl 1980, Stanley 1988).

Die in das Ökosystem eingehenden *Stoffe* sind teils nach erfolgter Destruktion und Reduktion rezyklierbar (z. B. als CO_2, N- und P-Salze, geoökochemische Zyklen, Abb. 20–22), teils mangels geeigneter Enzymsysteme nicht rezyklierbar (z. B. Huminsäuren, viele Olefine).

Neben Energie und Stoffen muß für das Funktionieren des Ökosystems genetische *Information* bereitstehen. Neben Stoff- und Energiewechsel erfolgt ein Informationsfluß. Er ist gegeben in Form der spezi-

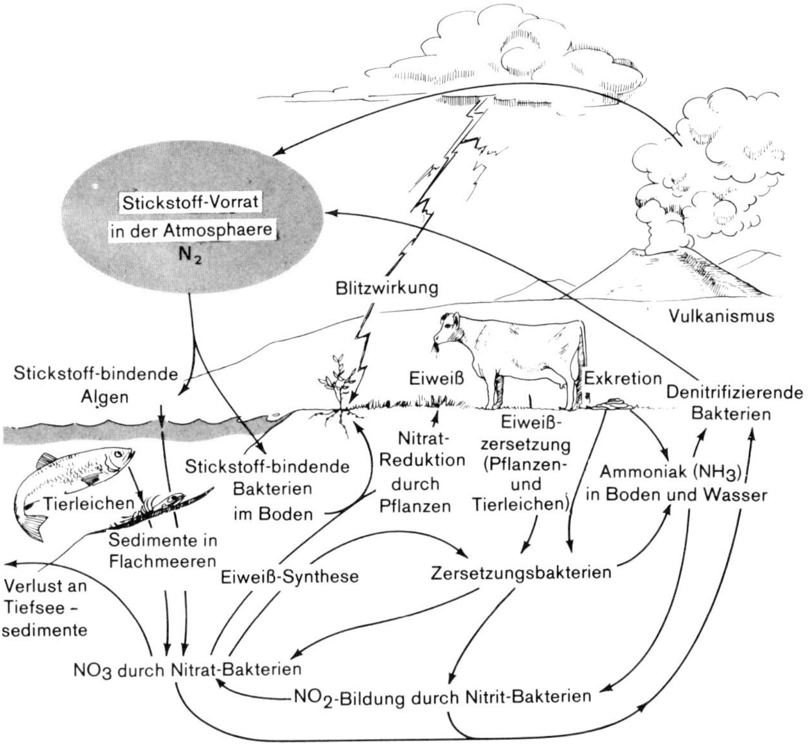

Abb. 22: Der Stickstoff-Zyklus. Nach Ehrlich, Ehrlich u. Holdren (1975).

fischen Anpassung der Organismen, gesteuert vom feedback des System-Ablaufs, und in deren anhaltender Optimierung durch Mutation, Rekombination und Selektion. Aus dieser meist vernachlässigten Größe geht die Bedeutung des Artenschutzes hervor.

Das System unterliegt einer Drift in der Zeit; es ist für jeden beliebigen Zeitpunkt singulär. Dies gilt auch für jedes Teilglied, z. B. für eine Tierart und ihre spezifischen Umweltbeziehungen: Die sie beherrschende Strategie ist permanente Optimierung durch die o. g. Mechanismen gesteuert von den stetig mehr oder weniger wechselnden Randbedingungen der Geosphäre.

Anpassung ist daher kein Zustand (der „Angepaßtheit"), vielmehr ein fortwährender Prozeß.

1.3.2.4 Komplexe Eigenschaften des Ökosystems

Ein weiterer Weg der Näherung ist die Betrachtung einiger meßbarer Größen, die ein Ökosystem aufweist (Tab. 7).

Hinzu treten einige komplexere Begriffe.

(a) Bilanz, positive oder negative: Resultat aus Zu- und Abgang im Ökosystem, dessen Masse entsprechend zu- oder abnimmt. Die Bilanz schwankt kurz- oder langfristig, periodisch oder episodisch. Sie ist abhängig von Energiezufuhr, d. h. von der Assimilationsrate der Primärproduktion. Zunahme von Konsumption und Reduktion kann nicht unabhängig von der Primärproduktion erfolgen; sie nimmt ab durch Absterben bei Unterschreiten eines Nahrungsminimums für die beteiligten Organismen.

Die nachstehenden Begriffe werden insbesondere auf den Zustand der mehr oder weniger ausgeglichenen Bilanz bezogen: Fließgleichgewicht, ökologisches Gleichgewicht, Homoeostasis, metastabiles System. Sie gelten jedoch auch für ein wachsendes oder schrumpfendes Ökosystem. Sie schließen Oszillationen des Umfangs ein.

(b) Sukzession: Entwicklung des Ökosystems im Verlauf der Phylogenese unter Co-Evolution der jeweils vorhandenen Arten. Durch ihre gegenseitige Beeinflussung, vor allem durch Konkurrenz, beschleunigen sie die Fortentwicklung (Drift) ihrer jeweiligen Nischen und damit des Gesamtsystems. Von dieser langfristigen Sukzession muß im engeren Sinne eine kurzfristige unterschieden werden.

Mit dieser wird die Entwicklung eines Ökosystems in der „Ontogenese" beschrieben, insbesondere Regeneration nach mehr oder weniger lokalen Ausfällen durch z. B. Windbruch, Hochwasser, Bergrutsch, Vulkanausbrüche, Brände. In deren Verlauf kommt es zu regelhafter Abfolge von „Pionierpflanzen" (vgl. r-Strategen der Tiere), die von langsamer wachsenden, jedoch konkurrenzstärkeren im Laufe der Zeit überflügelt werden. Die Wiederherstellung des Ausgangsstadiums wird als das Erreichen der Klimax, der Klimaxgesellschaft bezeichnet. Dieses Modell kann nur für relativ kurze Fristen gelten, denn langfristig gibt es kein absolutes Klimaxstadium. Dieses unterliegt der langfristigen Fluktuation, z. B. des Klimas (s. o.).

Teilökosysteme setzen sich immer aus einem Sukzessionsmosaik zusammen. Dafür gibt H. Remmert Beispiele. Auch scheinbar über weite Strecken homogene Pflanzengesellschaften wie der tropische Regenwald bestehen immer aus Inseln „reifer" Klimax (einzelstehende „Urwaldriesen") und weiten dazwischenliegenden Strecken sukzedierenden Stockwerkbaues. In Tiergesellschaften kennt man das Wiederbesiedlungsmosaik durch Stromdrift in Fließgewässern; ein „reifes"

Tab. 7: Technische Kenndaten eines (Teil-)Ökosystems.
Verändert nach Schwerdtfeger (1975)

Abundanz – abundance, density (Zahl der Individuen einer Population je Raumeinheit)

Assimilation – assimilation, gross production (absorbierte Materie bzw. Energie)

Biomasse – biomass, stock, standing crop (vorhandene lebende Materie incl. gebundener Energie, gemessen nach z. B. Gewicht, Volumen, speziellen Molekülen, organisch gebundenem Kohlenstoff)

Elimination – loss (Verlust lebender Materie durch Tod, Exuvien, Mauser; z. T. davon getrennt: Exkrete und Sekrete über Urin und Körperoberfläche)

Ertrag – yield, crop (durch Angehörige der nächsthöheren tropischen Ebene beseitigter Teil der Produktion)

Fäzes, Defäkation – faeces, egesta, nonassimilation, rejecta (nicht absorbierter, ungenutzter Teil der Konsumption + körpereigenes Material + Bakterien)

Konsumption, Konsumenten – consumption, ingestion, food intake (aufgenommene lebende Materie incl. Energie, aufnehmende Ebene)

Nahrungskette, Nahrungsnetz – food chain, food web (Folge von Produzenten – Konsumenten weiterer Ebenen)

Produktion, Produktivität, Primär-P., Sekundär-P. – production, net production, effective production (aufgebaute Körper- bzw. Nachkommen-Substanz incl. Energie)

Respiration – respiration, metabolism, cost of maintenance (im Betriebsstoffwechsel genutzte Materie bzw. Energie)

Trophisches Niveau, Trophie-Stufe, Trophie-Pyramide – trophic level (bezeichnet Stufen der Nahrungskette)

Umschlag – turnover (Auswechseln von Populationsgliedern durch Nachkommen)

Umschlagsrate – turnover rate (Anteil der pro Zeiteinheit ersetzten Biomasse oder Individuen)

Stadium der Biozönose der Benthos-Organismen wird immer nur kurzfristig und räumlich begrenzt erreicht. In stehenden Gewässern gibt es ähnliche Inhomogenitäten durch Gründereffekte, z. B. bei Planktonwolken *("patchiness")*. Die als Inhomogenitäten oder Oszillationen eines Ökosystems oder einer Biozönose vielfach beschriebenen Erscheinungen geben jenseits statistischer Schwankungen eine offenbar obligatorische Abfolge von Sukzessionsvorgängen wieder.

Berühmte Beispiele, an denen die Sukzession der Wiederbesiedlung beobachtet werden konnte, sind die durch Vulkanismus neu geschaffenen

Flächen auf der Insel Krakatau (1883) oder der Insel Surtsey vor Island (1963).

(c) Diversität. Speciesdiversität, Artenvielfalt eines Ökosystems ist eine Folge von Dauer (3. Biozönotische Regel, S. 70), Konkurrenzdruck und geographischer Erreichbarkeit für Erstbesiedler. Diversität ist keine absolute Meßgröße und auch kein Bewertungskriterium für Naturnähe. So kontrastiert z. B. bei Singvögeln eine große Artenarmut im (natürlichen) Hochmoor, mit dem Artenreichtum im (künstlich angelegten) mitteleuropäischen Friedhof. Trotz höherer Artenvielfalt wird wohl niemand für Ausweitung des letztgenannten Habitats plädieren.

(d) Stabilität. Irrtümlich aus der 3. Biozönotischen Regel abgeleitet wurde die Behauptung, daß Artenreichtum ein System stabilisiere. Angeblich soll eine hohe Artenzahl dadurch stabilisieren, daß ausfallende Arten durch solche mit „gleicher" oder ähnlicher Nische („Stellenäquivalenz") ersetzt werden können. Jedoch sind Monosysteme nicht identisch, können sich also nicht total ersetzen; ersetzen sie sich partiell, so perpetuieren sie nicht das gleiche Ökosystem, sondern dieses erfährt eine Drift, das Gegenteil von Stabilisierung. Dem Ersatz-Modell widerspricht auch die Beobachtung aus der 4. Biozönotischen Regel.

Artenreiche Teilökosysteme sind vielmehr oft besonders störanfällig: z. B. Korallenriff, tropischer Regenwald. Ihre Stabilität ist ausschließlich abhängig von der Stabilität ihrer Randbedingungen. „Selbststabilisierung" gibt es nur in geringem Maße und nur hinsichtlich einzelner Faktoren: z. B. die Erhaltung einer bestimmten Luftfeuchtigkeit in Pflanzendecken, soziale Temperaturregulation bei Bienen oder Termiten, Herstellung geeigneter Substrate durch Tiere der sekundären Hartböden im Schelfmeer.

1.3.2.5 Biozönologie

Die Teilwissenschaft von den Lebensgemeinschaften, Biozönologie, findet vor allem ihre Tätigkeit und Berechtigung in der wissenschaftlichen Beschreibung landschaftsökologischer Einheiten (S. 74). Sie untersucht weiterhin die Gesamtheit der gegenseitigen Beeinflussung von Organismenarten einer Biozönose im Sinne der Biosysteme (S. 49).

Die Definition der Biozönose lautet nach Möbius (1877): „Eine Gemeinschaft lebender Wesen, eine den durchschnittlichen äußeren Lebensbedingungen entsprechende Auswahl und Zahl von Arten und Individuen, die sich gegenseitig bedingen und durch Fortpflanzung in einem abgemessenen Gebiet dauernd erhalten."

Gegenstand von Diskussion ist die Formel „gegenseitig bedingen".

Man schwächt heute ab zu „gegenseitig beeinflussen und/oder bedingen". Und auch letzteres weitgehend nur, wenn die Primärproduzenten mit in die Betrachtung eingeschlossen werden, was bei der Austernbank von Möbius nicht der Fall war.

Treffender sieht man die Biozönose als Schicksalsgemeinschaft, ausgesetzt gleichen physikalisch-chemischen Randumständen und deren Zufällen. Die Mitglieder beeinflussen sich gegenseitig im Sinne der o. g. Biosysteme. Sie bedingen sich insoweit, als höhere Glieder der Konsumentenkette (bzw. höhere trophische Niveaus) immer nur existieren können, wenn andere ihre artspezifische Nahrung oder ihr Substrat/Milieu herstellen, z. B. treten Erlenblattkäfer nur auf, wenn ihre Futterpflanze vorhanden ist; Austern nur, wenn bereits Muschelschalen zur Anheftung ihrer Larven vorhanden sind. Umgekehrt kommt das untere Ende der Konsumentenkette (bzw. ein niedriges trophisches Niveau) häufig ohne die Spezialisten und Top-Konsumenten aus: Man kann einem Laubmischwald die Habichte, Sumpfmeisen, die Maikäfer, Trauermäntel wegnehmen (nicht daß das hier empfohlen wird!), ohne daß ein „Gleichgewicht" zusammenbricht. Entnähme man jedoch die Eichen – Primärproduzenten und Strukturbildner – sähe das Bild anders aus. Ebenso, wenn Möbius' Austernbank das Plankton entzogen würde.

Holdgate und Woodman (1978) stellen daher die Frage, ob es einen „Zusammenbruch" des Ökosystems bzw. einer Biozönose überhaupt gibt. Dies hängt davon ab, ob es um die Existenz ökosystemarer Abläufe überhaupt geht oder ob ein ganz spezifischer Typ von Teil-Ökosystem bzw. Biozönose betrachtet wird. Hier ist zwischen dem Dasein der betrachteten Struktur und einem spezifischen Sosein zu unterscheiden. *Das* Ökosystem bzw. *die* Biozönose darf nicht voreilig mit *unserem* Ökosystem bzw. mit der *uns vertrauten* Biozönose gleichgesetzt werden (S. 121).

Die Biozönologie ist trotz eines eindrucksvollen Materials und zahlreicher, über die u. g. weit hinausgehender empirischer Regeln (vgl. Odum 1980) noch immer nur wenig über die deskriptive Stufe hinausgekommen. Ihre kausalen Bedingungen liegen auf den tieferen Ebenen der Ökologie. Entsprechend liegt ihr Forschungsansatz gegenwärtig eher in der Produktionsbiologie oder in der Untersuchung von Stoff- und Energieflüssen zwischen speziellen Untergruppen im Ökosystem, z. B. Gilden. Geblieben sind, von bedingter Aussagekraft, die „klassischen" Biozönotischen Regeln:

1. Je variabler die Lebensbedingungen eines Biotops, desto größer die Artenzahl der zugehörigen Biozönose (Thienemann 1918).
2. Je mehr sich die Lebensbedingungen eines Biotops vom Normalen und für die Organismen „Optimalen" entfernen, um so artenärmer

und charakteristischer ist die Biozönose und in um so größerer Individuenzahl treten die einzelnen Arten auf (Thienemann 1918).
3. Je kontinuierlicher sich die Milieubedingungen entwickelt haben, je länger der Lebensraum gleichartig geblieben ist, desto artenreicher ist seine Biozönose, um so ausgeglichener und stabiler ist sie (Franz 1953).
Mit „stabil“ meinte Franz wenig oszillierend, in Übereinstimmung mit dem Milieu. Daraus wurde später der illegitime Umkehrschluß gezogen, daß die Gegenwart vieler Arten stabilisierend wirke.
4. Exklusivität ökologischer Nischen. In einer Lebensgemeinschaft findet sich oft von artenreichen Gattungen oder Artengruppen jeweils nur eine Art (Illies 1985, vgl. Monard, Gause, Jordan).

1.3.2.6 Wege der Erforschung

Die wichtigsten Vorgehensweisen zur Erforschung des Ökosystems sind:
- Analytisch: Input und Output eines unbekannten Teilsystems oder System-Teiles werden gemessen, ggf. ergänzt durch Transsekte, ggf. unter Hervorhebung einzelner Stoffe. Gewonnen werden “pathways” einzelner Stoffe, Ausschnitte der geoökochemischen Zyklen (Abb. 23).
- Synthetisch: Die “Black Box” des unbekannten Systems wird aufgeklärt durch Erforschung der Autökologie einzelner „wichtiger“ Organismenarten. Die Synthese der Ergebnisse mehrerer, vieler Monosysteme führt prinzipiell zum gleichen Ergebnis, ist jedoch genauer und führt auf eine weniger komplexe Ebene zurück. Das Verfahren ist weit aufwendiger.
- Experimenteller Aufbau von Modell-Ökosystemen. Dazu gibt es eine umfängliche Literatur, besonders im Umfeld der Ökotoxikologie. Dort werden solche Modellsysteme zur Untersuchung des Verhaltens und Metabolismus von Schadstoffen im Freiland benötigt. Ein Großexperiment mit einer künstlichen Umwelt „Biosphere II“ führen Spaces Biosphere Ventures und University of Arizona durch.
- Mathematische Modellierung. Ein sehr geeigneter Weg der Verarbeitung des riesigen ökologischen Datenmaterials. Die realen Ergebnisse sind allerdings nicht immer überzeugend, wobei dies weniger an der Qualität der Modelle liegt als an derjenigen der uns gegenwärtig zur Verfügung stehenden Daten. Selbst den Menschen brennend interessierende Größen wie seine eigene Populationsgröße, Ölvorräte, Flächenerträge usw. sind noch so unzureichend bekannt,

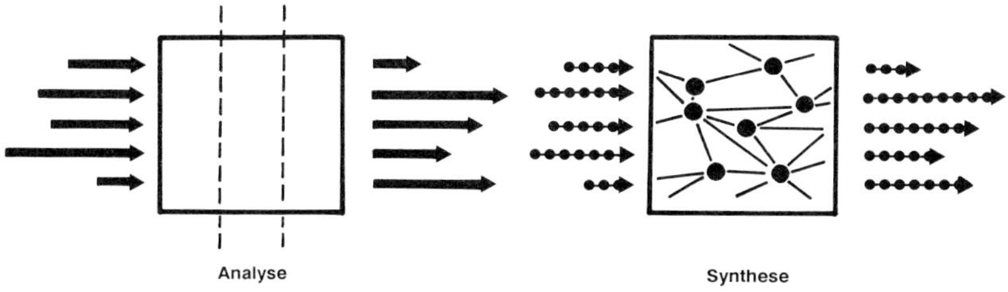

Abb. 23: Wege der Ökosystemforschung. Das unbekannte (Teil)ökosystem wird erschlossen durch: (a) Analyse, in deren Verlauf alle ein- und ausgehenden Stoff- und Energieflüsse qualitativ und quantitativ erfaßt werden; ggf. können Unterteilungen vorgenommen werden (Schnitte). (b) Synthese, bei der von (allen) wichtigen Arten die Mönozön-Beziehungen qualitativ und quantitativ erfaßt werden; ihre Synthese führt zur Summe des Stoff- und Energieflusses bei gleichzeitiger Kenntnis der Abläufe im Detail. Original.

daß die bisherigen Prognosemodelle vielfach offensichtlich falsch waren (S. 96).

- Die von Odum (1983) geforderte holistische Betrachtungsweise ist zweifellos nach wie vor gefragt. Sie sucht jedoch noch immer nach einer tragfähigen Methodik. Am ehesten ist eine solche im Bereich der Sukzessionsforschung (s. o.) in Verbindung mit fraktalen Modellen zu suchen.

2. Spezielle Ökologie

Die allgemeine Darstellung einer Wissenschaft hebt auf generell gültige Strukturen, Abläufe und Gesetzmäßigkeiten ab, die spezielle auf die Ausprägung derselben im Einzelfall. Der Einzelfall stellt sich in der Ökologie als ein Teilökosystem oder als ein Ökosystemteil dar.

2.1 Ein Teil-Ökosystem: Landschaftsökologie

2.1.1 Großgliederung

Das globale Ökosystem wird gegliedert in Teile, die jeweils spezielle Ausprägungen des generellen Ablaufs zeigen. Dies kann sehr formalistisch erfolgen (Tab. 8). In der Praxis spielen solche Systematiken eine geringe Rolle. Unterteilungen orientieren sich eher an den Erfordernissen einer speziellen Fragestellung.

Tab. 8: Hierarchie der Teile des Ökosystems (verändert nach Schwerdtfeger 1975)

Biotische Einheit	Topische Einheit
Biosphäre	Geo-/Toposphäre
Biom	Bioregion
Zönose	Zönotop
Biozönose	Biotop
Population	Demotop
Individuum	Monotop

Die Großgliederung lehnt sich an natürliche Vorgaben durch Medien (Wasser, Land, Seewasser, Süßwasser) und Klimazonen an. Diese zusammen beeinflussen die Großformen der Vegetation. Wie bereits erwähnt, sind die Grenzen größerer Einheiten plausibel, die der kleineren Unterteilungen zunehmend willkürlich. Zu vieles wird als isoliertes „Ökosystem" bezeichnet, was diesen Namen nicht verdient, z. B. das Ökosystem Stadt, dessen Primärproduktion und Reduktion topographisch weit entfernt stattfinden können. Es stellt somit keine spezielle, enkaptische Wiederholung des gesamten Systems dar. Auf gleicher Linie liegt die Frage nach der Mindestgröße eines Teil-Ökosystems. Voraussetzung ist die topographische Einheit von Primärproduktion, Konsumtion und Reduktion. Sie kann in einem Aquarium gegeben sein, andererseits in großen Bereichen, z. B. in einem Bach oder in den o. g. städtischen Regionen fehlen.

Die Geographie befaßt sich *ex cathedra* mit der Großgliederung der Erde und mit der Erarbeitung einer naturräumlichen Gliederung. Auf sie geht das in vielen Varianten publizierte Biom-Schema zurück (Abb. 24).

Auch kleinere naturräumliche Einheiten werden ausgewiesen unter integrierender Verwendung geomorphologischer, klimatischer und vegetationskundlicher Faktoren. Die Vielfalt der Faktoren führt jedoch hinsichtlich ihrer Wertung zu oft intuitivem Vorgehen, mit der Folge einer nicht enden wollenden Diskussion um die richtige Grenzziehung. Sie wird immer unscharf und immer künstlich sein. Zu verschiedenen Nomenklaturen vgl. Müller (1980). Erstarrung und Übergenauigkeit sind das Ende dieser deskriptiven Systeme.

Häufig wird unterschieden in primäre und sekundäre (Teil-)Ökosysteme oder Biotope. Damit wird natürliche bzw. durch den Menschen initiierte oder beeinflußte Entstehung gekennzeichnet. Es gibt keinen objektiven Unterschied. Die Nomenklatur ist nur tolerierbar als Kürzel für eine spezielle, im Einzelfalle zufällig bekannte Geschichte der Sukzes-

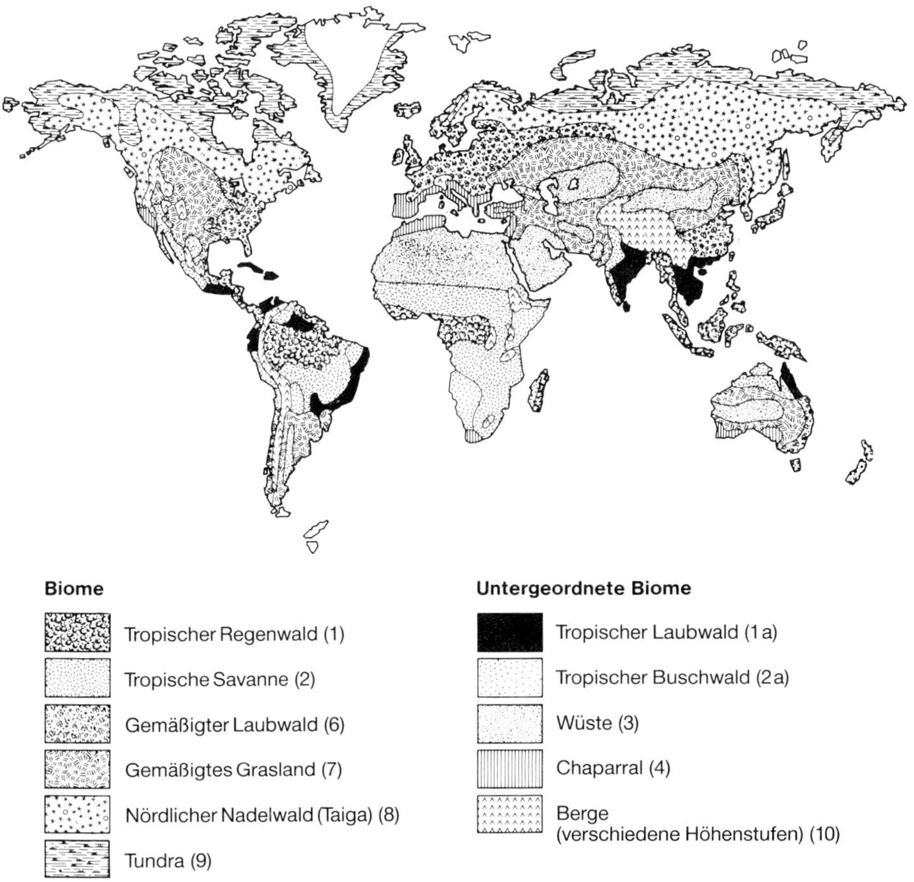

Abb. 24: Die Biome der Erde. (1) Hylaea, (2) Savanne, (3) Wüste, (4) Skleraea, (5) Immergrüne Laubwälder, (6) Silvaea, (7) Steppen, (8) Taiga, (9) Tundra, (10) Alpine Matten. Nach Campbell (1985).

sion. Ebenso ist nicht vertretbar, prinzipiell zwischen natürlichen und künstlichen Ökosystemen („Technozönosen“) zu unterscheiden. Ein künstlich angelegtes Weizenfeld ist ebenso ein Teil-Ökosystem wie ein Forst, ein Urwald oder das Wattenmeer. Sie unterscheiden sich nur graduell darin, wie stark der Mensch ihre spezielle Qualität beeinflußt oder wie sehr er sie gegenüber anderen Entwicklungsmöglichkeiten unter Energieaufwand in eine bestimmte Richtung lenkt.

Letztlich geben die Begriffspaare primär – sekundär bzw. natürlich –

künstlich hier nur wieder, ob der Mensch als Teil oder als Antagonist der Natur gesehen wird (S. 115). Es sind subjektive Begriffe.

2.1.2 Spezielle Teil-Ökosysteme

Der Vergleich einiger landschaftsökologischer Formationen zeigt die o. g. unterschiedliche Ausprägung des generellen ökologischen Ablaufs (Tab. 9). Er belegt, daß es für die spezifische Leistung und Gestalt eines Teilökosystems der ganz speziell eingepaßten Arten bedarf. Wiederum eine wichtige Begründung für Artenschutz.

- Es ist durchaus nicht gleichgültig, ob z. B. die Raumstruktur Laubwald aus Buchen oder Eichen besteht: Hydrologie, Unterwuchs, Produktivität, Bodenfauna, Mikroklima werden unterschiedlich sein.
- Es ist nicht gleichgültig, ob an Gewässerufern die nährstoffreichere Erle *(Alnus glutinosa)* steht, deren Blätter z. B. optimale Nahrung für Bachflohkrebse darstellen, oder die Hybridpappel *(Populus nigra × canadensis)*, aus deren Blättern bei der – sehr viel trägeren – Zersetzung nicht nur große Mengen von Huminsäuren, sondern auch insecticide Phenolkörper hervorgehen.
- Manchen Teilökosystemen ermangelt ein Glied bei der Destruktion, z. B. manchen Hartlaubwäldern der Skleraea. Ihr widerstandsfähiges Laub kann bei der gegebenen Trockenheit nur sehr langsam direkt bakteriell angegriffen werden. Ein vorheriger Aufschluß durch Destruenten am Boden ist erforderlich, z. B. durch Asseln. Wo diese fehlen oder aus bestimmten Gründen (z. B. menschliche Eingriffe) selten sind, schreitet Humusbildung nur sehr langsam voran. – Reduzenten für Schafkot fehlten wie das Schaf selbst ursprünglich der Fauna Australiens; so wurden Dungkäfer aus Afrika importiert.

2.2 Ein Ökosystem-Teil: Ökologie einer Art

Hierher gehört die spezielle Darstellung oder Erforschung von einzelnen Funktionsträgern (Arten), von ökologisch relevanten Faktoren, von spezifischen Leistungen der Lebewesen im Ökosystem, von Kompartimenten oder von Leistungsgruppen (z. B. Gilden). Die Auswahl ist fast beliebig. Nachstehend werden nur einige häufig angewandte Themenbereiche umrissen.

Tab. 9: Vergleich einiger Eigenschaften verschiedener Teil-Ökosysteme

System	Dominierende Selektions-faktoren	Dominierende Taxa	Tierische Umwelt überwiegend	Nahrung	deren Herkunft	Artenzahl	Biomasse (Gesamt-produktion)
Bach	Strömung Temperatur	Insektenlarven	abiogen	Detritus	allochthon	hoch	gering
Fluß	Strömung, O_2	–	abiogen	Detritus, Phytoplankton	allochthon	hoch	gering
See	Jahreszyklen, Nahrung	Plankter	abiogen	Phytoplankton, Ufervegetation	autochthon	hoch	± hoch
Moor	Azidität, Nahrung	Sphagnum u. a.	biogen-bot.	Moos, Höhere Pflanzen	autochthon	gering	hoch
Watt	Gezeiten, Strömung, Instabilität	grabende Muscheln, Würmer	abiogen + biogen-zool.	Epipelon, Phytoplankton, Detritus	allochthon + autochthon	gering	hoch
Riff	Nahrung	Steinkorallen	biogen-zool.	Endosymbiont. Zooxanthellen, Plankton	autochthon + allochthon	hoch	gering (außer $CaCO_3$)
Wüste	Wasser, Nahrung, Temperatur	Insekten, Reptilien	abiogen	Pflanzen, Detritus	autochthon + allochthon	gering	gering
Wald	Biosysteme	Höhere Pflanzen	biogen.-bot.	Höhere Pflanzen	autochthon	hoch	hoch

2.2.1 Autökologie

Ökologie wird von Arten getragen. Für die Ökologie einer Art, eines Monosystems, gibt es seit Schröter (1896) den Begriff der Autökologie. Sie stellt die Art ins Zentrum ihrer Betrachtung. Sie schließt deren Physiologische Ökologie, Demökologie und Synökologie ein, verfolgt jedoch nicht die Gesamtvernetzung. Umgekehrt kann diese durch Synthese von Autökologien prinzipiell erreicht werden (Tab. 1; Abb. 2, 23). Weitgehend deckungsgleich sind die Begriffe „Biologie" (i. e. S.) oder Bionomie einer Art.

Ihren Nutzen hat diese Betrachtungsweise längst erwiesen. Viele Modell- und Experimentier-Tiere sind, ohne daß sich dies immer in entsprechend benannten Monographien niedergeschlagen hat, intensiv im Sinne einer Autökologie bearbeitet worden, z. B. Spulwurm *(Ascaris lumbricoides)*, Regenwurm *(Lumbricus terrestris)*, Honigbiene *(Apis mellifica)*, Schlammschnecke *(Lymnaea stagnalis)*, Bachforelle *(Salmo trutta)*, Wanderratte *(Rattus rattus)*, Gelbrandkäfer *(Dytiscus marginalis)*, Bachflohkrebs *(Gammarus fossarum)*, Hummer *(Homarus gammarus)*. Der Zwang, angesichts der Fülle des Tierreichs exemplarisch vorzugehen, macht die Autökologie eigentlich zunehmend attraktiver. Daß sie dennoch in der Forschungspraxis wenig in Erscheinung tritt, liegt an ihrer Langwierigkeit und an der Notwendigkeit methodischer Auffächerung. Die gegenwärtige Forschungspolitik fördert einen solchen Verbund vieler Methoden zum gemeinsamen Ziel zwar bezogen auf Leistungen lebender Systeme (z. B. Neurophysiologie), nicht jedoch bezogen auf Objekte, Ökosystem-Teile oder Regionen.

Eine Folge ist, daß Daten fehlen. Für die Theorie solche, die für detailliertere mathematische Modellierungen von Ökosystemen erforderlich wären, für die Praxis solche, die einer Strategie regionalisierten und diversifizierten Umweltschutzes dienen könnten (S. 164).

Eine Diskussion über eine „Auflösung des Begriffs Autökologie" ist müßig. Die Frage ist nur, ob ein ohnehin mehr oder weniger willkürlich definiertes Forschungsgebiet als nützlich oder nicht angesehen wird. Autökologie, Ökologie einer speziellen Art, ist auch die Ökologie des Menschen. Die Zweckmäßigkeit und der Nutzen, sich mit ihr zu befassen, steht wohl außer Frage.

2.2.2 Einteilung nach anderen Kriterien

Hier bieten sich viele weitere Möglichkeiten an, z. B. nach Umweltfaktoren und deren jeweiliger Beziehung zu Organismen, etwa die Ökologie des Brackwassers (Remane u. Schlieper 1971), die Temperatur als ökologischer Faktor (Wieser 1986). Eine „Systematik" nach den Faktoren hat sich nicht durchhalten lassen.

Eine Einteilung kann nach ökologischen Funktionsgruppen erfolgen, z. B. nach Kompartimenten im Ökosystem. Die klassische Trennung Botanik – Zoologie – Mikrobiologie hebt zumindest schwerpunktmäßig auf die wichtige Unterscheidung zwischen Produktion – Konsumtion – Reduktion ab. Feinere Kompartimente sind Assoziationen, Teilbiozönosen, Gilden, Ökotypen. Sie sind von Fall zu Fall brauchbar und berechtigt, haben sich jedoch ebenfalls für eine „systematische" Gliederung der Ökologie als zu komplex und fluktuierend und damit als ungeeignet erwiesen.

C. ÖKOLOGIE UND MENSCH

Ein Thema, das Hunderte von Symposien, Tagungen, Parteitagen und Predigten beschäftigte, das alljährlich Tausende von Druckseiten beansprucht, zu dem Künstler nach Hektaren zu messende Bildflächen bedeckten, das in Datenbanken abgefüllt wird. Ein Thema, das jenseits der Welt der Eliten für viele Menschen direkte, unmißverständliche Wirklichkeit ist, für Dürstende und Hungernde im Tropengürtel der Erde, für Krebskranke und Allergiker. Ein Thema, das in seinen Verästelungen alle menschlichen Bereiche berührt und sich daher so unüberschaubar, schillernd und widersprüchlich darstellt, daß der einzelne überfordert ist und je nach Temperament im Extrem überhaupt nicht mehr oder nur mit Verzweiflung darauf reagieren kann.

Vor einigen Jahren hieß das Thema noch Humanökologie – etwas betulich, vornehm, ein Gegenstand akademischer Herablassung in menschliche Niederungen. Diese produzierte überwiegend Erbauungsliteratur, gefesselt vom alten Wunschdenken über den Eigenwert der natürlichen Ordnung als Vorbild der moralischen Ordnung. Die Wiederherstellung eines gefährdeten ökosystemaren Gleichgewichts: Gleichzeitig Restauration und Verheißung, rückwärtsgewandte Utopie.

Die Symbole der Krise, die mittlerweile offensichtlichen Teilkatastrophen lassen diese Saat aufgehen: Seveso, Bhopal, Tschernobyl, Rheinvergiftung, Waldsterben, Robbensterben, Treibhauseffekt, Ozonloch. Eine neue Generation schlägt den regierenden Vätern die Parolen der Großväter (z. B. Jünger u. Himmelheber 1975) um die Ohren und erwartet die Lösung *aller*, besonders auch ihrer individuellen Probleme mit Hilfe der „Ökologie".

Autökologie, Demökologie und Synökologie des Menschen beinhalten die wissenschaftliche Beschreibung von *Homo sapiens* im Ökosystem. Dieser ist eine Schlüsselart, d. h. eine Art, die weithin ausstrahlt und deren Aktivität viele andere Lebewesen bzw. viele Abläufe beeinflußt (S. 21). In weit engerem Maße ist z. B. ein bestandbildender Waldbaum wie die Buche *(Fagus silvatica)* eine Schlüsselart oder die Steinkorallen der Gattung *Acropora* in einem Korallenriff, der Biber *(Castor fiber)* im Bereich seines Teichs, das Ren *(Rangifer tarandus)* in der Tundra. Bei der Schlüsselart Mensch *(Homo sapiens)* erstreckt sich das Feld wissenschaftlicher Befassung bis weit in die Anthropologie, Ethnologie, Medizin, Psychologie und Soziologie.

Auch dieser erweiterte Umfang wird jedoch dem Anspruch der Ökologie und dem Anspruch an die Ökologie nicht mehr gerecht. Gefragt ist mehr als Wissenschaft. Daher wird in der Kapitelüberschrift bewußt mehrdeutig formuliert: Statt „Ökologie des Menschen", heißt es: *Ökologie und Mensch*. Ökologie behandelt die Stellung des Menschen nicht nur *im*, sondern auch *zum* Ökosystem. Ökologie dringt damit vom Erklären her weit in den Bereich der aktiven Teilhabe, in die Politik ein. Sie umschließt in dieser Ausweitung das Ökosystem mit dem Menschen nicht nur als objektive Größe, sondern auch den Menschen im Ökosystem als subjektiv Handelnden. Die offene Formulierung spiegelt die Zerrissenheit dessen, der gleichzeitig Betrachter und Betroffener ist, ist Spiegel der sich aus dieser Situation ergebenden Widersprüche und Herausforderungen.

Sie reflektiert zugleich das fast unlösbare Problem, aus einem objektiven, kausal orientierten Bereich Wegweisung zu gewinnen für eine finale, auf Werte hin orientierte Umsetzung.

1. Ökologisches und ökonomisches System

1.1 Beschreibung

Es ist unbestritten, daß der Mensch als biologische Spezies *nolens volens* in das globale Ökosystem integriert ist. Aufbau und wichtige qualitative Abläufe führt ein Schema vor (Abb. 19a). Diese Kurzdarstellung ist sehr abstrakt. Es bleibt der Eindruck, daß das biologische Ökosystem nur entfernt mit dem Menschen zu tun habe. Dem kann durch Vergleich mit der Tätigkeit des Menschen in seinem ökonomischen Bereich begegnet werden. Das Schema (Abb. 19b) ist – nicht ganz ohne Absicht – dem vorigen angeglichen.

- Gleichermaßen gibt es Input, Verlauf und Output.
- Die Ökonomie wächst oder schrumpft, bringt Zugewinn oder Verlust, entsprechend dem Ergebnis der Bilanz.
- Kompartimente treten unter anderen Namen wieder auf. Die Investition bestimmt Umfang und Leistungsfähigkeit der Produktion. Der Konsum verbraucht die Produkte. Das Recycling, ein erst neuerdings bewußt gewordenes Kompartiment des ökonomischen Systems, stellt aus Abfällen Material her, welches wieder in den Prozeß eingebracht werden kann.
- Energie ist, wie im ökologischen System, nicht rezyklierbar. Auch hier besteht andauernder Wärmeverlust. Energie wird eingebracht: (a) als Muskelarbeit von Mensch und Tier (regenerierbar aus dem

ökologischen System); (b) aus Wärmekraftmaschinen, betrieben mit kurzfristig regenerierbaren Brennstoffen (z. B. Holz), langfristig regenerierbaren, fossilen Brennstoffen (z. B. Erdöl und Kohle) oder Nuklearbrennstoff; (c) aus natürlichen Energiefällen (z. B. Wasser, Wind, Wärmestrahlung), die letztlich wie die anderen regenerierbaren Energieformen auf die Sonnenenergie zurückgehen, abgesehen von geringfügiger Nutzung der Erdwärme.

- In das ökonomische System eingebrachte (Roh-)Stoffe sind ebenfalls teils rezyklierbar (Rentabilitätsfrage), teils nicht.
- An der Stelle der genetischen Information steht hier abkürzend „Kapital": Investitionen, Maschinen, Produktionsmittel. Allerdings ist hier nicht in erster Linie an Geld gedacht, sondern an das – gewiß auch käufliche – Know-how, den informationsabhängigen Teil der Produktionsmittel.

Die Gegenüberstellung von ökologischem und ökonomischem System läßt Übereinstimmungen und Unterschiede erkennen, wobei man den Vergleich nicht überstrapazieren sollte.

Verschieden ist besonders die Herkunft der Energie. Die eingesetzte Körperkraft und die rezenten und fossilen Brennstoffe stammen vom Ökosystem, sind von diesem abhängig. Einige geringere Energiequellen benutzen in anderer Form die Sonnenenergie. Die Nutzung von Erdwärme ist derzeit (noch) unerheblich. Der einzige emanzipatorische Versuch der Abkoppelung vom biologischen Ökosystem und von anderen Formen der Sonnenenergie ist die Nutzung von Nuklearprozessen.

Das Programm, das "Know-how", als der geistige Anteil des Kapitals, ist vom Menschen, von dessen biologischen Grundeigenschaften und damit ebenfalls vom biologischen Ökosystem abhängig. Zur genetischen Anpassungsstrategie, die bei einem langlebigen Wesen mit großen Populationen wie dem Menschen zu träge reagiert, tritt kompensatorisch in besonderem Umfang die Lernfähigkeit, welche schnelle Reaktionen ermöglicht (Tab. 3).

Selektion der bestangepaßten Individuen im Sinne einer Optimierung erfolgt auch im ökonomischen System. Jeder Manager wird das bestätigen.

Die Ambivalenz von Anpassung wird dabei deutlich sichtbar: Das Schicksal des Betriebsangehörigen, sein Einkommen, sein Aufstieg, ist mit dem des Betriebs verbunden. Er kann dieses Verhältnis abstrakt betrachten und auf Fortkommen des Betriebes hinwirken – er wird die Vorteile genießen; er kann seine Position aber auch konkret egoistisch verstehen und für eigenen Aufstieg durch Leistungsoptimierung sorgen – zum Vorteil für das Ganze. Zumindest im Idealfalle. Letztlich differiert nur die Betrachtungsweise.

Folgen: Auch im ökonomischen System gibt es eine Drift, zum einen abhängig von Schwankungen im biologischen Ökosystem, zum anderen in einer selbstproduzierten Dynamik. Anpassung erfolgt durch technologische Optimierung im Verbund mit Profitmaximierung und Vermehrung des kollektiven Wissens, das im Krisenfall rasch bereitsteht. Auch im ökonomischen System ist Stabilisierung weder möglich noch erwünscht, entsprechend lautet das ungeliebte Dogma vieler Ökonomen: Nullwachstum bedeutet Rückschritt.

1.2 Konsequenzen

Die prinzipielle Übereinstimmung des ökonomischen Systems des Menschen mit dem Ökosystem überrascht nicht. Das Lebewesen Mensch ist „von Geburt" Teil des biologischen Ökosystems. Seine grundlegenden Befindlichkeiten und Tätigkeiten werden wie die aller Lebewesen von der „Natur" bestimmt. Sollte jemand an dieser Auffassung vom Menschen als bloß biologischer Art Anstoß nehmen, so sei an die vielfache Vernetzung mit dem biologischen Ökosystem über die Nahrungskette oder an die Herkunft des O_2, das wir atmen, erinnert. Auch eine den Menschen aus der Natur herausdefinierende philosophische Anthropologie kann sich nicht an unserer Abhängigkeit vom Ökosystem vorbeimogeln. Das ökonomische System ist in das ökologische eingebettet, im Sinne der klassischen Enkapsis oder des so einprägsamen Modells der Fraktale: gleiche Muster wiederholen sich auf verschiedenen Ebenen der Komplexität (Cramer 1988).

Aber warum treten dann überhaupt Widersprüche oder eine Divergenz auf? Warum paßt das ökonomische System des Menschen nicht (mehr?) ganz selbstverständlich in das ökologische Grundsystem? Warum gerät der Mensch mit seiner ökonomischen Tätigkeit in die gegenwärtig offensichtlichen Schwierigkeiten mit dem Ökosystem?!

Auf diese Frage gibt es eine doppelte Antwort. Zum einen ist sie eine Scheinfrage, denn es wäre ein Mißverständnis, den derzeitigen Zustand des Menschen im Ökosystem als qualitativ neuartig, besonders gefährdet zu betrachten. Zum anderen gibt es im quantitativen Bereich zweifellos eine Zuspitzung, die uns den Grenzen von Ressourcen, Kapazitäten und Belastungen näher kommen lassen (S. 48).

1.2.1 Versöhnung von Ökologie und Ökonomie?

Bei der engen Verknüpfung von ökonomischem und ökologischem System bietet sich als sozusagen naturgegebenes Sanierungskonzept an, die genannten Störungen, sobald sie erkannt sind, zu vermindern, zu verhindern und zu beseitigen. Mit dem Ziel einer Wieder-Einpassung des ökonomischen Systems. Zurück zur Natur. Eine solche Versöhnung ist die bisher verfolgte Strategie des gutwilligen und aufgeklärten Teils unserer Gesellschaft. Vielleicht haben die Politikerreden von der oft beschworenen Versöhnung zwischen Ökonomie und Ökologie wenigstens diese, zumindest plausible Grundlage. Es gibt jedoch Einwände.

(1) Die Bemühung um „Versöhnung“ bleibt quantitativ ungenügend. Dies ist unschwer an dem geringen Erfolg aller bisherigen Bemühungen abzulesen. Erst recht, wenn man bedenkt, daß einige schwerwiegende klimatische Folgen unserer jetzigen Aktivität sich in voller Schärfe erst in einigen Menschenaltern zeigen werden.

(2) Das „Ökologische Gleichgewicht“ im Sinne eines harmonischen Zustandes ist eine mittlerweile als irrig erwiesene Zielvorstellung.

(a) Selbst die Monosysteme der einzelnen Arten sind nicht ausbalanciert und wohlgeordnet, vielmehr Ergebnis eines oft harten Kompromisses und scharfer Selektion. Das Scheitern oder das Unwohlsein vieler beteiligter Individuen ist Mittel bzw. Folge der natürlichen Regulation.

Bachflohkrebse nehmen z. B. eine O_2-Verknappung im deckenden Substrat in Kauf, um nicht im freien Wasser von der Strömung verschleppt zu werden (s. Abb. 10). Um die Verschleppung durch Abdrift zu kompensieren, ziehen sie in Scharen zur Vermeidung der Strömung in Ufernähe wieder bachaufwärts, oft fast außerhalb des Wassers – und der Mensch nennt sie plump „rheophil“, strömungsliebend, da sie nur rasch strömende Flüsse bewohnen. Doch leben sie dort nicht der Strömung zuliebe; vielmehr ist diese der dauernd gegenwärtige „Schrecken“, der in Kauf genommen wird für ein reiches Angebot von nahrhaftem Fallaub und von Sauerstoff.

Entsprechend zeigen Populationen im Freiland selten einen ausgeglichenen Altersaufbau, einen guten Ernährungs- und Gesundheitszustand. Das „Gleichgewicht“ wird hergestellt durch Akzeptanz von vielen Nachteilen um oft nur eines einzigen vorteilhaften Umweltfaktors willen. Es wird reguliert durch Massensterben, Verhinderung von Reproduktion, Abwanderungen. Die Existenz von Individuum, Population und Art steht dauernd in Frage. Daher gibt es, vergleichbar dem Sukzessionsmosaik der Biozönose (S. 66), auch unter den Populationen einer Art selten und nur inselartig eine „ausgereifte“, „ideale“ Entwicklung im Sinne einer Klimax. Die meisten sind auf die eine oder andere Weise beeinträchtigt.

Survival of the fittest (Darwin 1859). Das Gute wird durch besseres ersetzt (Remmert 1985). Was wir hinsichtlich des Menschen oft als neuartige ökologische Bedrohung empfinden, ist in Wirklichkeit die althergebrachte Normalität des Ökosystems. *Die Bedrohung geht von unserer Teilhabe, nicht von unserer Abwendung aus.* Sie rührt auch davon, daß wir als Art unglaublich erfolgreich waren und daher die Erde mit Milliarden von Individuen eines vergleichsweise großen, zudem anspruchsvollen und komplexen Organismus erfüllen konnten. Es ist nur „natürlich", daß diese Überbevölkerung ständig irgendwo irgendeiner Art regulierender Gefährdung ausgesetzt ist.

(b) Ebensowenig befinden sich die Abläufe zwischen den Arten, die Stoff- und Energieflüsse im Gleichgewicht. Neben Oszillationen vollzieht sich eine dauernde Sukzession und Drift (S. 66); nur deren relativ langsamer Ablauf täuscht eine Stabilität vor.

Insofern kann es für die Stellung des Menschen im Ökosystem nicht um die Restauration eines Gleichgewichts gehen:

Das Gleichgewicht der Idylle ist ein fruchtbares Mißverständnis, eine Utopie. Wir können es wünschen, aber nicht finden.

Das reale regulatorische Gleichgewicht im biologischen Ökosystem ist hingegen genau das, von dem sich der Mensch mit guten Gründen seit seiner Bewußtwerdung zu emanzipieren trachtet. Es „wiederherzustellen" ist gleichzusetzen mit dem Verlust jeder höheren Zivilisation und des überwiegenden Teiles der Erdbevölkerung. Auch der verbleibende Rest wäre dann nicht etwa der Umweltsorgen enthoben. Sie würden nur, wie einst, in anderer Form auftreten.

(3) Selbst wenn die Gleichgewichtshypothese *cum grano salis* stimmen würde, taugte sie nicht zur Grundlage einer Strategie gegen die Umweltkrise. Es gibt kein „Zurück zur Ökologie" (Remmert 1985).

Die menschliche Ökonomie hat bereits Prozesse in Gang gesetzt, deren Eigendynamik nicht mehr durch Vermeidung und Ausbalancieren zu bremsen ist. Ein der Ausgangssituation nahekommender Zustand ist nicht mehr erreichbar. Der Wettlauf gegen die Zeit ist verloren. Bevor die Veränderungen der Atmosphäre überhaupt bemerkt wurden (Fluorchlorkohlewasserstoffe, CO_2, SO_2, Partikel, Temperatur), führten sie bereits unaufhaltsam auf den Zustand zu, der unseren Enkeln Hautkrebs und Asthma, Ertragsminderung der Landwirtschaft, Temperatur- und Wasserstandsprobleme an den Meeresküsten bescheren wird. Die Versöhnungsstrategie ist ein nur mehr historisches Konzept, dem die Wirklichkeit davongelaufen ist.

Gerade die Gültigkeit der Abläufe der natürlichen Ökologie bedroht uns. Wir müssen lernen, daß die „konservativen", romantischen Rezepte von gestern untauglich sind. Wir können uns nicht flüchten an den Busen einer mütterlich sorgenden Natur: Sie wird uns gnadenlos als Verderber und Versager fallenlassen.

Bisher konnten wir uns im Rahmen des „natürlichen" Ökosystems den kleineren, lokalen ökologischen Katastrophen entziehen, sie ignorieren, auswandern. Dies nährte die Vorstellung, daß Naturnähe unsere Probleme lösen könnte. Die stündlich neue Qualität unserer zunehmenden Bevölkerungsdichte macht diese Taktik in Zukunft unmöglich. Wir stehen vor der Alternative wachsender Katastrophen oder eines völligen Umdenkens über unsere Stellung zur Natur, verbunden mit entsprechendem Handeln.

1.2.2 Neue Strategie

Der Ausweg aus dieser Aporie führt nicht über gewohnte Pfade. Es geht nicht mehr um Reparatur, es geht um Revolution. Ein Überleben von möglichst vielen Menschen auf möglichst hohem materiellen und geistigem Besitzstand ist nur durch gewaltige Veränderungen der Ökonomie möglich. Und zwar nicht durch *Rück*nahme auf eine Stufe von Naturnähe oder Naturkonformität. Im Gegenteil: Wir betreiben derzeit eine noch viel zu primitive, naturnahe Ökonomie. Sie steht oft in krassem Gegensatz zu unserem Kenntnisstand. Sie befindet sich noch auf der Stufe des ökonomischen Raubbaues. „Natürlich" war unser bisheriges naives Leben in den Tag hinein. Wir müssen weg von der Natur.

Noch fast jedes Zeitalter beanspruchte eine Ausnahmestellung, hielt sich für eine besondere, eine Endzeit. Heute ist dies nicht nur ein subjektives Gefühl oder Rhetorik.

- Wir waren noch nie so viele und werden exponentiell immer mehr. Zwischen 1900 und 2000 werden mehr Menschen gelebt haben als es jemals zuvor überhaupt Individuen unserer Art gegeben hat.
- Wir müssen erstmals in der Geschichte der Menschheit global und rasch zur Sache kommen. Verflechtung und Fristen sind enger denn je.
- Wir sind erstmals in der Lage, die Zuspitzung unserer Situation als notwendige Folge eines natürlichen ökologischen Prozesses zu erkennen und – hoffentlich – richtig einzuschätzen.
- Wir haben aber auch erstmals die technischen Mittel, die Katastrophe zumindest teilweise, örtlich und durch Aufschub und Entzerrung sowie durch Manipulation und Planung zu entschärfen. Wir stehen am Beginn der dritten (zumindest wahrnehmbaren) ökologi-

schen Krise (Markl 1983, 1986) und vor der Aufgabe, die Menschheit über eine Schwelle von Schwierigkeiten in einen neuen, auf uns ausgerichteten Typ von Ökosystem zu integrieren.

Wir können nicht zurück zur Natur, dort steht nur der Untergang. Es bleibt nur die Flucht nach vorn. Das Ökosystem wird nicht mehr das gleiche sein. Das ist richtig so, denn Drift ist „natürlich". Auf ins *Anthropozoikum*. Gehen wir daran, uns die Erde endlich untertan zu machen – nicht wie bisher, indem wir sie ausrauben, verwüsten und mißbrauchen, sondern indem wir sie unter Einsatz aller konstruktiver Fähigkeiten vorausschauend nutzen und gebrauchen.

Dazu bedarf es in erster Linie einer Veränderung des Menschen, seines Denkens und Handelns. Er muß lernen, sein mittlerweile hervorragendes Instrumentarium weise zu gebrauchen. Die gängige Schuldzuweisung an „Fortschritt", Wissenschaft und Technik zugunsten weltfremder fundamentalistischer Utopien ist verständlich, jedoch abwegig. Es gilt, von den verbreiteten „Verkrustungserscheinungen" in Politik, Universitäten, in der Struktur der Arbeitswelt, in unserem gesamten Denken Abschied zu nehmen. Es geht um Räumung geliebter Positionen, um Beweglichkeit, um Aktivierung der geistigen Ressourcen, um eine Mobilmachung – ausnahmsweise nicht gegen, sondern für Menschen. Noch ist es nicht zu spät (Bieber 1989).

Fortschrittskritiker sollten sich vorstellen, in welchem Zustand sie sich vermutlich selbst ohne Wissenschaft und Technik befänden. Vermutlich wären die meisten entweder nicht geboren worden oder bereits im Kindesalter verstorben. Und hätten sie glücklicherweise doch den biologischen Status ihres jetzigen Daseins erreicht, so müßten sie sich wahrscheinlich um anderes kümmern als um Theorien zum Ökosystem.

2. Die krisenhafte Situation der menschlichen Existenz

Umwälzungen in der grundsätzlichen Beschaffenheit des globalen Ökosystems vollzogen sich schon mehrfach in den frühesten Phasen der Erdgeschichte. Größere Einschnitte erfolgten noch seit dem Kambrium, z.B. durch die Eroberung der Festländer durch Pflanzen und Tiere, durch die Entstehung der Blütenpflanzen in der Kreidezeit mit der anschließenden Differenzierung vieler Insektenordnungen und Spinnenfamilien, durch das Aufkommen der Säugetiere mit dem Tertiär.

Auch in der Geschichte der Menschheit lassen sich – global weniger einschneidend, für Teilpopulationen unserer Art jedoch katastrophal – mehrere große ökologische Krisen für das Monosystem Mensch nachweisen. Dazu zählen unwissentlich selbstgemachte, z.B. die Zerstörung von Lebensraum um das Mittelmeer, aber auch unverschuldete im Gefolge großklimatischer Verschiebungen. Zu letzteren gehören die Eisvorstöße des Pleistozäns; die Meeres-Transgressionen im Gebiet von Nord- und Ostsee, die Anlaß für Teile der „dorischen" Völkerwanderung um 1200 v. Chr. oder für den Kimbernzug um 115 v. Chr. gaben; die Ausbreitung der Wüsten Vorderasiens und Afrikas, Auslöser der byzantinischen Reichskrise um 700 n. Chr., verursacht durch den Verlust von Ackerland und die nachfolgende Begünstigung der nomadischen Wirtschaftsweise einerseits der Turkvölker und andererseits der dadurch politisch erstarkenden Araber.

Es bedarf keiner näheren Belege dafür, daß sich die Menschheit, wie schon angedeutet, gegen Ende des 20. Jh. wieder in einer nicht nur subjektiv empfundenen krisenhaften Situation befindet. Sie erreicht ein bisher unbekanntes Ausmaß. Auch ist diese jüngste Krise nicht, wie andere im bisherigen Verlauf der Geschichte, regional begrenzt oder zumindest begrenzbar.

Die Störungen der Ökologie des Menschen betreffen alle Ebenen: Das Monosystem Mensch, den Menschen als Teil (Schlüsselart) von Biozönosen und als Teil des Ökosystems unter Einflußnahme auf Stoff- und Energieflüsse. Diese prinzipielle Unterscheidung ist unerheblich bei der Art *Homo sapiens*, bei der ohnehin nahezu alle Außenwelt zu einem Teil der Umwelt im strengeren Sinne werden kann (S. 21, 22). Daher wird im folgenden auf sie verzichtet.

Die Krise ist kein umfassender katastrophaler Augenblick. Dies erwarten naive Beobachter und projizieren sie dementsprechend erst in die (nahe) Zukunft. Sie ist vielmehr längst schon Gegenwart. Sie manifestiert sich mit wachsender Frequenz in einer Vielzahl regionaler Desaster in Form der bereits genannten spektakulären Umweltkatastrophen oder in Form von Bürgerkriegen, Wirtschaftsflüchtlingen und Landflucht (Sinha 1984). Sie wird zunehmend sinnfällig und wirksam in globalen schleichenden Veränderungen der Umwelt, z. B. im Artenrückgang, in der Monotonisierung der Habitate, in der allgemeinen Eutrophisierung von Wasser und Boden, in Veränderungen von Atmosphäre und Klima.

2.1 Ursachen der Krise

Es gibt die beiden schon angesprochenen Modelle zur Erklärung der generellen Ursache der ökologischen Existenzbedrohung des Menschen:

(a) Generelle Ursache der Krise ist die zunehmende Abhebung der menschlichen Ökonomie von dem in historischer Zeit grundsätzlich etwa gleichartig strukturierten Zustand des Ökosystems. Die im Gefolge der industriellen Revolution einsetzende Entfernung von der Natur durch naturfeindliche Methoden der Produktion, des Siedelns usw. brachte neben quantitativer Steigerung eine neue Qualität von Umweltschäden.

(b) Die Krisenhaftigkeit der Existenz einer Art, also auch des Menschen, ist Normalität, sowohl im naturnahen als auch im anthropogen beeinflußten Ökosystem.

Die Geschichte der Menschheit und die spezifischen Lebensumstände ursprünglicher, plesiomorpher Gesellschaften bestätigen dies (Campbell 1985). Man hat in Europa sehr rasch vergessen, daß in der ersten Hälfte des 19. Jh. halb Irland verhungerte, daß auf dem Kontinent nur die Ausbreitung des Kartoffel-Anbaues, die „gentechnische" Ertragsverbesserung anderer Feldfrüchte, z. B. der Zuckerrübe, schließlich die Möglichkeit zur Auswanderung in noch weniger dicht besiedelte Räume das Schlimmste verhinderten. "Environmental refugees" sind die moderne Variante der früheren Auswanderer (Jacobson 1988).

Daher stellt die augenblickliche Situation keine qualitative Veränderung gegenüber ursprünglichen, naturnahen krisenhaften Verhältnissen dar, sondern nur eine – allerdings folgenschwere – quantitative Steigerung. Sie wird zudem infolge des technischen Fortschritts besser wahrgenommen: Verfeinerte Meßmethoden erfassen Schäden genauer und früher als je zuvor. Erhöhte Kommunikation bringt regionale Probleme in das Bewußtsein der Weltöffentlichkeit.

(c) Dazu kommt eine erst unvollkommen zu beschreibende Entwicklung hinsichtlich des Selbstverständnisses des Menschen. Auf den Ebenen von Individuum, Gruppe und Art hat sich der Mensch in seiner Geschichte unter vielen Rückschlägen zunehmend eine Autonomie zur Gestaltung seines Daseins erworben. Diese Erfahrung, über sich selbst zumindest teilweise oder im Prinzip bestimmen zu können, stößt sich zunehmend mit der vorgegebenen Außen- und Fremdbestimmung auf der Ebene der ökosystemaren Abläufe. Es werden Grenzen bewußt, die früher nicht erkannt wurden. Es bleibt Unterwerfung oder Aufbegehren. In Fortsetzung der bisherigen emanzipatorischen Entwicklung erscheint letzteres die wahrscheinlichere und angemessenere Reaktion. Regulation von außen wird heute weniger denn je akzeptiert. Dies ist der Hintergrund der „Fortschrittsgläubigkeit": Alles sollte „machbar" sein.

Auch die Regulation durch das Ökosystem sollte einer Selbststeuerung weichen oder zumindest nennenswert beeinflußbar sein: Emanzipation von der Natur – was nicht zwangsläufig Zerstörung und Konfrontation heißen muß.

Unabhängig davon, welches dieser Modelle jemand akzeptiert, lassen sich die vielfältigen Formen der Umweltprobleme oberhalb der technischen Ebene auf zwei Grundbereiche zurückführen: *Übervermehrung* und *Überproduktion*. In beiden ist logistisches in exponentielles Wachstum übergegangen (Abb. 16). In beiden werden Grenzen der Tragfähigkeit des bisherigen Ökosystems und gegenregulatorische Vorgänge sichtbar.

Einige Modellrechnungen, z. B. das Lateinamerikanische Weltmodell (Barney 1980), versuchten zu zeigen, daß nicht die beiden genannten Grundgrößen, sondern vielmehr unzweckmäßige gesellschaftliche Verhältnisse zu den bestehenden oder zukünftigen Engpässen für den Menschen führen. Sie kamen jedoch zu dem Ergebnis, daß auch unter Zugrundelegung einer utopisch-idealen Weltregierung vom Beginn des 21. Jh. an z. B. mit allgemeiner Nahrungsmittelverknappung infolge nicht ausreichender Flächen-Erträge zu rechnen sein wird – bei Fortsetzung der heutigen Wirtschaftsweise.

Vielleicht kann die *Trägheit* der Reaktion menschlicher Gesellschaften auf allmähliche – wenngleich bekannte – Bedrohungen noch als weiteres, drittes Grundübel diagnostiziert werden. Sie korrespondiert mit der Angst des einzelnen vor persönlichen Veränderungen (S. 118) und mit zahlreichen anderen Widerständen gegen Innovation (S. 151).

2.1.1 Übervermehrung

2.1.1.1 Beschreibung

(a) Die allgemein bekannte Situation zeigen Abb. 25–27 (vgl. Kraus 1986). Zu katastrophaler Zuspitzung führt die Überbevölkerung zuerst in Randgebieten der Ökumene, wo globale Klimaänderungen ungemindert durchschlagen, z. B. im Sahel und in Äthiopien.

Die Bundesrepublik Deutschland steht bezüglich der Zuwachsrate, jedoch nicht hinsichtlich der bereits erreichten Dichte besser da als die meisten Entwicklungsländer. Sie verzeichnet kein autochthones Bevölkerungswachstum mehr, besitzt dafür jedoch mit 245 Einwohnern/km^2 (in Ballungsgebieten das Doppelte bis Zehnfache) nächst Bangladesch, Japan und den Beneluxländern (weit vor dem sprichwörtlich übervölkerten Indien) die höchste Bevölkerungsdichte der Welt.

(b) Die Prognose ergibt sich aus Abb. 28. Es gibt eine Korrelation zwischen der Art des Wachstums und der Wirtschaftsstruktur einer Gesellschaft (S. 47). Sie berechtigt zu der Annahme, daß vorindustrielle nach einem Übergang in industrialisierte Gesellschaften in ihrem Bevölke-

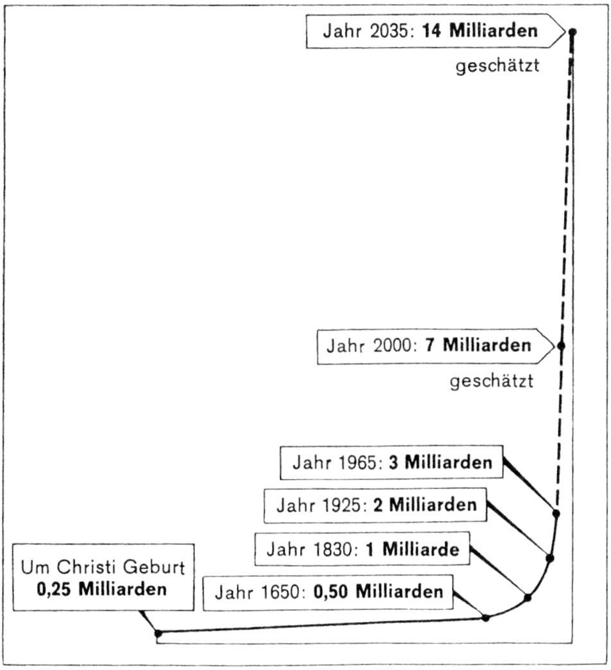

Abb. 25: Frequenzkurve der Menschheit. Nach Nachtsheim (1971).

rungswachstum stagnieren werden (Birg 1989). Dadurch wird ungefähr eine wahrscheinliche Obergrenze der Siedlungsdichte sichtbar: Diejenige Mitteleuropas oder vergleichbarer Regionen in allen besiedelbaren Gebieten der Erde. Wie viele Menschen das letztlich sein werden, ist ungewiß. Wohl mehr als das Zehnfache der gegenwärtig fünf Milliarden. Sie alle müssen ernährt, gekleidet, behaust werden. Sie haben ein Recht auf weitere, geistige Bedürfnisse. Die Erde kann diese Zahl ernähren. Sie wird dann allerdings nicht mehr dieselbe sein. Kein Platz für wilde Tiere – außer in engen Reservaten. Das Zeitalter des Menschen ist angebrochen, das Anthropozoikum, der Eintritt in die Noosphäre (Teilhard de Chardin 1959).

(c) Bewertung. Die zunehmende Zahl der Menschen und die mit ihr einhergehende Zunahme der Bevölkerungsdichte ist zunächst ambivalent, von Vorteil und Nachteil zugleich.

– Große Mengen von Menschen sind von Vorteil. In der Geschichte waren volkreichere Gruppen bei der Konkurrenz um Jagdgründe, Ackerland und Weideflächen begünstigt. Der Stolz auf die eigene

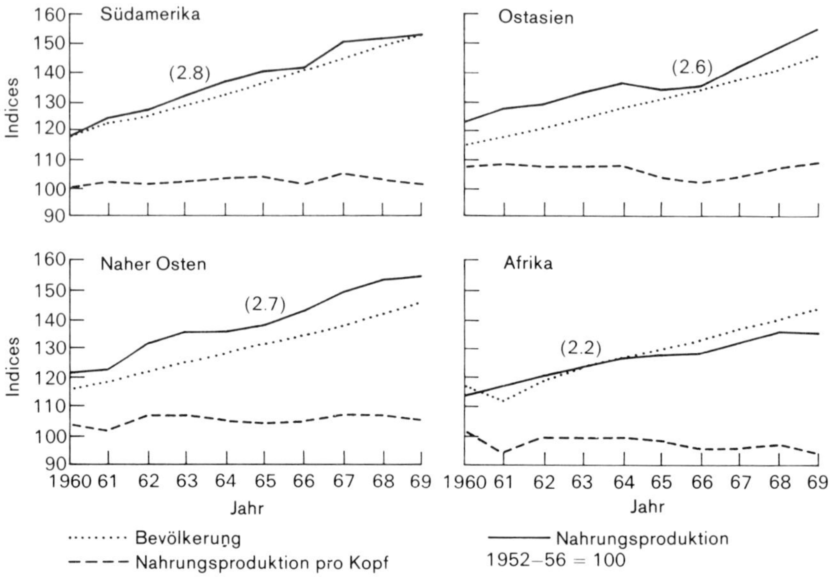

Abb. 26: Nahrungsproduktion und Bevölkerungswachstum in Entwicklungsregionen. Nicht in die entsprechenden Regionen mit einbezogen sind die Volksrepublik China, Israel und die Republik Südafrika. Zahlen in Klammern: Jährliche Wachstumsrate. Nach FAO in Ehrlich, Ehrlich u. Holdren (1975).

Fortpflanzungskraft durchzieht daher fast alle gruppenbildenden Mythologien: Größtes Glück für Abraham bedeutete die göttliche Verheißung einer zahllosen Nachkommenschaft. Reichte die eigene Reproduktionsrate einer Gruppe nicht aus, erbeutete, stahl, verpflanzte und assimilierte sie Menschen. Sie wurden zum Besitz, zur Ware. Man benutzte ihre körperliche, geistige und reproduktive Kraft. Die Raubkriege der Antike, die Sklaverei aller Zeiten belegen dies zur Genüge. In aufgeklärten Zeiten gewährte man attraktive Religionsfreiheit (König Friedrich II. in Preußen) oder Steuerbefreiung (Zarin Katharina in Rußland), um tüchtige Menschen zu gewinnen. Die USA verdanken ihren großen technologischen Sprung nach vorn den qualifizierten Emigranten der zwanziger und dreißiger Jahre aus Mitteleuropa und dem *"brain drain"* der fünfziger Jahre aus der gesamten verarmten Alten Welt.

Um eine „Kritische Masse" zu erreichen, wie sie zur kulturellen Diversifikation, zur Spezialisation, zum Aufbau und Erhalt einer hocharbeitsteiligen Gesellschaft erforderlich ist, bedarf es großer Menschenansammlungen, der Städte, urbaner Regionen. Hoher

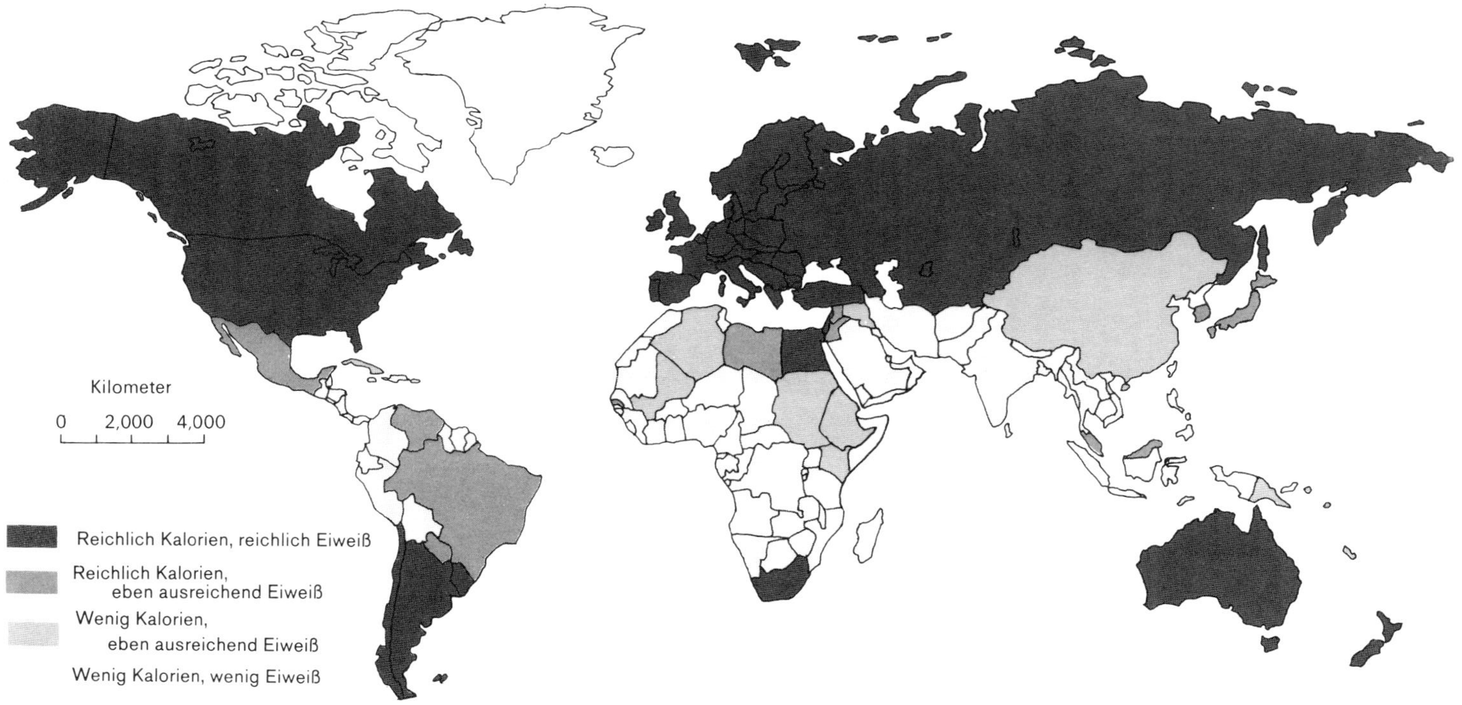

Abb. 27: Die geographische Verteilung des Hungers. Nach FAO, in: Ehrlich, Ehrlich u. Holdren (1975).

Abb. 28: Idealisierte Formen der Alterspyramide. Die Pagodenform gilt derzeit noch für die meisten Entwicklungsländer. Die Dreiecksform zeigt Rückgang der Kinder- und Erwachsenensterblichkeit an. Die Glockenform weist auf geringere Geburtenrate, sehr geringe Sterberaten der jüngeren Jahrgänge und Erreichen eines höheren Durchschnittsalters hin. Die Urnenform gilt für eine überalterte Bevölkerung mit geringer Reproduktionsrate. Nach Birg (1989).

Zivilisationsgrad beruht neben dem quantitativen Potential an Arbeitsleistung auf der qualitativen Differenzierung, der Vielfalt, dem Pluralismus der integrierten Talente – ganz im Gegensatz zum Vorurteil der pseudobiologischen Rein-Erhalter: Platz für Diversität, für Ausländer und Aussteiger!

– Große Mengen von Menschen sind jedoch auch von Übel: Sie sind anfällig gegenüber Hunger (Abb. 26, 27), Seuchen, kollektiven Neurosen, politischen Krisen und sozialer Instabilität im Gefolge von Verteilungskämpfen.

(d) Bedrohung. Übervermehrung und in deren Folge die Überbevölkerung einer Region oder der Erde sind zweifellos bedrohlich. Die positiven Seiten der vorangegangenen Erwägungen werden von einem bestimmten Wendepunkt an von den negativen überwogen. Wo liegt dieser, wo fängt „Über-" an?

Dies ist teilweise objektivierbar z. B. anhand von Versorgungssituation und Gesundheitszustand einer Bevölkerung. Die begrenzenden Faktoren können allerdings zeitlich und regional schwanken. Es geht jedoch auch eine subjektive Komponente ein, beruhend auf regionalen Veranlagungen und Traditionen. Die einem Nordeuropäer unentbehrliche persönliche Distanz und Ungestörtheit erscheint z. B. einem in engem sozialen Kontakt in großen Familien- und Dorfgemeinschaften aufgewachsenen Ägypter als unerträgliche Vereinsamung. Schon hier deutet sich an, daß nicht für alle menschlichen Gemeinschaften einheitliche Lösungsmodelle in Frage kommen. Regionalisierung und Diversifikation sind erfolgversprechender (S. 164).

Die Eindämmung der Bevölkerungsexplosion ist erste und wichtigste

Voraussetzung zur Lösung aller Umweltprobleme. Dennoch ist kaum zu erwarten, daß das Erreichen der potentiellen Obergrenze der Erdbevölkerung verbunden mit maximaler Nutzung aller Ressourcen grundsätzlich vermieden werden kann. Es kann zunächst nur darum gehen, ihr Erreichen um ein bis zwei Jahrhunderte zu verzögern, um Zeit für Infrastrukturverbesserungen zu gewinnen (S. 109).

(e) Lösungen. Die historische, „natürliche" Regulation von Überbevölkerung ist leider wohlbekannt: Hungertod, Abwanderung oder Krieg, gelegentlich Seuchen, permanent Kindersterblichkeit. Sie zeitigte immer nur lokal und vorübergehend „Ergebnisse". Am „wirksamsten" unter den genannten Größen war erwartungsgemäß die Kindersterblichkeit, sozusagen eine verringerte Natalität (vgl. S. 44). Ihre Behebung steht stets am Anfang von Bevölkerungsexplosionen. Regulation durch andere begrenzenden Faktoren greift erst nach Erreichen einer weit höheren Bevölkerungsdichte. Vor diesem Hintergrund steht die apokalyptische Parallelität zwischen der wachsenden Menge von Menschen und den jeweils verfügbaren Massenvernichtungsmitteln.

Es stehen weit effektivere und vor allem humanere Mittel zur Selbststeuerung der Bevölkerungsdichte zur Verfügung. Schon erwähnt wurde die Wirkung wirtschaftlicher Umstrukturierung. Sie wird ergänzt durch Werbung für wenige gut ausgebildete und ausgestattete Kinder statt vieler in Armut. Sie bedarf der Stützung durch eine vom Staat getragene Sozial- und Altersversicherung. Beseitigung einer Bedrohung von außen erledigt den Bedarf an Geburtenüberschuß für Armeen. Die technischen Mittel der Geburtenkontrolle sind vielfältig. Effektiv sind Pharmazeutika, wie der „Pillenknick" erwiesen hat. Der wachsende Bevölkerungsdruck wird auch zur Akzeptanz weiterer pharmakologischer Möglichkeiten führen. Allen genannten Mitteln ist gemeinsam eine moralisch vertretbare Reduzierung der *Natalität*. Abzulehnen sind Regulationen über die *Mortalität*: sie sind weniger effektiv, sind blind und unkontrollierbar. Sie werden auch von keinem traditionellen moralischen Konsensus akzeptiert.

Noch überwiegen die Widerstände. Da erheben sich archaische Genozid-Ängste: „Die Deutschen sterben aus ..." Oder die Geburtenkontrolle wird als imperialistisches Instrument der Weißen diffamiert. Eine unheilige Allianz von Rassisten, Kirchen und Mullahs lenkt mit dem Schutz des ungeborenen von ihrer Grausamkeit gegenüber geborenem Leben ab. Es ist an der Zeit, die Traditionen einiger Hirtengesellschaften der Spätantike zu verschrotten.

Auch das Schrumpfen von Bevölkerungen verläuft nicht ganz problemlos. Wir werden in der Bundesrepublik Deutschland mit die ersten Erfahrungen mit einer vorübergehend überalterten Gesellschaft ma-

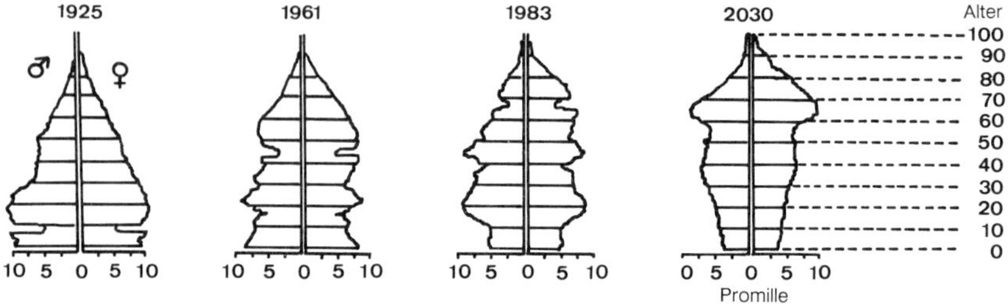

Abb. 29: Die Entwicklung der Alterspyramide der deutschen Bevölkerung. Die Geburtenrate wurde von äußeren Anlässen gesteuert: (a) 1. Weltkrieg, (b) Weltwirtschaftskrise, (c) 2. Weltkrieg, (d) Antikonzeptiva. Die Seite der Männer erfuhr durch Kriegseinwirkung größere Ausfälle als die der Frauen, besonders deutlich in der Grafik für 1925. Frauen erreichen durchschnittlich ein höheres Alter. Nach Birg (1989).

chen (Abb. 29). Dies wird jedoch gewiß eine unserer geringeren Sorgen sein.

2.1.1.2 Folgen

(a) Hunger. Die Verteilung des Hungers zeigt grob ein Nord-Süd-Gefälle (s. Abb. 27). Dieses beruht auf ökologischen Grundlagen. Viele terrestrische Biozönosen der Tropen und Subtropen und ihre agrarischen Folgegesellschaften produzieren vergleichsweise geringe Flächenerträge (Tab. 10).

Die Ursachen sind vielfältig: Geeignete Arten bzw. Sorten, Humusbildung bzw. Düngung fehlen; es gibt Wassermangel bzw. die Gefahr von Versalzung; es gibt besonders aktive Pflanzenschädlinge. Ähnlich sind im Ozean die äquatornahen Gebiete produktionsarm; die großen Plankton- und Fischvorkommen liegen im Bereich der nördlichen bzw. südlichen Konvergenz. Das Nord-Süd-Schema wird durchbrochen, ein Indiz für seine natürliche, nicht gesellschaftliche Ursache: Die Spitzen der Südkontinente, die in gemäßigte Klimazonen reichen, sind fruchtbarer; Regengebiete in Süd- und Südostasien können autark eine dichte Bevölkerung mit Nahrungsmitteln versorgen.

Die gegenwärtige Karte der Hungergebiete ist also nicht nur eine Folge des Kolonialismus, des Menschenraubes oder einer traditionelle Strukturen auflösenden Missionierung und Verwestlichung. Nicht nur der historische oder heimliche aktuelle Imperialismus der industrialisierten Staaten hält die Völker des Südens hungrig.

Tab. 10: Nettoprimärproduktion von Teilökosystemen in g C (Annahme: 1 g C = 2 g Trocken-Biomasse). Nach Lieth, Whittaker u. Likens, Likens, Wetzel u. a., in: Riepl

Ökosystem	Produktivität in $g\,C \cdot m^{-2} \cdot Jahr^{-1}$	Flächenausdehnung in %	% der Erdproduktion
Erde total	ca. 150–180	100 %	100%
marine Ökosysteme	∅ ca. 75	71 %	32– 35%
offener Ozean	1– 200	65 %	
Auftriebsgebiete	200– 500	0,1%	
Kontinentalsockel	100– 300	5 %	
Korallenriffe usw.	250–2000	0,1%	
Flußmündungsgebiete	100–1750	0,3%	
terrestrische Ökosysteme	∅ ca. 370–400	27 %	61– 67%
Gletscher, Kältewüsten, Trockenwüsten	0– 5	4,5%	
Tundra	5– 200	1,5%	
Halbwüsten, Buschwüsten	5– 125	3,3%	
borealer Nadelwald	100– 750	2,2%	
sommergrüner gemäßigter Laubmischwald	200–1250	1,3%	
warmtemperierter Mischwald	300–1250	0,9%	
Hartlaubwald, Trockenbüsche, Waldsteppen	125– 750	1,6%	
tropisches Grasland (Steppen u. Savannen)	100–1000	2,8%	
warmgemäßigtes Grasland (Steppen, Wiesen)	100– 750	1,7%	
regengrüne Monsunwälder	300–1750	1,4%	
tropische Regenwälder	500–1750	3,2%	
Kulturland	50–3500	2,6%	
limnische Ökosysteme	∅ ca. 125	4,0 %	2,7–3,2%
Flüsse und Seen	1–2500	2,0%	0,3–0,6%
Sümpfe und Marschen	400–1750	2,0%	2,4–2,6%

Vielmehr ist es ein auch im Einzelfall schwer zu analysierender Synkretismus: Verteilungsprobleme, Infrastrukturmängel, festgefahrene Eß- und Lebensgewohnheiten, unfähige Verwaltungen, Gruppenrivalität, Korruption, Profitgier, Militarisierung, Fehlinvestitionen in Prestigeprojekte, falsche Entwicklungspolitik, Monokulturen, Unterbezahlung von Rohstoffen, Untergrabung traditioneller Subsistenzwirtschaft, Förderung und Festschreibung der Bettler- und Parasiten-Situation (u. a. Erler 1985). Beteiligt sind Einheimische wie Industriestaaten, die Ungunst der Natur wie die Unfähigkeit der Politik. Es ist offensichtlich, daß die von der *Um*welt gesetzten Anteile der Gesamtproblematik von den durch die menschliche *Innen*welt verursachten häufig übertroffen werden (S. 166).

(b) Ressourcen-Verknappung. Die Verknappung vieler Ressourcen von Energie und Rohstoffen für die Industriegesellschaften ist voraussehbar (Meadows et al. 1973). Divergenzen gibt es nur hinsichtlich der Zeiten und der Details des Ablaufs.

Das Energieproblem wird von mehreren Seiten verschärft. Zum einen verbraucht die wachsende Bevölkerung proportional zum Wachstum mehr. Hinzu kommt Verschwendung durch Unachtsamkeit oder im Gefolge der Überproduktion (s. u.). So kommt es zu Engpässen durch Fehlplanung oder Verwendung unzweckmäßiger Techniken.

Es ist zum Beispiel unsinnig, in Afrika Boote lokaler Fischer mit Motoren auszustatten und sie damit von importiertem Treibstoff abhängig zu machen. Der Ertrag aus den Fischgewässern trägt die Mehrkosten nur durch Überausbeutung der Bestände und zerstört damit die Grundlage der Bewirtschaftung. Umgekehrt spart man bei gewerblichen Betrieben, z. B. Kaffeeröstereien, an fossilem Brennstoff und übernutzt das zu langsam nachwachsende Potential an Brennholz.

Anderwärts kam es in Mode oder wurde durch Einschränkung der Viehwirtschaft erforderlich, die Mahlzeiten auf Benzinkochern zuzubereiten statt wie bisher auf der Glut der traditionellen Dung-Briketts. Aus vergleichbarem Anlaß wird z. B. die Ausdehnung der Wüste Tharr in Indien durch überzogenes Brennholzsammeln beschleunigt.

Hinsichtlich der allgemein bekannten Verknappung stofflicher Ressourcen gibt es zuweilen komplizierte Zusammenhänge. In Ägypten werden z. B. seit Jahrtausenden einfache, jedoch zweckmäßige Häuser aus Ziegeln von Nilschlamm gebaut. Seit Errichtung des Assuan-Hochdammes wird dieses Material nicht mehr durch die jährlichen Überschwemmungen neu abgelagert. Es wird dadurch zunehmend zu einer Mangelware, die der Landwirtschaft vorbehalten bleiben muß. Infolgedessen muß zum Bauen nun der weit teurere und in heißen Klimaten weit unzweckmäßigere Beton benutzt werden. Hier gehen offensichtlich weder ökonomische noch ökologische Bilanzen auf.

(c) Zu den Verteilungskämpfen, Kriegen sind Erläuterungen überflüssig. Jedes Geschichtsbuch ist voll davon. Zugrunde liegt die überkommene ökonomische Notwendigkeit des Territorialbesitzes für Gesellschaften traditionell wirtschaftender Bauern und Hirten. Diese Einstellung wurde teilweise ausgedehnt auf andere, bewegliche Ressourcen, z. B. Mineralien, Erdöl. Mittel zur Überwindung dieser Mentalität sind Ertragsverbesserung auf den vorhandenen Flächen an Stelle von Zuerwerb sowie ein freier, ausgeglichener Welthandel.

(d) Je höher die Siedlungsdichte, desto leichter können sich Epidemien ausbreiten. Besiedlungslücken haben sich in der Geschichte der Seuchenzüge als zumindest zeitweilige Schranken erwiesen (Schimitschek u. Werner 1985). Je mehr Individuen als Nährboden, besonders für Virosen, zur Verfügung stehen, desto eher kann eine neue Mutante sich zu größerer Bedrohung entwickeln. Die Grippewellen liefern dafür ein – noch vergleichsweise harmloses – Studienmaterial. Insofern trugen Seuchen schon immer – vorübergehend – zur Regulation der menschlichen Populationen durch Mortalität bei. Der Erfolg ihrer Überwindung verschiebt das Problem auf die Versorgung des Bevölkerungszuwachses und auf dessen eigenverantwortliche Steuerung.

Zur Regulation der Population trugen in der Vergangenheit jedoch weniger die spektakulären Seuchen bei, wie Pest, Cholera, Pocken oder Tuberkulose. Sie erfolgte in erster Linie durch die fast schon vergessenen Kinderkrankheiten, u. a. Röteln, Masern, Diphtherie, Scharlach. Sie befallen überwiegend noch nicht fortpflanzungsfähige Personen. Sie sind daher in ihrer Wirkung einer verringerten Geburtenrate vergleichbar und daher besonders effektiv. Ähnlich nachhaltig wirken noch viele, besonders auch Kinder treffende Tropenkrankheiten, z. B. Malaria, Bilharziose, Trypanosomiasis. Mittelbar begrenzend über Nahrungsverknappung können auch Krankheiten von Kulturpflanzen und Haustieren wirken.

Die in den industrialisierten Ländern ängstlich erwartete Selbstvergiftung besonders über mit der Nahrung aufgenommene Schadstoffe ist dagegen noch nicht signifikant. Sie liegt höchstens bei 1% der mittleren Lebenserwartung. Das enthebt nicht der Pflicht zur Vorsorge, insbesondere wenn man zur Problemlösung die Regionalisierung anstrebt (S. 109, 164); es soll nur gezeigt werden, daß die Prioritäten für die Menschheit als Ganzes doch noch an anderer Stelle liegen.

Das Problem der Selbstvergiftung bei Produktion und Konsum tritt neben der Landwirtschaft auch im Rahmen industrieller Fertigung i. w. S. auf, ebenso als Folge der Abgase von Heizung und Verkehr. Das proportionale Ansteigen in Abhängigkeit vom Bevölkerungswachstum wird in diesen Bereichen stark überlagert von den Folgen überproportionalen Wachstums (s. u.).

(e) In den industriellen Gesellschaften zeigen sich gewisse Parallelen zwischen dem Verhalten von tierischen und menschlichen Populationen hinsichtlich des Gedrängefaktors (S. 47). Die Allgegenwart von Mitmenschen, die Unmöglichkeit den Spuren menschlicher Aktivität auszuweichen, das Gedränge auf der Autobahn oder beim Massentourismus ruft möglicherweise psychische Abwehr hervor. Die Zusammenhänge sind noch unklar. Hier gibt es ein Forschungsdefizit. Die Folgen sind jedoch deutlich: Streß ohne konkrete Veranlassung, geringe Belastbarkeit der Menschen, Eskapismen („Aussteigen", Abenteuerurlaub), „Stadtneurosen" mit dem Wechsel zwischen Apathie und Rastlosigkeit, Neigung zu Depression, Selbstmord oder Drogen, Menschenscheu und Kinderfeindlichkeit (Elster 1986).

2.1.2 Überproduktion

2.1.2.1 Beschreibung

Hinsichtlich der Schäden, die durch ökonomische Produktion entstehen können, ist zu unterscheiden

- der Anteil, der durch zum Bevölkerungswachstum proportionales Wachstum entsteht;
- der Anteil infolge überproportionalen Wachstums, durch aufwendige, unzweckmäßige Ausführung, durch Ermunterung zu überflüssigem Mehrverbrauch mittels Marketing und Werbung.

Unabhängig davon können Schadwirkungen jeweils auftreten bei der Fertigung (Ressourcenverschwendung, ungeeignete Produktionsweise, Emissionen), bei Verpackung, Transport, Vermarktung, Ge- bzw. Verbrauch (zusätzliche Schäden durch unsachgemäße Anwendung; manche Produkte richten grundsätzlich bzw. absichtlich Schaden an, z. B. Kriegsmaterial, Drogen, einige Chemikalien, Plutonium), bei Beseitigung (Deponie, Verbrennung) bzw. Wiederaufbereitung. Angesichts der Menge und Vielfalt sowohl landwirtschaftlich als auch industriell erzeugter Güter ist es hoffnungslos, auch nur annähernd einen kurzen Überblick geben zu können.

(a) Der durch das Bevölkerungswachstum vorgegebene Zwang zur agrarischen Produktionssteigerung bedeutet Pestizid-Einsatz vom Samen bis zur Frucht und darüber hinaus gegen Vorratsschädlinge. Denn die zwangsläufig entstehenden Monokulturen bieten als „Extremstandorte" Spezialisten hervorragende Ernährungs- und Expansionsbedingungen gemäß der zweiten biozönotischen Regel (S. 69). Das Spannungsfeld zwischen Nahrungsmangel und Gifteinsatz in der Landwirtschaft ist bis heute in der Praxis noch nicht entschärft (Carson 1962; Graham 1971; Brijer 1970; Franz u. Krieg 1976; Hill 1987). Eine Fülle von Innovationen zeichnet sich jedoch ab durch behutsameren und besser angepaßten Einsatz biologischer und chemischer Mittel bei besserer Kenntnis des Biosystems Kulturpflanze. Auch hier sind Anpassung, Regionalisierung und Diversifikation die Mittel der Wahl (S. 109, 164).

In der Bundesrepublik Deutschland verteilen sich derzeit die Pestizide folgendermaßen: Herbizide 60–65%, Fungizide 25–30%, Insektizide 5–6%, sonstige 10–15%.

Ebenso erfordert die Massenproduktion Einsatz von Kunstdünger mit der Folge der Belastung von Grundwasser, Oberflächengewässer und Böden. Spektakulär ist z. B. die Bedrohung von Trinkwasser-Ressourcen durch Nitrat. Hier gibt es allerdings viele gangbare Wege der Vermeidung durch Sparsamkeit und gezielte Anwendung. Unkenntnis oder Profitgier verursachen hier, wie auch bei den Pestiziden, mehr Probleme als die strittige Technologie selbst.

Monokulturbetriebe sind z. T. überflüssig. Sie dienen entweder der Profitmaximierung einzelner oder der Devisenbeschaffung kleinerer Staaten zu oft fragwürdigen Zwecken. Hier ist Spielraum für eine ganze Palette angepaßter Agrarreformen und volkswirtschaftlicher Sanierungspläne. Die Vorschläge gibt es längst. Folgen der Monokulturen sind Schädigung der Subsistenzwirtschaft der Landbevölkerung, Verdrängung standortgerechter Anbaumethoden, Artenvernichtung und Sortenverarmung. Sie laufen alle gegen die auf Diversifikation gerichteten Problemlösungen (S. 109, 164).

Die Überproduktion z. B. in den Ländern der Europäischen Gemeinschaft könnte prinzipiell mit marktwirtschaftlichen Mitteln abgebaut werden. Andere Modelle stellen ggf. Produktionsflächen frei, die extensiver Bewirtschaftung zur Verfügung stehen könnten. Auch hier mangelt es nicht an angepaßten Lösungsmöglichkeiten.

Durch agrarische Überproduktion werden in ariden Gebieten Wasserressourcen übernutzt. In vielen Bereichen (z. B. Sahara-Randstaaten, Nordsyrien) wird weit mehr Grundwasser entnommen, als sich durch Regen oder Nachschub vom Rande her ergänzt. Die Problemlösung liegt nicht in der Erschließung auch der letzten Süßwasserreserven sondern in angepaßter Wirtschaftsweise (Evenari 1982).

Die Probleme der Massenhaltung von Nutztieren könnten leicht durch weit geringeren Fleischverbrauch in den Industriestaaten (die

Trendwende hat bereits begonnen) und durch höhere Investitionskosten, vom Verbraucher zu tragen, entschärft werden.

Für den agrarischen Produktionsbereich gilt insgesamt, daß er zwar mit einigen sehr gravierenden Schwierigkeiten behaftet ist; diese sind jedoch auf dem derzeitigen Stand der Technik und des Wissens prinzipiell alle lösbar. Sie sind z. T. nicht agrarbürtig, sondern werden diesem Bereich aufgedrängt. Probleme bereitet die Umsetzung.

(b) Industrielle oder gewerbliche Produktion führt an mehreren Stellen in kritische Bereiche (s. o.). Dabei werden vielfach Schadstoffe oder Abfall produziert.

Als besonders umweltbelastend erweist sich sowohl eine übertrieben aufwendige oder luxuriöse als auch eine auf raschen Verschleiß angelegte Ausführung von Gütern. Statt Reparatur Neubeschaffung: Sparen ist „sozialschädlich". Hier trennte man sich ohne Not von alten Tugenden. Was betriebswirtschaftlich als Gewinn zu Buche schlägt, tritt volkswirtschaftlich als Verlust auf.

Unnötig umweltbelastend sind unproduktive Produkte, z. B. Prestigebauten (man vergleiche die Geschäftsräume vieler Banken oder Versicherungen etwa mit den Schulen), Rüstungsgüter (man vergegenwärtige sich den Einfluß des militärisch-industriellen Komplexes in West und Ost). Man mag einwenden, daß alle, auch sinnlose Investitionen den Wirtschaftsprozeß lebendig halten. Dieses Argument trifft jedoch erst dann, wenn es einmal keine sinnvollen (im Sinne allgemeinen Nutzens) Investitionsmöglichkeiten mehr geben sollte. Davon sind wir offensichtlich noch weit entfernt.

Die Prognosen sind eindeutig und infaust. Wir haben begrenzende Größenordnungen (s. Abb. 16) schon an mehreren Stellen erreicht. Die Voraussagen des Club of Rome (Meadows et al. 1973, 1974; Peccei 1981) oder in Global 2000 (Barney 1980) mochten zwar methodische Fehler beinhalten, in Details zu pessimistisch sein oder Zeiten des Mangels zu früh ansetzen. Im Prinzip blieben sie jedoch unwiderlegt.

Allerdings sehen die o. g. Weltmodelle die globale Bedrohung eher durch Überbevölkerung und Hunger ausgelöst als durch die Wirksamkeit wachsender Emissionen oder großräumiger Veränderungen (s. u.). Möglicherweise wurde dieser Faktor noch unterschätzt. Möglicherweise zerrinnt er jedoch angesichts der dominierenden Regulationsfaktoren zunächst noch zu vernachlässigbaren Prozenten.

Die bedrohlichen Folgen der Überproduktion ergeben sich aus ihrer Vielgestaltigkeit. Es gibt kaum einen menschlichen Bereich, der nicht indirekt oder direkt betroffen ist. Insofern ist das Phänomen weder leicht als Einheit zu erkennen noch gibt es – außer Sparsamkeit – ein allgemeines Konzept zur Eindämmung. Jeder Spezialfall muß für sich behandelt werden. Diversifikation (S. 164).

2.1.2.2 Folgen

(a) Erschöpfung von Energie-Ressourcen. Die das Ökosystem bestimmenden Energieformen wurden bereits erwähnt (S. 60). Das ökonomische System schöpft aus den gleichen Quellen. Die Sonnenenergie wird überwiegend indirekt genutzt: Über reproduzierbare Brennstoffe (Pflanzen, Nahrung von Mensch und Tier), über fossile Brennstoffe (Kohle, Erdöl, Erdgas), über begrenzt verfügbare Formen (z. B. Wind- und Wasserkraft). Es hat sich gezeigt, daß auf dem Weg der Diversifikation und des Einsparens beachtliche Energiereserven mobilisiert werden könnten (Grathwohl 1983). Hier ist offensichtlich der Leidensdruck noch nicht hinreichend hoch für ein effektives Umdenken. Das Erdöl muß wirklich erst versiegen.

Chemische Energiegewinnung spielt eine geringe Rolle. Erdwärme ist bisher nur bedingt nutzbar. Die nukleare Energiegewinnung, Hoffnungsträger für eine Teil-Emanzipation vom solaren Ökosystem, ist offensichtlich mit erheblichen Risiken behaftet.

(b) Erschöpfung mineralischer Ressourcen. Hier sollte man nicht nur an Erze oder Baumaterialien denken, sondern im weiteren Sinne auch z. B. an die Beschaffenheit der Luft: Europa produziert nur 1/3 seines Sauerstoff-Verbrauchs auf eigener Fläche. Oder an Trinkwasser: Die einen haben keine Brunnen, die anderen vergiften die ihrigen.

(c) Der Flächenverbrauch der wachsenden städtischen Agglomerationen und der Verkehrswege ist beängstigend. Er führt zu

- Verlust an potentiellem Ackerland,
- Verlust an Ressourcen naturnaher Gebiete,
- Klimaveränderung,
- Oberflächenversiegelung und beschleunigtem Abfluß,
- ästhetischer Degradierung von Landschaft.

(d) Verlust biologischer Ressourcen. Dieser betrifft den direkten Nutzungsbereich mit Kulturpflanzen, Holzlieferanten und Haustieren. Er betrifft die Erhaltung von Sortenvielfalt und die potentielle Verfügbarkeit noch wenig bekannter wildlebender Pflanzen und Tiere als Lieferanten seltener Stoffe oder Träger erwünschter, ggf. einkreuzbarer Genom-Eigenschaften.

(e) Die Medien bzw. Substrate Boden, Wasser und Luft (Tab. 2) müssen vor weiterer Durchsetzung mit „Umweltchemikalien" bewahrt werden. Dies ist dringlich einmal wegen der Irreversibilität einiger Störungen, zum anderen infolge der geringen lokalen Begrenzbarkeit von Schäden. Gefährdung geht aus von den bereits genannten Agrarchemikalien, von Stoffen, die bei Heizung, Verkehr und Konsumtätigkeit von den Haushalten i. w. S. ausgehen, schließlich von subtoxischen und toxischen Stoffen aus der industriellen Produktion.

Es gibt Millionen chemischer Verbindungen, von denen eine unbekannte Zahl den menschlichen Stoffwechsel unerwünscht beeinflussen kann. Für die Bundesrepublik Deutschland gilt derzeit eine Liste von 481 Stoffen, die in dringendem Verdacht stehen, auch in Spuren, ggf. langfristig erhebliche Gesundheitsschäden zu verursachen. Dazu kommen die längst bekannten akuten Gifte. Die erste Gruppe beinhaltet eine unkalkulierbare, die zweite zwar eine (i. d. R.) unbeabsichtigte, jedoch z. T. hingenommene Gefährdung. Umweltrelevanz im Sinne der Umweltmedizin oder Umwelttoxikologie besteht bei solchen Stoffen, die bei Produktion, Verbrauch oder Beseitigung unbeabsichtigt oft nur in Spuren ausgebracht werden und die als allergen, mutagen oder cancerogen einzuschätzen sind.

Andere Probleme setzen Abgase (Rußpartikel, PCB, Benzpyren, CO, CO_2, Methan, N-Verbindungen, SO_2 u. a.), die neben Gesundheitsschäden flächengreifende Wirkungen bis zum Steinfraß und Waldsterben zeigen. An sie schließen die großräumigen Veränderungen im Ökosystem an (s. u.).

Eine weitere Gefahr geht von radioaktiven Stoffen aller Art aus. Ihre militärische Anwendung sei hier nur gestreift. Sie wird gerne aus der Umweltdiskussion herausdefiniert, obwohl sie unsere Art potentiell mehr gefährdet als alle Umweltsünden zusammen. Die potentielle Gefährdung durch zivile Nutzung ist spätestens seit dem Unfall von Tschernobyl allgemein bewußt. Die zu erwartenden akuten Schäden durch einen GAU sind dabei vermutlich geringer einzuschätzen als individuelle und genetische Langzeitschäden nach „kleineren" Unfällen. Das Problem liegt in der Sicherheit und Kontrolle. Die bisherige Erfahrung mit einer nicht abreißenden Reihe von Störfällen hat gezeigt, daß trotz seiner technologischen Vorteile das Instrumentarium selbst und seine Entsorgung im Augenblick zu viele Risiken bergen.

Toxikologie und Ökotoxikologie stehen in Blüte. Das Abwasserabgabegesetz zeigt erste kleine Erfolge. Technische Anleitungen und Höchstmengenverordnungen versuchen Maßstäbe zu setzen. Viele technische Einzellösungen sind verfügbar. Das Problem ist wiederum ihre effektive und angepaßte Durchsetzung. Die augenscheinlich in fast jedem Lebensbereich des Menschen lauernde ökotoxische Gefahr führt zu erheblicher Verunsicherung im persönlichen Bereich, oft mit der Folge einer emotionalen Ablehnung von Naturwissenschaft und Technik (S. 85, 156).

(f) Seit Jahren werden global umweltverändernde Prozesse beobachtet. Erst jüngst fanden sie Glauben und Beachtung:
- Generelle Eutrophierung von Wasser und Boden. Sie erfolgt z. T. über die Luft.
- FCKWs und Zerstörung des Ozonschildes mit u. a. Hautkrebsfolgen.
- Erhöhung des Anteils an atmosphärischem CO_2 mit Folgen für das Großklima (Erwärmung) und den Meeresspiegel (Ansteigen). In den vergangenen 200 Jahren wuchs der Anteil von Kohlendioxid in der Luft von 280 auf 350 ppm. Allein zwischen 1900–75 war global ein Zuwachs um 10% zu verzeichnen; seitdem beschleunigte sich die Freisetzung und Oxidation von Kohlenstoff aus fossilen und rezenten organischen Materialien. Eine völlige Zerstörung der Wälder Amazoniens würde zu einer weiteren Zunahme von CO_2, um 5% führen, d. h. zu 2–3° C Temperaturanstieg. Dies bedeutete das Ende vieler küstennaher Weltstädte. Noch unterschätzt man die Bedeutung der kalkbildenden Organismen des Meeres für eine langfristige CO_2-Bindung (z. B. Korallen, Mollusken, Foraminiferen, Tintinniden). Die anhaltende Meeresvergiftung könnte hier ein weiteres Puffersystem zerstören.

2.2 Das Problem

(a) *Grenzziehung*. Unabhängig von der Interpretation der Situation und der eingeschlagenen Grundstrategie gilt, daß Grenzen des Wachstums für die Art Mensch im Rahmen des derzeitigen Ökosystems nicht nur sichtbar, sondern bereits erreicht sind. Es ist nicht leicht, dies zu verinnerlichen.
- Den einzelnen betreffen immer nur Teil-Auswirkungen: Jemand leidet unter Lärm, ein anderer unter Gestank, dritte unter dem Verlust eines gewohnten Spazierweges – ohne daß die Kohärenz erkennbar ist.
- Vieles wird nur mehr statistisch signifikant. Offensichtlich haben bestimmte Krebsformen zugenommen. Dennoch kann man nur wenige Fälle eindeutig auf die Wirksamkeit einer bestimmten Umweltnoxe zurückführen.
- „Die Katastrophe“ tritt nicht weltweit überall gleichzeitig ein. Sie ist bereits Dauerzustand, manifest in Hunger und Armut sowie in der zunehmenden Frequenz von Schlagzeilen-Ereignissen.
- Schäden können verdeckt werden: Bei gutem gesundheitlichem Allgemeinzustand kann möglicherweise ein Umweltgift länger „verkraftet“ werden als bei bereits vorliegender Schwächung. Bei mitt-

lerer Lebenserwartung einer fiktiven Population von nur 40 Jahren im Gefolge von Kindersterblichkeit, Unterernährung, Bakteriosen (z. B. TBC) oder Zoonosen (z. B. Malaria) gibt es dringenderen Handlungsbedarf als durch Rückstandshygiene eine vermutete statistische Einbuße der Lebenserwartung um 1% Jahr zu korrigieren.

– Pufferung verbirgt Schäden bis zu Überlaufreaktionen. Erst wenn ein Grundwasserspeicher ganz vergiftet ist, stirbt der Trinker an der Quelle. Erst Verschiebung des pH-Wertes mobilisiert z. B. im Gewässergrund gebundene Giftstoffe zu toxischer Lösung.

Wo liegt die Grenze des Wachstums? Wie weit muß im Rahmen einer Wiederannäherung die (Gesund-)Schrumpfung gehen? Wann ist im Rahmen einer offensiven Strategie aktive Gegensteuerung erforderlich?

– Eine allgemeine Angabe ist nicht möglich. Die Komplexität der Faktoren, vor allem die ungenügende Kenntnis ihres Synergismus, macht verbindliche Aussagen schwierig. Hier besteht ein Forschungsdefizit im Detail, bezogen auf den Spezialfall.

– Für einzelne wachstumsbegrenzende Faktoren hat sich lokal die Grenze gezeigt, z. B. in der Ernährung, sei es mit Grundnahrungsmitteln oder mit bestimmten Vitaminen; oder hinsichtlich der toxischen Umweltbelastung, z. B. am Minamata-Fluß oder in Asbestminen.

  Für einen einzelnen Faktor kann in einem speziellen Fall eine Grenze (K) naturwissenschaftlich nachgewiesen werden. Für jede Teilpopulation und jeden einzelnen Faktor ist eine derartige Grenzwertbestimmung möglich. Nicht dagegen global und nicht losgelöst von der Einbindung des Einzelfalles. – Dies ist eine wichtige Feststellung hinsichtlich der Lösungsmöglichkeiten (S. 110, 161).

– In die Grenzziehung gehen neben objektiven auch wertende, subjektive Argumente ein, wie sie sich aus den Begriffen Menschenwürde oder Lebensqualität ergeben (S. 139).

(b) *Diversifikation*. Neben der mit Wertungen verbundenen Grenzziehung bereitet Schwierigkeiten, daß es für viele Folgeprobleme der „Großen Über-“ keine globale Lösung gibt, sondern nur eine regionale, angepaßte, diversifizierte. Die ökologischen Voraussetzungen sind regional verschieden, Prioritäten der Sanierung liegen regional in unterschiedlichen Bereichen, die Bevölkerungen bringen ihre individuelle Mentalität ein.

Zuweilen verbietet sich auch die strikte Anwendung einiger auf Unterlassung beruhender Sanierungen. Dies belegt, daß wir die Möglichkeiten der ökologischen Versöhnungsstrategie schon längst überzogen haben. Ihre Verwirklichung würde ein bereits eingestelltes, neues System zum Nachteil des Menschen stören. Die Unterlassung z. B. der Anwendung von Pestiziden und Kunstdüngung würde in kürzester Zeit zu einer Welternährungskrise führen. Eine puristische Durchsetzung des ökologischen Landbaues wäre das Todesurteil für Millionen von Menschen.

Auch die Forderung, das Wachstum zu begrenzen oder zu verlangsamen, ist daher keine prinzipielle und globale Lösung, sondern nur eine Taktik unter anderen. Angepaßte, diversifizierte Entwicklung kann zu Erfolgen führen (S. 164). Pauschale Weltverbesserungspläne sind abwegig. Diese Strategie der Regionalisierung und Diversifizierung ist naturnah. So läuft biologische Anpassung. Regionale, differenzierte Reaktion auf regionale Anforderungen. Dies erfordert im Falle der komplizierten Vernetzung des Menschen allerdings Geduld und einen ungeheuer großen Aufwand. Kann er uns zu hoch sein?

3. Lösungen

Zur Bewältigung der Krise stehen zwei Grundstrategien zur Diskussion, die von einer unterschiedlichen Sicht des Ökosystems und/oder der Stellung des Menschen in demselben ausgehen (S. 82–85).

(a) Die erste betrachtet das Ökosystem als vorgegebene Größe („Organismus höherer Ordnung"), in der zu einer bestimmten Zeit bestimmte Quantitäten und Qualitäten von Organismen einen regelhaften Stoff- und Energiefluß gewährleisten. Eine gewisse Streubreite wird nicht ignoriert, insgesamt jedoch ein mehr oder weniger genau erkennbarer mittlerer Zustand als natürlich oder naturnah bestimmt. Der Mensch tritt aus diesem Gleichgewicht heraus, durch seine exzessive Vermehrung und Aktivität. Er (zer)stört vorhandene Stoff- und Energieflüsse, mit Folgen für sich selbst und das „übrige" Ökosystem.

Als Lösung erscheint eine bewußte, auf Einsicht beruhende Begrenzung und (Wieder-)Anpassung des ökonomischen Systems erforderlich, aber auch wirksam. Der Mensch soll, endlich, unter Verzicht re-agieren und mit der Beseitigung der Symptome der selbstverursachten Störung den naturgegebenen Ablauf des ökologischen Geschehens re-parieren. Daraus leiten sich die meisten derzeitigen, durchaus berechtigten Aktivitäten zur Sanierung ökologischer Teilprobleme ab.

Ein Verzicht auf Ressourcennutzung ist in der Natur kaum anzutreffen. Vorwegnehmende Regulation, z. B. die Resorption von Embryonen bei ungünstigen Lebensumständen des Muttertieres bei Hasenarten, Nagetieren, Känguruhs u. a. wird nicht bewußt durchgeführt. Ebenso ist Fortpflanzungsverzicht eines Teiles der Mitglieder von Sozialgruppen bei Insekten und Säugetieren (S. 42) bei gleichzeitiger Übernahme von Pflegeaufgaben für den Nachwuchs der Gruppe genetisch fixiert („Altruismus-Gen“) bzw. über Pheromene reguliert. Es bleibt zu prüfen, inwieweit vergleichbare Verzichte oder „Helfer“-Tätigkeiten beim Menschen ebenfalls, etwa im Sinne eines latenten Polymorphismus, genetisch vorgegeben sind oder ausschließlich auf Lernprozesse bzw. freie Entscheidungen zurückgehen.

Entsprechend der erwarteten Möglichkeit einer Harmonisierung fallen Ursachenbekämpfung und Symptombehandlung weitgehend zusammen. Sind alle Symptome einer krisenhaften Situation des Menschen verschwunden, kann von einer Re-Integration in das Ökosystem ausgegangen werden.

Zugrunde liegt die Vorstellung, daß der Mensch in z. T. selbst verschuldetem Gegensatz zur Natur stehe („Ökologischer Sündenfall“). Wiederannäherung soll im Interesse der Selbsterhaltung erfolgen, verbunden mit einer resignierenden Anerkennung eigener Hilflosigkeit – verinnerlicht als idealistische Respektierung der „Natur“ (was immer das sein mag). Verbunden ist damit häufig eine eher vitalistische Interpretation des Ökosystems. Auf die ökologische Herausforderung reagiert der Mensch defensiv, versucht zu harmonisieren, zu beschwichtigen. Er sieht sich kontemplativ einer höheren Ordnung verpflichtet: Die „Natur“ setzt den Maßstab.

Diese Argumentation und Vorgehensweise sei als die *Ökologische Versöhnungsstrategie* bezeichnet. Sie geht von der Möglichkeit einer Reparatur, Re-staurierung, Re-naturierung aus, wobei offen bleibt, wieviel vom derzeitigen quantitativen und qualitativen Status der Menschheit dafür aufgegeben werden soll.

(b) Eine zweite Strategie steht zur Diskussion, die ihre Berechtigung einerseits pragmatisch aus der Feststellung gewinnt, daß eine Wiedereinpassung des Menschen in die traditionellen, aus historischen Zeiten gewohnten natürlichen Stoff- und Energieflüsse schon lange nicht mehr möglich ist. Sie geht weiterhin davon aus, daß die derzeitige ökologische Situation, nur etwa 150 Jahre nach der technisch-industriellen Revolution, bestimmt erst der Anfang einer – hoffentlich – sehr langen Periode sein wird, in der das Ökosystem der Erde völlig vom Menschen dominiert sein wird: Anthropozoikum.

Darüber hinaus wird bezweifelt, daß das Ökosystem einen mehr oder weniger stabilen Gleichgewichtszustand real oder als immanentes Prinzip („Naturgesetzlichkeit höherer Ordnung“) besitze. Vielmehr wird dieser aus der Gesamtheit der Regulationsprozesse abgeleitet, die für alle beteiligten Organismen wesenhaft das potentielle Scheitern an der Selektion, die Teil- (oder totale) Katastrophe impliziert. Das scheinbar harmonische und stabile Resultat bedeutet in Wirklichkeit die permanente Krise seiner Teile.

Der Mensch tritt bei dieser Betrachtungsweise nicht aus dem Ökosystem heraus und schädigt es zum eigenen Schaden. Vielmehr verhält er sich naturkonform ganz genau so wie alle Organismen: Vermehrungsmaximierung, Maximierung aller Lebensleistungen – und diese sind vielfältig bei unserer Art – bis zur Erreichung eines von außen (unfreiwillig) gesetzten Widerstandes. Die Selbstschädigung ist immanent. Die ökologischen Krisen sind keine Folge unnatürlichen, naturwidrigen Verhaltens, sondern das Gegenteil: Der Mensch verhält sich nach wie vor völlig (öko)systemkonform. Er belastet das System partiell bis zur jeweiligen Grenze der Tragefähigkeit. Gerade *deshalb* kommt er in Schwierigkeiten. Diese gehen auf „natürliche" Regelmechanismen zurück, nämlich solche, mit denen sich alle Organismen *(mutatis mutandis)* permanent auseinandersetzen müssen.

Regulation im „natürlichen" Ökosystem bedeutet für Individuen, Populationen oder Arten den Tod oder andere Einbußen. Genau das wünschen wir für den Menschen nicht. Er soll weder teilweise noch ganz wegreguliert werden. Daher wäre ein Zurück zur Natur oder ein Waltenlassen natürlicher Abläufe für das Überleben der Menschheit gefährlich. Konsequenterweise muß die natürliche Regulation überwunden werden und ersetzt werden durch eine von uns mit beeinflußte, vor allem den Interessen unserer Art dienende neue Form des ökosystemaren Ablaufs.

Der Mensch selbst ist Natur, seine ökologischen Probleme sind naturgegeben. Er sollte sich jedoch im eigenen Interesse in beiden Bereichen weiter von der Natur emanzipieren. Er muß den ihn wegregulierenden Vorgängen gegensteuern. Er muß das Ökosystem diesem Zweck entsprechend umbauen, beeinflussen, beherrschen. Wieder: Anthropozoikum.

Die biologische Anthropologie hat seit S. Freud und K. Lorenz vielfach die Erkenntnis gewonnen, daß viele der sozialen und moralischen Schwierigkeiten des Menschen tendenziell darin begründet sind, daß sein Unbewußtes und mit ihm der größere Teil seines Verhaltens noch aus stammesgeschichtlich zurückliegenden Zeiten stammt und ihm heute, unter veränderten Bedingungen und Ansprüchen, hinderlich im Wege steht. Damit vergleichbar besteht für die Ökologie des Menschen das Problem darin, daß er sich über die naturgegebenen Regelmechanismen (noch) nicht hinwegsetzen konnte. In beiden Bereichen stehen wir erst an der Schwelle des Übergangs vom traditionellen „Tier" zum eigentlichen, potentiell vorstellbaren Menschen.

Die Lösung besteht darin, diese Situation zu akzeptieren statt sie zu ignorieren oder abzuleugnen. Nur dann besteht die Chance sie zu überwinden. Soll die Menschheit in großer Zahl, in Würde und Humanität die Herausforderung bestehen, die ihr aus ihrem *natürlichen* Verhalten der Übervermehrung und der Überproduktion zuwächst, so bleibt ihr nur der Weg der *natürlichen* Strategie, nämlich mit allen ihr zur Verfügung stehenden Mitteln um ihr Wohlbefinden und ggf. Überleben zu kämpfen. Ein Kampf *gegen* die Natur in Innen- und Umwelt. Dazu bedarf es des raschen und effektiven Einsatzes allen Intellekts, aller technischen Fertigkeiten, allen sozialen Engagements, aller Führungsqualitäten, zu denen unsere Art überhaupt fähig ist.

Damit ist korreliert eine eher mechanistische Interpretation des Lebens und damit des Ökosystems. Eine Auffassung vom Menschen als nur sich selbst verantwortliches Wesen: *Ánthropos métron hapánton* – Der Mensch ist das Maß aller Dinge (Heraklit).

Dieses Denkmodell sei bezeichnet als die ökologische *Entwicklungsstrategie*. Sie repariert nicht, weil nichts zu re-parieren ist. Sie „pariert“ die Gefahr. Sie versucht für deren aktive Bewältigung zu prä-parieren. Sie will das Ökosystem nicht zurückentwickeln, sondern umbauen. Sie will tendenziell nicht den Menschen an ein Ökosystem anpassen, sondern das Ökosystem an den Menschen.

(c) Als Ursache für die besondere kritische ökologische Situation des Menschen in der Gegenwart wurde der immer steilere Anstieg in den Bereichen Übervermehrung und Überproduktion (Über-Nutzung von Ressourcen) angesprochen. Die ökologisch relevanten Folgen dieser beiden Grundgrößen begegnen in Tausenden von Facetten und Erscheinungsformen. Erschreckend ist daher nicht die gefährliche ökologische Veränderung als solche; sie könnte eher als positive Herausforderung gelten. Erschreckend ist, daß sie in systemhafter Verästelung gleichzeitig an unübersehbar vielen Schauplätzen manifest wird. Dies macht pauschale und globale Lösungen unmöglich.

Eine direkt auf die Ursachen bezogene Lösung müßte zunächst auf eine erhebliche Verminderung der Erdbevölkerung durch Regulation der Natalität bzw. Erhöhung der Mortalität abzielen. Erstere erscheint möglich und ethisch vertretbar, wird jedoch noch lange nicht greifen und auf jeden Fall muß noch ein erheblicher Zuwachs in Kauf genommen werden. Letztere ist weder langfristig effektiv noch ethisch konform.

Die Durchsetzung der Regulation der Natalität muß regional angepaßt erfolgen, entsprechend der unterschiedlichen Tragefähigkeit der lokalen Teil-Ökosysteme und unter Berücksichtigung der Traditionen und Werte der jeweiligen Bevölkerung, unter Verwendung angepaßter Methoden. Dies bedeutet ein langwieriges, anspruchsvolles, aufwendiges und diversifiziertes Vorgehen.

Ebenso ist weder dem proportionalen noch dem überproportionalen Anstieg der Überproduktion (mit allen Folgen von Ressourcenverschleiß, Emissionen und Immissionen, Veränderungen im sozioökonomischen Bereich) durch radikale Einschränkung oder durch undifferenzierten Verzicht Einhalt zu gebieten. Auch hier ist regionalisierte, differenzierte, geduldige Lösung von Teilproblemen das Mittel der Wahl.

Auf beiden Feldern verbieten sich globale, flächengreifende und radikale Lösungen im Sinne einer Ursachenbeseitigung. Die Strategie muß zwar auf die Verringerung bzw. Umkehrung des Wachstums in beiden Bereichen ausgerichtet sein. Die Taktik jedoch kann ohne Verletzung der Menschenwürde nur in Schritten vorgehen, Symptome mildern, Konflikte minimieren. Die zweitklassige Lösung ist die einzig gangbare.

Es fragt sich, ob es dann überhaupt Sinn hat, Pläne zur Behebung der Umweltkrise zu machen. Da eine, wenn auch nur lokale und ggf. vorübergehende Entschärfung von Notsituationen unserer Artgenossen erfolgen kann, da andererseits die taktischen Maßnahmen weitere Belastungen zumindest lokal und partiell unterbinden können, ist auch dieses Vorgehen in kleinen Schritten des Schweißes der Edlen wert.

Ein Konzept wird auf folgende Weise daraus: Angenommen, mit einer gewissen Verzögerung greift die Selbstkontrolle der Menschheit hinsichtlich ihrer Geburtenrate. Nach einer vorübergehenden gewaltigen Überbesiedlung der Erde stellt sich eine zwar im Vergleich zu heute noch größere, jedoch versorgbare Bevölkerungsdichte ein. Dann haben sich alle Unternehmungen gelohnt, die dazu beitrugen, weitere Verschärfungen sowohl für die betroffenen Menschen als auch für den „Rest“ der Natur, d. h. für das Gesamtsystem, auf dem Gipfel der Überbevölkerung zu vermeiden oder unschädlich zu machen. Es geht um Zeitgewinn.

Die vorgenannte Vielzahl der taktischen Maßnahmen kann zwar nicht die Tragekapazität des globalen Ökosystems für Menschen erweitern. Sie kann jedoch in lokaler Anpassung den vorhandenen Spielraum besser ausschöpfen, die Nutzung der Ressourcen optimieren (= angepaßt maximieren), Schäden minimieren.

Es gibt Modelle dafür: Zunehmend zeigen sich kleine Staaten mit hoher Infrastrukturdichte und beruflich diversifizierter Bevölkerung den großen Flächenstaaten mit relativ homogenen Strukturen überlegen. Dies demonstriert das in Regionalisierung und Diversifikation steckende Potential. Ebenso ist es kein Zufall, daß sich derzeit die anpassungsfähige, rasch, divers und regional operierende Marktwirtschaft als der Planwirtschaft überlegen erweist. Und dies obwohl eine umfassende Planung dem wesenhaft menschlichen Wunsch nach Rationalität und Klarheit von Entscheidungen eigentlich eher entspricht.

(d) Gemeinsam ist beiden Strategien

- die Beurteilung der aktuellen Situation: Zweifellos stehen wir den Grenzen des Wachstums näher als je zuvor. Zweifellos wird bloßes Abwarten die Krisen verschärfen oder weitere provozieren;
- das Fernziel: Die Menschheit möglichst unversehrt über eine unvermeidliche Zeit schwerer Krisen in gesichertere Existenzbedingungen zu bringen;
- potentiell der Ansatz der o.g. Diversifikation und Regionaliät.

Viele Taktiken sind gemeinsam. Die Strategien werden sich hin und wieder ergänzen: Kontemplation der einen kann technokratischen Größenwahn der anderen Richtung mildern; Aktivität der letzteren vermag die Resignation der ersteren zu verscheuchen. Daher soll hier auf gar keinen Fall eine dogmatische Rivalität aufgebaut werden.

Dem Menschen stehen offenbar beide Strategien zur Verfügung (S. 80). Vermutlich ist im Durchschnitt keine besser oder schlechter als die andere. Die Entscheidung über ihren Anpassungs- und damit letztlich ihren gesellschaftlichen Wert fällt nur im Einzelfall, wo sich das Individuum, die Gruppe oder die Menschheit als solche mit Hilfe der einen oder der anderen Strategie als fit gegenüber einer bestimmten Herausforderung zu erweisen hat. *Es besteht allerdings der dringende Verdacht, daß uns angesichts der globalen Bedrohung die offensivere Entwicklungsstrategie ein paar unverzichtbare Punkte Vorsprung verleihen könnte.*

3.1 Die ökologische Versöhnungsstrategie

Unter ihren Fittichen wird nachfolgend überwiegend die Diskussion geführt, weil sie die bisherige Tradition des Natur- und Umweltschutzes in Europa unausgesprochen beherrscht. Auf ihr bauen viele der gesetzlichen Regelungen auf. Sie werden im Detail meist ebenso von der Entwicklungsstrategie getragen.

Letztere ist – wiederum eher stillschweigend – eine Voraussetzung des pragmatischen Natur- und Umweltschutzes in Nordamerika. In theoretischen Erörterungen zeichnet sie sich schon lange ab. Die Furcht, von Wachstumsfanatikern mißverstanden und als Argument für hemmungslose „Entwicklung“ mißbraucht zu werden, hat meist zu sehr verdeckter Formulierung geführt. Es wird jedoch Zeit, sich mit futuristischen Umweltplanungen rational auseinanderzusetzen.

3.1.1 Ziele und Taktiken

Im Mittelpunkt der Bemühungen steht – von der Annahme einer Entfremdung ausgehend – bewußt oder unbewußt das Ziel, ein weiteres Abdriften des ökonomischen vom ökologischen System zu verhindern und – bildlich – eine Wiederannäherung zu fördern und zu betreiben.

Dazu zählt als Ursachenbekämpfung die Einschränkung des Bevölkerungswachstums sowie die Beseitigung oder Minderung aller seiner Folgen ökologischer, sozialer, politischer und psychischer Art. Ursachenbekämpfung ist weiterhin die Beschränkung der Überproduktion im oben beschriebenen Sinn sowie auch hier die Beseitigung oder Verringerung aller ihrer Folgen.

Die Ausführung ist schwierig. Die vielen Facetten der Sekundärfolgen der beiden „Großen Über-" wurden kurz umrissen. Noch sind nicht alle Diagnosen gestellt, noch kaum die wichtigsten Metabolismen von Stoffen durchschaut, noch kaum ein geoökochemischer Zyklus exakt quantifiziert. Die Kausalketten sind im biozönologischen Bereich höchstens angerissen. Die wichtigen regionalen Differenzierungen der Landschaftsökologie sind noch kaum selbst unter Wissenschaftlern gefragt; ohne sie kann jedoch keine der erforderlichen regionalen Lösungen angeboten werden. Fragen des sozialen Bereichs wie Wertsetzung oder Wege der Steuerung sind noch umstritten. Der Teufel sitzt im Detail. Es ist leicht, Forderungen aufzustellen oder Sonntagsreden zu halten, schwierig dagegen, vor Ort sinnvoll zu handeln.

(a) Traditionelle Taktiken der Versöhnungsstrategie sind Naturschutz und Umweltschutz i. e. S., die nachstehend näher dargestellt werden. Sie werden häufig zusammengefaßt zum Umweltschutz i. w. S. Letzterer ist im Programm der Bundesregierung von 1971 beschrieben als: „die Gesamtheit aller Maßnahmen, die notwendig sind,

- um dem Menschen eine Umwelt zu sichern, wie er sie für seine Gesundheit und für ein menschenwürdiges Dasein braucht,
- um Boden, Luft und Wasser, Pflanzen- und Tierwelt vor nachteiligen Wirkungen menschlicher Eingriffe zu schützen und
- um Schäden oder Nachteile aus menschlichen Eingriffen zu beseitigen."

Viele Begriffe in dieser ehrenwerten Aussage sind, da wertend, näherer Definition bedürftig: „menschenwürdig", „nachteilig", „Nachteile", „Schäden". Ähnliche Wertungen treten in einer allgemeiner gehaltenen Zielbestimmung auf:

Natur- und Umweltschutz dienen dazu, durch angemessenen Umgang mit dem Ökosystem einer möglichst großen Anzahl von Menschen ein möglichst menschenwürdiges Leben zu ermöglichen.

(b) Sinngemäß der Wiederherstellung eines naturnahen Zustandes entsprechend spielen Maßnahmen der Renaturierung im Konzept der ökologischen Versöhnungsstrategie eine beherrschende Rolle.

Abgesehen von den Schwierigkeiten, den natürlichen Zustand überhaupt zu definieren oder ggf. zu rekonstruieren (Kinzelbach 1987), ist meist doch eigentlich die Wiederherstellung eines bestimmten historischen Zustandes gemeint. Dieser war fast immer schon anthropogen geschaffen oder beeinflußt (Technozönose – die Schlüsselart Mensch dominiert fast alles). Subjektiv wird er jedoch als günstig empfunden. Objektive Kriterien versagen. „Natürlichkeit“ ist eine der (oft bewährten) Lebenslügen des Naturschutzes.

3.1.2 Naturschutz

Schutz – ein wichtiges Wort. Urverwandt mit lat. *scutum*: (Schutz-) schild. Ein emotionsbefrachtetes Wort. Eines, das sich deshalb leicht ideologisieren läßt. Erhaben durch die Humanität des Schützenden, bedrückend durch die Angst des Schutzbedürftigen.

Es ist *umfassend*: Alles und jedes läßt sich schützen, vgl. den „Lebensschutz“ nach H. Bruns, alle heute gängigen Kategorien des Natur-, Arten-, Tier-, Biotop-, Habitat-, Ökosystem- und Menschenschutzes umgreifend – und damit verunklarend.

Es ist *mehrdeutig*: Denkmalschutz, Mieterschutz – hier wird jemand und etwas geschützt; Luftschutz – hier wird nicht die Luft geschützt; Mundschutz – wird der Mund vor Keimen oder wird jemand anderes vor Keimen aus dem Mund geschützt? Tierschutz schützt Tiere vor Quälerei durch Menschen. Pflanzenschutz schützt Pflanzen vor Schädlingsfraß, schädigt dabei jedoch gelegentlich Menschen. Ersterer verbindet sich mit eher positiven, letzterer mit negativen Affekten. Größe und Schwäche unserer Sprache!

Zu näherer Betrachtung sei zunächst zusammengefaßt zu Naturschutz i. w. S., zu dem Arten- und Biotop- bzw. Habitatschutz Teilbegriffe sind. Es stellt sich die Frage, was vor wem, zu welchen Zwecken, aus welchen Motiven bewahrt werden soll.

3.1.2.1 *Natur*schutz

Natur soll geschützt werden. Was ist Natur? Es gibt eine unübersehbare Literatur über den Naturbegriff verschiedener Gesellschaften und Epochen, in bestimmten Kunstströmungen oder philosophischen Systemen. Die Naturwissenschaften haben Natur als Begriff stillschweigend aus ihrer Fachsprache ausgegrenzt: Er ist zu sehr überfrachtet. Man überließ ihn den Geisteswissenschaften, die sich da oder dort um ihn balgen wie Hunde um einen Knochen: Verleiht er ihnen doch etwas vom kühlen Adel der oft vermißten Exaktheit.

Überwiegend wird negativ definiert: Natur ist das, was außerhalb des Menschen liegt. Strittig bleibt jedoch in tausend Nuancen, wie weit diese Natur ihn von außen beeinflußt oder im Menschen selbst (noch) vorhanden ist, ihn determiniert, zu seinem Wesen gehört.

Die hier erforderliche, selbstverständlich nur grobe Erhellung ist am ehesten durch Betrachtung des traditionellen Gegensatzpaares zu gewinnen:

Natur ↔ Kultur

Natur, von lat. *natura, nasci*, ist das Vorgegebene, (scheinbar) von selbst Wachsende. Kultur, von lat. *cultura, colere*, ist das, was *überhaupt* nur oder zumindest *so* nur durch planende Tätigkeit des Bauern gedeiht.

Natur ist das, was außerhalb des angebauten Gebietes liegt, das dem Landwirtschaft treibenden Menschen Feindliche, dem der Acker und sein Ertrag mühsam abgetrotzt werden muß.

Diese Auffassung dominiert bis in die Lesebücher der 2. Hälfte des 20. Jh. Sie galt in Europa für überschaubare Räume und Zeiten. Schon ein flüchtiger historischer Exkurs zeigt, daß sie sich aus einer speziellen Stufe menschlicher Ökonomie herleitet. Sie kann daher nicht zur Begründung einer prinzipiellen Stellung des Menschen zum Ökosystem dienen.

Die in Tab. 11 aufgeführten Wirtschaftsformen und ihre Abfolge geben nur Tendenzen wieder. Ihre Varianz durch die jeweiligen raumzeitlichen Randumstände und Traditionen ist erheblich. Alle zielen auf vermehrte Fitneß, Sicherung der Existenz, Verbesserung der Lebensbedingungen, Freiraum für nicht lebensnotwendige Beschäftigungen. Alle wirtschaften gegen die Natur: Diese wird umgebaut zu einseitiger, dem Menschen genehmer Produktion von ihm geschätzter Nutzpflanzen und Haustiere.

Mit dem ersten Übergang vom Jäger / Sammler zum Bauern / Hirten erfolgte eine einschneidende erste Abhebung von Ökosystem. Verlust des Paradieses des Wildbeuters, Sündenfall des Ackerbauers: Im Schweiße deines Angesichts sollst du dein Brot essen – geplante Mühe statt spontaner Suche, Unlust zur und Entfremdung durch Disziplin. Aber: Vermehrte Sicherheit. Die intensivere Manipulation der Natur begann, die Kultur i. e. S. Es kam zu Verschiebungen von Bioregionen: Sowohl Acker- als auch Weideland sind Kultursteppe.

Erst die Überproduktion der Landwirtschaft erlaubte die Entstehung

Tab. 11: Wirtschaftsformen und ihre Folgen

Jäger und Sammler, Wildbeuter:

Kleine Populationen auf großen, extensiv ausgebeuteten Territorien. Starker Selektionsdruck, z. B. durch Krankheit, Unfälle, Raubtiere, Winter. Partiell geschlechtsspezifische Arbeitsteiligkeit. Die beiden Geschlechter besetzen tendenziell unterschiedliche ökologische Nischen und konkurrieren nur teilweise (S. 42):

Frauen sind Sammler von Primärproduktion / Vegetation und kleinen Tieren. Sie sind räumlich gebunden durch Nachwuchs. Männer sind sammelnde Jäger, Nutzung der Sekundärproduktion. Verteidigung des überlebensnotwendigen Territoriums gegen Konkurrenten (s. u.).

Festigung und Fortsetzung des ökonomischen Dimorphismus erfolgt durch Überführen des Kräutersammelns zum Ackerbau der Frauen; durch Übergang der Jagd zum (nomadischen) Verfolgen von Herden und schließlich deren mehr oder weniger vollständige Domestikation.

Verinnerlichung der Ohnmacht gegenüber Naturgewalten in Animismus, Schamanismus, Totemismus. Wenig Zeit für über die Subsistenz hinausgehende Betätigung.

Ackerbau:

Tendenziell entdeckt durch Frauen, führt vermehrt zu Ansässigkeit; frühes Matriarchat aus ökonomischer Überlegenheit, die erst später von Männern übernommen wurde. Überwiegen der Feldbestellung durch Frauen z. B. noch heute in vielen Teilkulturen Afrikas.

Viehzucht:

Tendenziell betrieben durch Männer, führt vermehrt zu Nomadismus; frühes Patriarchat. Heutiger Nomadismus der Wüstenrandgebiete oft nur sekundär nach Aufgabe des Ackerbaus aus klimatischen Gründen.

Aus allen drei traditionellen Wirtschaftsbereichen resultiert ein hoher Wert des Territoriums. Die Produktion konnte bei naturgegeben begrenztem Flächenertrag nur über Flächenzuwachs bei gleichzeitiger Vermehrung der Gruppenmitglieder / Arbeitskräfte vermehrt werden. Daher positiver Selektionswert der Aggressivität des Landräubers bzw. -verteidigers. – Persistenz der anachronistischen Territorialität bis ins Zeitalter der modernen Nationalstaaten: „Volk ohne Raum."

Industrielle Produktion:

Nicht mehr Fläche, sondern Infrastruktur, Bevölkerungsdichte, Bildungsstand und Disziplin sind positive Selektionsfaktoren, verleihen "fitness".

Relativ kleine, ethnisch oft inhomogene Flächen (z. B. Hongkong, Singapur, Taiwan) sind erfolgreicher als viele früher „mächtige" Flächenstaaten. Die Entwicklung zu einer neuen Ökonomie steht erst am Anfang. – Nicht mehr die Größe der Wirtschaftszone bedeutet Fitneß, allerdings noch immer ihre kontrollierte Abschottung im Sinne einer durchlässigen Kompartimentierung, zum Zweck der Aufrechterhaltung von „Kapital", d. h. überlegener Spezialisation bzw. Finanzkraft. Die Ungleichgewichte garantieren den Handel.

Agrarindustrie:

Die Bedeutung der Fläche geht auch hier erheblich zurück durch besseres Saatgut (Gentechnik!), verbesserte Düngung oder Bewässerung, Optimierung von Beleuchtung, Schädlingsbekämpfung, Standortdichte etc., Reduzierung der Ernte-, Lagerungs- und Verarbeitungsverluste. Auch diese Entwicklung steht erst am Anfang.

der Stadtkultur. Sie bot vermehrte Möglichkeiten der Spezialisierung, veränderte jedoch natürliche Rhythmen und Verhaltensweisen. Erst mit der Verstädterung wurde der Traum vom Zurück zur Natur stärker, gefolgt von Verweigerung oder – in deren Sublimierung – von Sehnsucht nach dem „echten“, einfachen, ursprünglichen Leben. Dies ist historisch in vielen Facetten faßbar, oft in Wellen, die als Reaktion auf die Verschlechterung städtischer Lebensbedingungen gedeutet werden können, z. B.

- des Cato oder des Plinius Schwärmen von der ländlichen Idylle im Landhaus außerhalb der Großstadt Rom. Die Landschaftsmalerei mit Nilszenen und Stilleben selbst an den Wänden des kleinstädtischen Pompeji.
- das Naturverständnis hochmittelalterlicher Mystik: Gott in den Dingen der Natur (Meister Eckehart, Franz von Assisi).
- Der oft mißverstandene „edle Wilde“ Rousseaus, Spitze einer Flut zeitgenössischer Literatur-Robinsonaden. Die Schäferspiele der Oberschicht des Rokoko.
- Romantik als Symptom, fast gleichzeitig mit der industriellen Revolution. Die Kunst als Sensor für eine verbreitete Sehnsucht nach dem vermeintlich Natürlichen.
- Jugendstil und Jugendbewegung, auch ihre fehlgeleitete Degeneration zu Blut-und-Boden-Mythen.
- Das kulturkritische, irrationale, fundamentalistische Element unter Grünen innerhalb und außerhalb der Partei.

Sie alle gebrauchen die Natur als Symbol für eine ersehnte heile Welt, für das verlorene Paradies, als Erlösungserwartung, als Wunschprojektion. Ein in vielen Brechungen fruchtbares Mißverständnis von Natur, das sich trivialisiert fortsetzt in Liebe zur Natur (wer würde es wagen zu bekennen, die Natur nicht zu lieben – wenigstens ganz abstrakt?) und, konsequent, in Schutz der Natur.

3.1.2.2 Natur*schutz*

(a) Begründungen eines Schutzes der Natur ergeben sich aus traditionell sehr unterschiedlichen Auffassungen der Stellung des Menschen zur Natur.

- Der Mensch ist kein Teil der Natur. Er ist *a priori* anders oder wenigstens durch sein spezifisches Menschsein aus ihr herausgetreten. Dies ist der typische „dualistische“ Standpunkt agrarischer Gesellschaften, die sich Natur dienstbar machen. Naturschutz bedeutet unfreiwillige Zugeständnisse an die andersartige, ggf. feindliche, Natur. Schutz bedeutet hier unwilliges, erzwungenes Aufgeben eigener Positionen. Gleichzeitig führt der Antagonismus zur Natur dazu, dieser eine Selbständigkeit, eine Eigengesetzlichkeit und ggf. einen Eigenwert zuzuschreiben. Die eigene abgehobene Position wird auf das Gegenüber übertragen.

– Der Mensch ist (nach wie vor) Teil der Natur, wenngleich ein durchaus bemerkenswerter. Dies ist primär das „monistische“ Verständnis der Jäger und Sammler, sekundär das weiter Teile der industriellen und wissenschaftsorientierten Gesellschaft. Hier ergibt sich Naturschutz aus dem Gefühl oder aus der Kenntnis der Teilhabe an der Natur. Schutz der Natur ist damit zwangsläufig Selbstschutz. Er kann egoistisch geprägt sein, aber auch altruistisch, indem man für die Mit-Natur stellvertretend mit-denkt.

Dazwischen gibt es alle nur denkbaren Abstufungen. Faßt man den Menschen im Sinne des Monosystems als Natur auf und sieht ihn eingebettet in das Ökosystem, so lassen sich diese Positionen zu einem dritten Modell vereinen. Die Betrachtung von der weniger komplexen Ebene aus zeigt die Natur „über“ dem Menschen; umgekehrt läßt sich bei Betrachtung des Ganzen der Mensch als Teil auffassen. Eine Synthese ergibt sich insbesondere durch den großen Umfang der menschlichen Umwelt i. e. S. (S. 18); diese koinzidiert für das Kollektiv *Homo sapiens* mit der Außenwelt und damit jedenfalls mit dem ganzen globalen Ökosystem.

Daraus leitet sich der Anspruch ab, mit der Gestaltung der eigenen Umwelt das gesamte Ökosystem zu gestalten. Dieser Anspruch ist hinsichtlich ungeplanter Beeinflussung bereits erfüllt. Es gibt kaum Teile der Erdoberfläche, auf denen menschlicher Einfluß nicht nachweisbar wäre. Hinsichtlich einer Gestaltung, Entwicklung hingegen klafft zwischen Anspruch und Realisierung noch eine Lücke.

Sein bisheriges Verhalten im Ökosystem weist den Menschen als typischen natürlichen Teil desselben aus. Mit ihm wird auch Natur geschützt. Ob nun Dinosaurier, Ratten, Ameisen oder der Mensch auf Kosten anderer zu dominierenden Arten werden, ist allemal gleich natürlich. Dann bitte schon lieber der Mensch, da er unsere Spezies ist. Art-Egoismus ist in der Natur legitim: Mit sich selbst schützt der Mensch Natur. Naturschutz? Erst der Mensch, die anderen Arten nur, soweit sie nicht stören, soweit sie brauchbar sind, soweit sie als Teil unserer Umwelt akzeptiert werden.

Diese Argumentation scheint zunächst völlig naturfeindlich zu sein. Sie entspricht jedoch weit mehr den Verhältnissen im natürlichen Ökosystem als die o. g. klassischen Extrempositionen. Sie ermöglicht darüber hinaus eine selbstverständliche psychische Identifikation mit der Natur, ohne daß diese zu einem von ferne verehrten Götzen gerät.

(b) Extreme Standpunkte gibt es ebenso hinsichtlich der Wertsetzung von Natur.

- Natur ist wertvoller (oder zumindest gleichwertig). Der Mensch muß daher in seinen Ansprüchen einsichtsvoll zurückstecken, in einem Akt ethischen Verzichts. Dies ist die unausgesprochene Position weiter Teile des sentimentalen Naturschutzes. Naturschutz wäre demnach allein Schutz der Natur vor dem Menschen. – Die konsequenteste Maximalforderung wäre dann die nach dem Aussterben des (störenden) Menschen. Natur besitzt unabhängig vom Menschen (wer wertet dann?) einen Eigenwert. Dieser wird in der ökologischen Erbauungsliteratur gelegentlich überhöht bis zum Gebrauch der Wörter Natur oder Ökosystem als Synonyma für Gott.
- Der Mensch ist wertvoller. Stellt er gegenüber der Natur seine Ansprüche zurück, dann nur unfreiwillig, berechnend, utilitaristisch, um Schaden von sich abzuwenden: Naturschutz ist nur Schutz der menschlichen Umwelt, Schutz der Natur *für* den Menschen. – Die extreme Position wäre die der totalen Berechnung und Verplanung der Natur, die ihre Berechtigung nur aus den Interessen des Menschen erhielte. Dies klingt wiederum zunächst naturfeindlich. Bedenkt man jedoch den unbegrenzten Umfang potentieller menschlicher Umwelt, zeigt sich rasch, daß dies eine umfassendere Position ist. Die Absicht, Natur nach den – zu definierenden (S. 111) – Bedürfnissen der eigenen Art aktiv zu gestalten, ggf. das Ökosystem umzustrukturieren, ist darüber hinaus die einzige Hoffnung, die ökologische Krise zu überwinden.

Beide vorgenannten Auffassungen werden mehr oder minder pointiert vertreten. Sie sind beide extrem, indem sie Untrennbares trennen. Der Mensch ist objektiv ebenso selbstverständlich Natur, von seiner Genetik her wie von der Einbindung in die natürliche Umwelt, wie er sich subjektiv als etwas Besonderes, von der übrigen Natur Abgehobenes verstehen darf. Die Auseinandersetzung mit dem Ökosystem reflektiert letztlich nur die Denkprozesse um das Selbstverständnis unserer Art.

(c) Einige Betrachtungen zur Psychologie des Naturschutzes bestätigen, daß der Innenwelt entspringende Bedürfnisse auf die Umwelt projiziert werden.

Schutz gewährt man einer bedrohten Person oder einem Gegenstand, weil man sie liebt und braucht.

- Die Natur wird *geliebt*. Viele sind emotional an ihrer Erhaltung beteiligt. Ein beachtenswertes Motiv, da es spontane, tiefliegende Bedürfnisse offenbart, die nicht leichtfertig ignoriert werden dürfen.
- Die Natur wird *benötigt*. Dies kann ganz vordergründig gesehen werden (z. B. Nahrungsversorgung) oder als Folge theoretischer Ein-

sichten. Im speziellen Fall zeigt sich allerdings häufig, daß rationale Schutzbegründungen nur notdürftiger Überbau einer rein emotionalen Grundlage sind.

D. h., sowohl hinter offen emotionalen als auch hinter pseudorationalen Argumenten verstecken sich gemeinsame menschliche Anliegen.

Eines ist die Verlustangst, Angst vor Veränderung des Gewohnten, Angst vor Verlust von Bezugsobjekten, Identität. Alles soll bleiben, wie es war und weil es immer so war. Man fühlt sich durch Veränderung verunsichert, verlassen und beraubt, vor allem dann, wenn zu vieles zu schnell und zu sehr verändert wird. Hier liegt die Ursache des natürlichen Konservatismus des Menschen.

Für ganz kontroverse Ziele wird z. B. in der Landespflege mit jeweils scheinbar vernünftigen Argumenten gefochten. Man entspricht der Erwartungshaltung, gibt sich rational, statt zu bekennen: Ich will es so und das ist Grund genug!

Man engagiert sich für die Erhaltung einer Brücke mit „ökologischen" Argumenten (Patina, Pflanzenwuchs, Brutstätte für Wasseramsel); ebenso mit „ökologischen" Argumenten für ihre Beseitigung (Renaturierung der Landschaft, des Bachlaufs). Ähnliches gilt für alte Bäume: Warum schiebt man „Ökologie" zugunsten ihrer Erhaltung vor? Reichen Vertrautheit und Sicherheit, die man ihnen verdankt, nicht als Begründung aus? Eine Burgruine: Einige machen sich „rational" für weiteren ungehinderten Verfall mit Ruinenromantik und Schutz von Mauervegetation stark, andere sind für Schutz der Bausubstanz unter Herstellung des ursprünglichen – aber welcher ist der ursprüngliche? – Zustandes.

Komplementär zur Verlustangst arbeitet die Gewöhnung, auch an ziemlich abscheuliche Minimal-Umwelten. Ein Großstadtkind fürchtet sich – wie selbst mehrfach erlebt – ggf. auf hochgewachsenen Wiesen (*"weed-claustrophobia"*, selbst bei den bekannten "Peanuts"); es ist dagegen glücklich, wenn es in einem grauen, verkehrsumbrandeten Straßenzwickel der Stadt einen primitiven Spielplatz mit Klettergerüst und Rutsche entdeckt. Dies zeigt die Gefahr der Manipulation durch Gewöhnung, aber auch die Toleranzbreite unserer „Nische".

Verlustangst und Gewöhnung verdanken wir (neben wenigen ästhetischen und wissenschaftlichen Gesichtspunkten): Denkmal- und Landschaftsschutz, Bibliotheken, Museen und Nostalgiewellen. Vertraute Landmarken in realen wie geistigen Gefilden geben Geborgenheit. Sie werden um so stärker gesucht, je rascher oder krasser landschaftliche, städtebauliche oder gesellschaftliche Veränderungen Platz greifen.

Speziell für den Naturschutz fügt sich eine dritte Komponente ein: Natur wird benötigt als Kontrast zu realen Umständen, als Utopie, als

Utopie von „Freiheit" gegenüber der disziplinierenden Entfremdung in der hocharbeitsteiligen Zivilisation. Als Utopie von Harmonie und Endgültigkeit. Natur wird zur Letztinstanz auch im moralischen Bereich. Letzteres erklärt die erbitterten historischen Auseinandersetzungen um die statische Naturordnung gegenüber dynamischen Modellen seit Galileo Galilei. Es erklärt die Linnésche Absicht einer vermeintlich endgültigen Festschreibung des *„Systema Naturae"*. Es erklärt den Aufschrei, als Charles Darwin den Arten ihre Beständigkeit nahm. Es erklärt, warum es über 100 Jahre dauerte, bis die Geologie die Erdkruste als dynamisches Gebilde akzeptierte.

Wiederum kommen emotionale, jedoch berechtigte oder zumindest verständliche Motive zum Vorschein. Der Mensch ist der Dynamik nur begrenzt gewachsen. Es geht darum, die darin sichtbaren Bedürfnisse nicht zu verdrängen oder lächerlich zu machen. Sie müssen bewußt fruchtbar eingebunden werden, z. B. in den Rahmen eines (ernstlich) ökologischen Naturschutzes.

3.1.2.3 Artenschutz *vs.* Habitatschutz

Naturschutz wird hier vereinfachend dem Ökosystemschutz gleichgesetzt. Die Schutzabsicht kann sich auf das Ganze oder auf Teile beziehen, z. B. nur auf Schonung einer der Ressourcen (z. B. Grundwasser), allein auf die Erhaltung des Enkheimer Rieds oder des Afrikanischen Elefanten. Dies mag in der Absicht erfolgen zur Behebung eines besonders deutlichen Schadens beizutragen; häufiger geschieht es jedoch unreflektiert, *pars pro toto*.

Ein gängiges Verfahren der Naturschutzpraxis ist die Aufteilung nach Biozönose und Biotop. Oder, entsprechend, nach Art und Monotop. Die Schutzwürdigkeit des Ganzen impliziert die seiner Teile.

Es gibt Gründe dafür, einzelne Arten oder Gruppen von Arten zum bevorzugten Ziel von Schutzbestrebungen zu machen: *Artenschutz*. Es gibt andere, den Raum (für Arten) in den Vordergrund zu stellen und diesen Teil des Gesamt-Ökosystems besonders zu schützen. Je nachdem ob eine Art oder mehrere eingeschlossen sind, müßte zwischen Monotop- oder Biotopschutz unterschieden werden (S. 3). Diese Differenzierung kann nicht in jedem Falle hinterfragt werden. Daher empfiehlt sich die neutrale Benennung: *Habitatschutz*.

Die unterschiedliche Schwerpunktsetzung scheint zunächst beliebig, da in beiden Fällen die Erhaltung des Ökosystems das eigentliche Ziel ist. Für die Praxis ergeben sich jedoch unterschiedliche Folgen bei Anwendung der einen oder der anderen Vorgehensweise.

Zum Artenschutz:

1. Zur *Begründung* sei an den weltweit zunehmenden Verlust an Arten und an subspezifischen genetischen Einheiten erinnert. Dieser vollzieht sich sowohl hinsichtlich der absoluten Artenzahl als auch bezüglich der Arealgrößen bzw. Populationsdichten von Arten. Etwa 1/3 der bekannten Arten gilt als gefährdet oder bereits erloschen (u. a. Ziswiler 1965; Greenway 1958; Wilson 1988). Es gibt dazu kontroverse Aspekte:

- Ist das schlimm? Immer schon starben Arten aus. Das Scheitern von Arten ist eine zwangsläufige Folge der natürlichen Selektion in der Evolution. Setzt der Mensch neue Selektionsfaktoren durch seine spezifische Veränderung der Erde, so ist unausweichlich, daß diese für viele andere Arten nicht mehr geeignet ist.
- Müssen in einem Fluß unbedingt bestimmte Arten von Fischen leben? Die Praxis der Sportangler zeigt, daß man da nicht puristisch denkt. – Oder: Kann Natur nicht auf Rasen mit abgezählten, mehr oder weniger exotischen Bäumen und Blumenkübeln reduziert werden, auf den innerstädtischen „Deutschen Park“, die neue Welle nach dem „Englischen Garten“ und „Französischen Garten“?
- Platz für wilde Tiere? Der Wohlstand Europas und Nordamerikas ruht auch auf den Leichen von Wildpferden, Büffeln, Walrossen, Walen, Heringen, Lachsen und Stören. Jetzt sollen *andere* in Afrika der plötzlich erwachten europäischen Sentimentalität entsprechend ihre Großtiere durchfüttern? Bestimmt nicht umsonst. Nur wenn dieser Zoo hohen Eintritt bringt.

Offensichtlich genießt Artenschutz trotz der allgemein zur Schau getragenen „Tierliebe“ keine spontane und allgemeine Akzeptanz. Es gibt für ihn jedoch sehr handfeste und unabweisbare Gründe. Der älteste ist der des direkten Nutzens, den der Mensch aus dem Vorhandensein vieler oder bestimmter Arten gezogen hat und noch zieht.

- Die Primärproduktion. Der frühe Mensch verzehrte u. a. eine Fülle von Wildpflanzen, wie in verstärktem Maße sein herbivorer Verwandter, der Gorilla. Das Spektrum reduzierte sich auf weltweit einige Hundert Kulturpflanzen; darunter machen einige Dutzend den überwiegenden Teil der Nahrung der Menschheit aus. Pflanzen liefern außer Nahrung (Protein, Kohlehydrate, Fette, Vitamine, Spurenelemente) auch Medikamente, Brennstoffe, Baumaterial, Fasern, Tierfutter usw. Eine hohe Sortenvielfalt ist erwünscht im Sinne der Redundanz, der regionalen Ertragsoptimierung durch genetische Fein-Anpassung und der fortgesetzten Züchtung durch Selektion und/oder Kreuzungen.
- Die Sekundärproduktion. Tiere waren zunächst zusätzliche Nahrungsquellen für den Omnivoren Mensch. Die Formen der Aneig-

nung perfektionierten sich von der Jagd über Nomadismus und Stallhaltung bis zu Tierfabriken und Zellkulturen. Nutzen erwuchs daneben aus spezifischen Leistungen: Einsatz der Körperkraft (z. B. Zugtiere, Reiten), der Sinnesleistungen (z. B. Jagd- und Spürhunde), der Lernfähigkeit (z. B. Blindenhunde), eines speziellen Nahrungserwerbs (z. B. Hauskatze zur biologischen Schädlingsbekämpfung), der ästhetischen Merkmale (z. B. Spieltiere, Zierfische).

Daneben wurde und wird eine Fülle von Rohstoffen aus dem Tierreich genutzt, wie nachfolgende, noch immer sehr selektive Aufstellung verdeutlicht: Fleisch, Fett, Sehnen, Häute, Felle, Vliese, Därme, Blase, Leim, Haare, Federn, Schildpatt, Horn, Seide, Wachs, Honig, Leder, Bein, Elfenbein, Zähne, Koralle, Kauri, Naq, Schwämme, Perlen, Perlmutter, Gehäuse, Lack, Cochenille, Manna, Ambra, Tran, Walrat, Moschus, Guano, Dünger, Bitumen, Fetisch, Byssus, Guanin, Schmuckschnecken, Pharmazeutika (Vakzinen, Hormone, Vitamine, Enzyme).

– Reduzenten. Pauschal seien hier Pilze und Bakterien erwähnt. Ihre Bedeutung geht weit über die populäre Nutzung als Nahrung hinaus. Sie wirken mit bei der Nahrungszubereitung (z. B. Hefen, Milch- und Essigsäurebakterien, Schimmelpilze), bei der Bereitstellung von Pharmaka (z. B. die Gewinnung von Antibiotika) und bei der Beseitigung von Abwässern und Umweltgiften (z. B. Kläranlagen). Die Gentechnologie wird diese Kategorie der Natur-Nutzung noch erheblich ausweiten.

Daneben tritt ein indirekter Nutzen. Das Ökosystem besteht nicht ohne Lebewesen, die Träger des Programms. Ohne eine gewisse Anzahl arbeitsteiliger Arten kann es weder funktionieren noch behält es seine Anpassungsfähigkeit. Die Grundabläufe können, wie Modelle und Experimentalsysteme zeigen, von wenigen Arten getragen werden. Höhere Redundanz erlaubt bessere regionale und zeitlich fluktuierende Anpassung.

Jeder Verlust von feinangepaßten Monosystemen ist unersetzlich. Er gibt dem Gesamtsystem eine veränderte Drift. Damit stellt sich die Frage, ob nur das Da-Sein des Ökosystems geschützt werden soll oder ein spezifisches Dasein, ein So-Sein, bezogen auf eine bestimmte Raum-Zeit-Situation (S. 136).

Weitere Argumente sind entweder wissenschaftlich umstritten oder zählen ohnehin zum Bereich kultureller Wertsetzung:

Offensichtlich falsch ist die vermutlich auf unzulässige Umkehrung der 3. Biozönotischen Regel zurückzuführende Lehre von der Selbststabilisierung des Ökosystems durch Artendiversität (S. 70). Dahinter steht das Modell des „Stellenplans“, in dem jede Art eine spezifische Funktion einnimmt. Es gibt jedoch immer Gruppen von Arten, deren

Monotope sich besonders stark überlappen. Die Annahme ist nun, daß bei Ausfall einer Art eine der nächststehenden weitgehend in die Lücke eintreten und durch ihre Tätigkeit den bisherigen Ablauf des Ökosystems erhalten könne. Je mehr Arten ein System enthält, desto größer sollte demnach seine Reparaturfähigkeit und damit Stabilität bei Einbuße von Arten sein.

Diese Stabilität ist nicht zu verwechseln mit Regulation im Fließgleichgewicht. Ebensowenig mit der begrenzten Stabilisierung gewisser Außenfaktoren durch Lebewesen: z. B. Luftfeuchtigkeit im Wald, Temperatur im Bienenstock, Bildung des Nährstoffreservoirs Humus.

Das Stabilitätsmodell ist jedoch untauglich. Die artenreichsten Teilökosysteme, der tropische Regenwald, das Korallenriff, der Bergbach, sind offensichtlich genauso störungsanfällig wie die artenarme Tundra oder Wüste. Denn Umweltveränderungen durch Belastungen des Milieus (Atmosphäre, Wasser) oder klimatische Schwankungen betreffen die meisten Organismen gleichermaßen, so daß für das erwünschte Nachrücken kein Ersatz bereitsteht. Die Anpassung an die abiotischen Faktoren ist weit stärker als die an Biosysteme. Weiterhin sind alle Tiere absolut vom Gedeihen der Primärproduzenten abhängig. Wachsen diese nicht, so ist das Tierleben hinfällig; daran ändert noch so großer Artenreichtum im System nichts.

Die erwähnten artenreichen Teilökosysteme sind umgekehrt von stabilen Randbedingungen abhängig. Sie konnten sich überhaupt nur entwickeln, weil ihre Standorte seit Jahrmillionen weitgehend stabile abiotische Faktoren aufweisen. So konnten sich dort durch lange Zeiten geeignete Organismen ansammeln oder vor Ort in fein differenzierender Anpassung entwickeln: Im Regenwald Amazoniens seit dem Miozän. In Korallenriffen seit dem frühen Tertiär, in manchen vielleicht schon seit der Kreidezeit. Gebirgsbach-Systeme gab es zwar nicht immer in den gleichen Gerinnen, jedoch in räumlicher Berührung seit dem Erdaltertum; nach dem Zeugnis der Steinfliegen (Plecoptera), eines speziell an dieses Habitat angepaßten Taxons, haben sie spätestens seit dem Perm begonnen, ihre heutige Fauna zu akkumulieren.

Stirbt z. B. im Korallenriff die Steinkorallengattung *Acropora* aus, so geht das ganze Teilökosystem zugrunde. Geht dem Regenwald auch nur eine geringfügige Menge von Nährstoffen verloren, degradiert er und mit ihm verschwinden die meisten seiner Bewohner. Erhält ein Bergbach etwas mehr Detritus als im Schnitt von Jahrmillionen, so kommt sein Faunenspektrum ins Rutschen. Keine „Selbst"stabilisierung. Nicht die Artenzahl stabilisiert das System, das System erlaubt, erzwingt vielmehr durch Konkurrenz um Licht oder um knappe Nahrung eine hohe Arten-Diversität.

Das Schema Stabilität durch Diversität ist jedoch nicht in jeder Hinsicht abwegig. Es ist nur falsch hinsichtlich der Erhaltung eines bestimmten Typs von Ökosystem (So-Sein). Geht es um Erhaltung von Leben überhaupt und damit um Fortsetzung ökosystemarer Abläufe (Da-Sein), so bieten mehr Arten mehr Chancen. Die Möglichkeit ist größer, daß nach Katastrophen geeignete Arten überleben, die Evolution und Ökosystem fortsetzen. Die Säugetiere sind möglicherweise solche „zufällig", durch präadaptive Eignung Überlebende der – wie auch immer gearteten – Katastrophe am Ende der Kreidezeit.

„Kippt" ein Bergbach um, so profitiert eine artenarme Biozönose aus Chironomidae und Tubificidae vom Nahrungsangebot, das sie vorher mit anderen teilen mußte. Ist der Regenwald degradiert, so wächst an seiner Stelle eine artenärmere Folgegesellschaft. Diese ist, mag es uns gefallen oder nicht, genauso „Ökosystem" wie das vorher vorhandene, alte und „reife" System. Auch eine Weizen-Monokultur ist Ökosystem. Ebenso ein stark organisch belasteter Fluß oder der Auslauf einer Kläranlage: Sie sind sogar sehr umsatzstarke (Teil-)Ökosysteme. Hohe Artendiversität erhöht grundsätzlich die Chance, daß bei Eintreten derart extremer Lebensbedingungen einige den neuen Anforderungen gewachsen sind und irgendein bescheidenes Ökosystem etablieren. Als genetische letzte Reserve.

2. Arten-Vielfalt erhält somit einen Wert durch direkte Nutzbarkeit, eher theoretische Überlegungen zur Funktion des Ökosystems und schließlich durch die Erhaltung von dessen Evolutionsfähigkeit. Die Artenschutz begründende *Wertsetzung* erfolgt ausschließlich in bezug auf den Menschen: Erhaltung seiner Existenz- und Nutzungsmöglichkeiten. – Das o. g. dritte Argument der Fortsetzung von Evolution könnte einem Menschen gleichgültig sein, sofern er nicht zu den Überlebenden einer Katastrophe zählte oder nicht wenigstens die vage Hoffnung hegte, es könnte eines fernen Tages ein neues denkendes Wesen entstehen, das wehmütig in den Sedimenten gräbt und sich des tragischen Schicksals von *Homo sapiens* erinnert.

Ein Wert von Arten und Artenvielfalt entsteht also nur aus dem Nutzen für den Menschen, wobei hier emotionaler Nutzen (Freude an der Ästhetik der Arten, Sammelleidenschaft, geistiges Interesse, forscherische Neugierde etc.) schon gleich eingeschlossen sei. Auch geistige oder psychische Inanspruchnahme ist Nutzung. Arten sind Gegenstand kultureller Identität: Was ist, wenn – nach vielen anderen – bei uns nun auch noch z. B. Seerose und Tanne, Storch und Hase verschwinden? Mit ihnen vergehen Jahrtausende vielfältiger kultureller Verflechtung.

Da nicht alle Arten und nicht alle überall geschützt werden können (Markl 1983), tritt zwangsläufig die Notwendigkeit der Bildung einer

Hierarchie auf. An der Spitze steht zweifellos unsere eigene Art. Dies dürfte nur von einigen Zivilisationsneurotikern bestritten werden.

Die Bildung der nächstfolgenden Kategorien bietet die Fülle der Schwierigkeiten, mit denen sich die „Roten Listen der gefährdeten Arten“ auseinandersetzen (Blab et al. 1984). Zu ihrer Aufstellung gibt es, besonders bei Thallophyten und Niederen Tieren, kein ausreichendes Material über tatsächliche Bestände, über Massewechsel, über Reproduktionsraten usw. Die zur Beurteilung des Gefährdungsgrades wichtige Null-Referenz des natürlichen Zustandes vor menschlichem Einwirken fehlt in den meisten Fällen. Viele Arten sind noch unbekannt und werden unbekannt erlöschen. Nach neueren Schätzungen harren neben den fast zwei Millionen wissenschaftlich beschriebener noch weitere 8–10 Millionen meist unscheinbarer Arten ihrer „Entdeckung“.

Damit ist klar, daß Hierarchien der Schutzwürdigkeit nur bedingt und begrenzt brauchbar sind. Hinzu kommt der Einwand der „Privilegierung“ (s. u.).

Als brauchbares Argument für besonderen Schutz gerade der auffallenden und großen Arten bietet sich der S. 45, 52 genannte Sachverhalt an, daß in der Anfangsphase intensiverer Einflußnahme in einer Region der Mensch immer zuerst gerade diese ausgebeutet hat und besonders rasch und intensiv gefährdete. Bei der nachfolgend verstärkten indirekten Störung der Habitate, wie sie heute z. B. in Europa fast durchweg gegeben ist, verliert dieses Argument an Gewicht: Nunmehr geht es um die Gefährdung der zahlreichen „anonymen“ Träger ökologischer Abläufe. Ihnen ist mit Artenschutz nicht zu helfen.

Weitere Probleme der Wertsetzung enthüllt ein Vergleich mit unseren eigenen, innerartlichen Schutzbedürfnissen.

Es gibt seit dem bürgerlichen Liberalismus des 19. Jh. das Anliegen, verschwindende Menschheitskulturen und ethnische Restgruppen zu schützen. Schutz bezieht sich auf die Erhaltung von Integrität oder zumindest Identität gegenüber Nachbarn und/oder der technisch überlegenen Weltzivilisation europäisch-amerikanischer Prägung. Schutzwürdig sind „typische“ Eingeborene, die noch unter archaischen oder naturnahen Verhältnissen leben (z. B. Neu-Guinea, Brasilien, Kolumbien); aber auch aussterbende Sprachgruppen, z. B. Europas sog. „Kleine Nationen“ (u. a. Basken, Friesen, Gälen, Lappen), die nicht mit unlösbaren sozialen Problemen konfrontiert werden. Dies setzt sich fort mit der Erhaltung regionaler Volksbräuche und Trachten, von veralteten Kulturtechniken, bis hin zur platten Nostalgie.

Homelands oder Exponierung gegenüber ggf. zerstörerischen Einflüssen? Soll man z. B. den Buschleuten eine Art Naturschutzgebiet geben oder sie – unter Identitätsverlust – in die Weltzivilisation integrieren? Läßt sich letzteres überhaupt vermeiden. Wird nicht über kurz oder lang unkontrolliert und katastrophal „integriert", wo dies nicht unter viel Aufwand, bedacht und behutsam eingeleitet wird?

Der aktuelle Konsens hinsichtlich der *intraspezifischen* Vielfalt des Menschen impliziert eine auf den speziellen Fall angepaßte Balance zwischen behutsamer Integration und Bewahrung möglichst vieler Kultursplitter in der pluralistischen Weltkultur des Anthropozoikums. Möglichst viele Details sollten dokumentarisch verfügbar gehalten werden zur Identitätsbildung und für spätere Rezeptionen. Eine Integration kann, wenngleich ggf. unter Schmerzen und nach langen Zeiträumen, zu besonderer kultureller Blüte führen: Das geistige Europa ist fruchtbares Produkt vielfacher Konfrontation und Integration.

Vielfalt ist ein Wert. Der Verlust einer speziellen Kultur ist destruktiv, vergleichbar mit Genozid oder Bücherverbrennung. Schützende Abschließung ist wirklichkeitsfremd und gewissermaßen unsozial. Sie erniedrigt die Ausgegrenzten zum Fürsorge-Objekt. Beides sollte für Menschen nicht in Frage kommen.

Diese Argumentation ist allerdings weder naturgegeben noch zu allen Zeiten und Orten akzeptiert worden. Die unterlegene Kultur wurde in der Regel nicht friedlich integriert, vielmehr ausgeraubt und ausgenutzt. „Natürlich" ist die Konkurrenz zwischen Kleingruppen. Erst mit der gewachsenen Leistungsfähigkeit von Verkehr und Kommunikation ist die Etablierung einer Weltzivilisation im Gange. Sie ist eine wichtige Voraussetzung für die planerische Fortentwicklung des Ökosystems.

Die Spannung zwischen dem Wert der Kleingruppe und ihrer Eigenkultur und der Notwendigkeit der Vereinheitlichung ist wiederum nicht mit einer Generalregel aufzulösen. Es bedarf zahlreicher regional und zeitlich diversifizierter Konzepte.

Übertragen wir diese Überlegungen auf den *interspezifischen* biologischen Artenschutz, so ergibt sich: Verluste von Arten (oder kleineren genetischen Einheiten) sollten nicht ohne Not akzeptiert werden. Schützende Abschließung von Arten ist jedoch wirklichkeitsfremd, indem wir um gleiche Räume konkurrieren; auch wenig effektiv, da nur für einen Bruchteil der Arten praktizierbar. Verluste auf seiten der Diversität sind unvermeidlich; sie sind Gegenwart. Gesetzliche Verbote setzen allenfalls Maßstäbe, Schutzgebiete sind nur teilweise erfolgsversprechend. Statt auszugrenzen sollten wir versuchen von Fall zu Fall zu koexistieren.

Auch hier sind Erfolge auf Dauer nur durch geduldigen Einsatz im Einzelfall möglich. Anzustreben sind viele der hie und da schon erfolgreichen Programme, mit denen die Erhaltung einer schützenswerten Art integriert in ihr spezielles Habitat und ökonomisches Umfeld angestrebt wird. Dazu bedarf es vieler fähiger Teams von Biologen und Ökologen vor Ort sowie eines erheblichen organisatorischen und finanziellen Aufwandes. Auch hier Diversifikation, regionales Vorgehen.

Eine generelle Tendenz unterstützt diese Tätigkeit: Der Mensch macht zunehmend die Sache anderer Arten zur seinigen. Seine Integrationsfähigkeit reicht über den Rahmen der eigenen Art hinaus. Gehörte früher möglicherweise der Hund noch zur Familie, so geht uns 1988 (stellvertretend) das Schicksal zweier Grauwale im Beringmeer an. Die Rechtsprechung in der Bundesrepublik Deutschland erwägt, das Tier aus dem Bereich der Sachen in einen eigenen Rechtsstatus überzuführen. Die Primatologie beseitigt immer mehr vermeintlichte Schranken zwischen dem Menschen und seinen tierischen Verwandten. Die Ausweitung von der Kleingruppe über Großgruppen zur Menschheit hat sich schon über deren Rand hinaus diffus in den Bereich der benachbarten Tierwelt verästelt. Die Bereitschaft zu einer spezifisch humanen, nicht *nur* ausbeuterischen, sondern differenzierten Auseinandersetzung mit den Mitlebewesen ist im Wachsen.

Dies ist eine weitere wichtige Voraussetzung für die verantwortliche Steuerung der Entwicklung des ganzen Ökosystems.

3. Artenschutz hat somit eine doppelte Funktion. Er schützt generell auffallende und große Arten vor weiterer Gefährdung. Dies ist sein erfolgreichstes Feld. Darüber hinaus schützt er grundsätzlich Arten als Träger des Ökosystems und die genetische Diversität als potentielle Ressource. Dieser Aufgabe kann er nur bedingt über eine artbezogene Tätigkeit nachkommen; hier ist der Ansatz des Habitatschutzes sinnvoller und erfolgversprechender.

4. Zur Umsetzung des Artenschutzes gibt es eine umfangreiche Gesetzgebung. Als Grundlage des gesetzlichen Artenschutzes gelten in der Bundesrepublik Deutschland und in einigen weiteren Ländern Europas die regionalen Roten Listen der bedrohten Arten. Abgesehen von Mängeln infolge ungenügender Kenntnis der Bestände oder von Fehleinstufungen gibt es prinzipielle Vorbehalte.

(a) Notwendigerweise bringt die Reihung in bedrohte und weniger bedrohte Arten subjektive Momente ein. Trotz des Bestrebens um Objektivität wird es zu Bevorzugung „prominenter" Arten kommen. Entsprechend enthalten die Listen fast nur Blütenpflanzen, Wirbeltiere und „schöne" Tiere. Fast nie solche Arten, die infolge ihres quantitativ hohen Stoffumsatzes im Ökosystem besonders bedeutsam sind (z.B. Springschwänze, Milben, Fadenwürmer).

In der Folge gibt es privilegierte Arten neben solchen, die des gesetzlichen Schutzes entraten. So werden Frauenschuh gegen Schöllkraut, Apollofalter gegen Distelfalter ausgespielt. Symbol dafür ist weltweit der Große Panda. Selbstverständlich ist der „Alibär" nur ein Alibi. Der

WWF weiß das (WWF 1982). Niemand kann uns weismachen, daß durch ein Aussterben des Pandas das Ökosystem zusammenbrechen würde. Auch nicht, wenn alle Bären der Welt ausstürben. Es würde dadurch eine nur geringfügig andere Drift erhalten.

Wenn jedoch dieses Aussterben Menschen bekümmert, wenn sie sich desentwegen weniger wohl fühlen, wenn ihre Lebensqualität dadurch gemindert wird, dann ist dies Grund genug, sich um die Fortexistenz der Ursidae zu sorgen und zu diesem Zweck auch – zu investieren. Denn, zum Nulltarif sind die Bären nicht zu erhalten. Die fundamentaleren Nöte der meisten Menschen verbieten es, aus vorwiegend emotionalen Motiven z. B. eine Ausweitung von Ackerland oder intensivere Waldwirtschaft zu verhindern. Wer höhere persönliche Ansprüche an die Umwelt erfüllt sehen will, ist Lobby unter Lobbyisten; seine Argumente sind ebenso subjektiv wie die aller anderen. Er kann sein Interesse nur im Kompromiß und nur durch Gegenleistung erfüllen. Damit reduziert sich das „ökologische" Anliegen auf die Frage, wem die Bären wieviel wert sind. Auch hier kann nicht mit absoluten Argumenten gearbeitet werden, sondern auch hier ist Zustimmung erst einzuwerben.

(b) Die Wertung hängt von der Region ab. In Europa insgesamt ist z. B. die Gottesanbeterin *(Mantis religiosa)* keine gefährdete Art. Für die Bundesrepublik Deutschland ist sie mit dem Randvorkommen in Südbaden eine gefährdete und daher streng geschützte Art. Man braucht konsequenterweise nur den regionalen Umfang von Roten Listen einzuengen, um zu erreichen, daß irgendwann jede Art für einen bestimmten Bereich zur seltenen und schützenwerten Art wird. Auch hier fehlt ein objektiver Maßstab. Andererseits zeigt gerade dieses Beispiel wieder, daß Kleinräumigkeit und Regionalisierung für Ökosysteme und damit für Natur- und Umweltschutz eine erhebliche Bedeutung besitzen (S. 109, 164).

(c) Begünstigung von Arten erfolgt auch außerhalb der Wertung durch Rote Listen. Es hat z. B. lange gedauert, bis die traditionelle Wildhege mit ihren Rotwildschäden nicht mehr als Artenschutz anerkannt wurde, sondern als die Nutztierhaltung, die sie *de facto* darstellt. – Der beliebte Höckerschwan neigt zu Überbesatz. Regulation durch Winterausfälle entfällt infolge von Fütterung; auch der Seeadler fehlt, und seltener als früher wird ein Gössel von Wels oder Hecht geschluckt. – Schutz ziehender Enten auf einem Netz von zur Rast geeigneter Gewässer *("stepstones")* verändert deren Zugverhalten. Statt wie ehedem mangels geeigneter Gewässer weiterzuziehen oder sich zu verteilen, bilden sie heute auf oft ungeeigneten Baggerseen oder Talsperren Überwinterungstraditionen aus. Es kommt zu Botulismus und Salmonellose, zu Nährstoffeintrag durch Kot und damit zur ökologischen Katastrophe für viele andere Wassertiere. – Auch der traditionsreiche Singvogelschutz lief anfangs Gefahr, eine Uniformierung der Biozönose durch einseitige Förderung von 15–20 Arten von Höhlenbrütern zu betreiben. Dies entsprach einem seiner Motive, nämlich der biologischen Schädlingsbekämpfung im Forst. Hier haben bereits Korrekturen stattgefunden.

(d) Unverhältnismäßigkeit: Wer eine Libellenart der Roten Liste vorsätzlich – ohne Erlaubnis der Umweltbürokratie – tötet, wird potentiell bestraft. Wer dagegen auf seinem Grundstück einen Teich mit Hunderten von Larven der gleichen Art zuschüttet, geht als Nutzungsberechtigter straffrei aus.

(e) Handels- und Haltungsverbote sind prinzipiell geeignet, Nachfrage auszutrocknen und daher den Handel mit dem Freiland entnommenen Pflanzen und Tieren zu unterbinden. Wichtigstes Instrument ist das Washingtoner Artenschutz-Übereinkommen (WAÜ) mit seinen nationalen Ausführungsbestimmungen. Praktische Schwierigkeiten liegen in der Identifikation (WAÜ 1985). Viele wildlebend geschützte Pflanzen sind artgleich züchtbar, so daß eine Unterscheidung bei Handelsgut nicht möglich ist. Die Identifikation der Herkunft und die Kontrolle der Zucht ist bei der Menge der anfallenden Objekte ohnehin kaum zu leisten. Die Einführung des WAÜ hat wie alle Prohibitionen sofort zum Aufblühen eines Schwarzmarktes, zu kriminellen Manipulationen mit Export- und Herkunftsbescheinigungen und zu einem Preisschub für die geschützten Tiere geführt.

Nur gestreift sei, daß die zweifellos wichtigen Handels- und Haltungsverbote andererseits oft unmittelbaren Naturkontakt der Bevölkerung verhindern und damit die allgemeine Bereitschaft zur Erhaltung von Arten schwächen. Sie bedeuten auch subtile Ausdehnung des Überwachungsstaates auf Tiere und sogar Tier-Reste. Dabei treten Probleme der Individualmarkierung auf; letztlich ist das Geschäft mit Tieren nur zu kontrollieren, wenn jedes Tier seine Balkenmarke erhält: Die totale Verwaltung droht.

Die gute Absicht wendet sich ins Gegenteil. Das heißt nicht, daß hier für den Verzicht auf Restriktionen plädiert wird. Doch müssen solche auch durchsetzbar sein. Hier könnte ein guter Teil der vorgesehenen Außensteuerung ersetzt werden durch Innensteuerung, durch gezielte Aufklärung und kollektive Gewissensbildung (S. 146). Man erinnere sich, daß es noch vor 50–100 Jahren gang und gäbe war, Singvögel mit der Zwille zu schießen oder Vogelnester auszunehmen. Einige Generationen geduldiger Grundschullehrer haben hier ein Wunder bewirkt. Es ist leider nicht ohne weiteres wiederholbar: Die Lehrer sind Fachausbilder und keine Erzieher mehr.

Schließlich geht es um Ursachenbekämpfung. Solange ein Beduine mit dem Fang oder der Aushorstung und Abrichtung eines Jagdfalken bis 50000 $ verdienen kann, werden die Bestände der Falken bedroht sein. Menschen in Armut können sich über ihren Broterwerb keine moralischen Reflexionen leisten, schon gar nicht gegenüber Pflanzen oder Tieren. Hier bedeutet ökonomische Sanierung gleichzeitig Artenschutz. Die reichen Käufer hingegen müssen an andere Statussymbole als Jagdgeparden, seltene Pelze oder Menagerien voller Reptilien oder Vögel gewöhnt werden. Erste Erfolge gezielter Abwerbung sind schon sichtbar im Pelzhandel und im Nahrungsmittelgewerbe (Froschschenkel, Schildkrötensuppe). Andere müssen folgen. Eine gut plazierte, professionell gemachte Fernsehsendung kann auf diese Weise weit mehr zum Artenschutz beitragen als -zig Verordnungen.

(f) Wiedereinbürgerung ist scheinbar eine ideale Lösung zur Beruhigung des Artenschutzgewissens. Doch ist sie nur in seltenen Fällen legitim. Allein schon die terminologische Streubreite (Tab. 12) zeigt, daß auch hier nur sehr aufwendige und auf sehr genauen Kenntnissen beruhende Vorhaben sinnvoll und erfolgreich sind. In vielen mißglückten Fällen waren die Ursachen für das vorhergegangene Aussterben der Art weder geklärt noch beseitigt. Aussetzung bedeutet dann nur weiteren genetischen Verschleiß.

Grundsätzlich tritt bei Wiedereinbürgerungen die Frage der standortgerechten Feinanpassung der Population auf. Die zum Besatz beschafften Tiere stammen in der Regel aus abweichenden Habitaten. Einbringung oder Einkreuzung anderer Subspecies gilt daher als Kunstfehler. Er wurde mehrfach beim Wanderfalken oder beim Storch begangen. Er wird ungemindert mit Fischen fortgesetzt.

Während man bei den Wiedereinbürgerungen Unschärfen durch fremdbürtiges genetisches Material zuzulassen geneigt ist, wendet man sich (s. u.) hinsichtlich offenkundig fremdländischer Arten heute überwiegend gegen deren Einbürgerung. Es gibt eine feine Abstufung von „Aufenthaltsberechtigung" entsprechend der Dichte oder Nähe der ehemaligen, echten oder vermeintlichen Beziehungen. Diese Differenzierung erinnert z. T. fatal an die Argumentation gegen die Durchmischung der jeweiligen nationalen Wohnbevölkerung mit Ausländern.

Wiedereinbürgerung ist immer eine unvollkommene Reparatur und darf nicht zur Routine werden, zu der unsere Gesellschaft geneigt ist, die statt zu bewahren eher ersetzt. Wiedereinbürgerung entspricht der Zurück-Mentalität der Versöhnungsstrategie und verstellt ggf. den Blick für weiterführende ökologische Maßnahmen.

(g) Faunenverfälschung. Die Beispiele aus der Kolonialzeit sind noch geläufig, als die Europäer auf jede Südseeinsel Ziegen, Schweine und Ratten verschleppten oder das Kaninchen nach Australien brachten.

Tab. 12: Anthropogene Dislokation von Tieren. Nach Niethammer (1963), Nowak (1981) und Hölzinger (1987) kann man die in nachstehender Liste exemplifizierten Kategorien trennen

(1) Ausbreitung. Vom Menschen nicht direkt (ggf. indirekt durch Habitatveränderung) beeinflußte Areal-Erweiterung, z. B. Türkentaube.
An die Fälle 2–7 kann sich jeweils eine solche Ausbreitung aus eigener Kraft anschließen, z. B. Bisam, Marderhund.
(2) Verschleppung. Vom Menschen unbeabsichtigte Verfrachtung. – Wanderratte.
(3) Einbürgerung. Vom Menschen beabsichtigte Verfrachtung in ein Gebiet, in dem die Art früher nicht vorgekommen ist. Aussetzung in volle Freiheit zum Zwecke der Ansiedlung. – Karpfen, Zander, Fasan, Kaninchen, Mufflon, Damhirsch.
(4) Zufallseinbürgerung. Vom Menschen beabsichtigte Verfrachtung, jedoch nicht zum Zwecke der Einbürgerung. Zufällig entkommene Stücke begründen Daueransiedlung. – Felsentaube, Halsbandsittich, Waschbär, Marderhund, Nutria, Streifenhörnchen.
(5) Wiedereinbürgerung. Aussetzung von Tieren in ein Gebiet, in dem die Art in historischer Zeit einheimisch war. Das ehemalige, jetzt „ausgedünnte“ Areal soll teilweise oder ganz wiederhergestellt werden. – Meerforelle, Weißstorch, Uhu, Rothuhn.
(6) Bestandsstützung. Aussetzung von Tieren in ein Gebiet, in dem noch eine Restpopulation der Art vorhanden ist oder ständig (noch) nicht reproduzierende Stücke beobachtet werden. Ziel ist die Stabilisierung dieser Population durch Erhöhung der Abundanz. – Aal, Wiedehopf, Wanderfalke.
(7) Umsiedlung. Verpflanzung von Tierpopulationen in geeignetere Habitate eines großräumig von der Art stets besiedelten Areals, in denen sie derzeit erloschen ist. – Oryxantilope.

Neuseeland und Hawaii halten die Spitze in der Überfremdung ihrer Faunen, zumindest was Wirbeltiere angeht. In Europa gingen Aussetzungen bzw. Einbürgerungen fremdländischer Tiere auf die Prunksucht der Höfe des 18. Jh. und auf die Jagd zurück, der das schlichte einheimische Wild nicht mehr genügte. In Mitteleuropa gab es am Ende des 19. Jh. die große Akklimatisations-Mode, gegen die z. B. H. Löns satirisch opponierte.

Im Sinne der Erhaltung von autochthoner Natur ist es gewiß richtig, anthropogene Faunenveränderungen zu vermeiden. Doch mehr als ökologische Argumente – sie sind von den Tatsachen überholt (s. u.) – ist auch hier Angst vor Veränderung und Identitätsverlust der tiefere Grund für eine „Reinhaltung“ der autochthonen Flora und Fauna.

Die „öffentliche Meinung“ im Naturschutz, die diesen Austausch von Floren und Faunen im Augenblick noch zumindest kontrollieren möchte

Tab. 13: Vom Menschen bestimmte Gendrift bei Wildtieren

- Verwilderte Haustiere (Karpfen, Dingo, Feldflüchter [Haustaube]).
- In „Halb"-Domestikation entstandene Taxa (Park-Höckerschwan, Hausmaus).
- Mit Haustieren vermischte Auswilderungen (Graugans, Stockente [Hochflugbrutente]).
- Künstliche Subspecies-Mischungen (Forelle, Jagdfasan, Kanadagans).
- Genetische Kanalisierung unter Extrembedingungen (*Unio crassus* und *Ancylus fluviatilis* im Rhein unterscheiden sich von ihren Stammformen).
- Resistente Rassen (Stubenfliege).
- Füchse, Haubentaucher, Teichhühner, Bläßhühner, Amseln, Singdrosseln zeigen genetische und tradierte Anpassungen, die sie im Gegensatz zu ihren wildlebenden Verwandten befähigen, wenig scheue, im städtischen Milieu erfolgreiche Arten zu werden.
- Zuchtwahl durch „Trophäen"-Bewertung (Rothirsch, Damhirsch, Reh).

hinkt den Tatsachen allerdings um Jahrhunderte nach. Offensichtlich ist noch weithin unbekannt, daß bereits Tausende von wildlebenden Arten durch den Menschen in historischer Zeit nach Europa gelangten: Nutzpflanzen und -tiere, Ruderalpflanzen und Kulturfolger, Adventivpflanzen (Neophyta) und Neozoa. Dies ist charakteristisch für das Ökosystem des Anthropozoikums. Die Pflanzenwelt der Mittelmeerländer ist ebenso voll von „integrierten Fremdlingen" wie die Tierwelt der großen Flüsse Europas. Ihre Beseitigung würde manches Bilderbuch-Ökosystem „zusammenbrechen" lassen. Statt ihn abzulehnen muß der Faunenaustausch ins Kalkül einbezogen werden. Der Weltkultur, dem weltweit vom Menschen geprägten Ökosystem folgt zwangsläufig eine Weltflora und -fauna.

(h) Zucht. Im Notfall kann eine bedrohte Art partiell oder ganz in Gewahrsam genommen und unter menschlicher Obhut gezüchtet werden. Dies wurde erfolgreich z. B. bei Davidshirsch und Oryxantilope, Waldrapp und Lämmergeier praktiziert. Zucht darf jedoch nicht Selbstzweck werden, auch kein Vorwand für Raritätenjagd durch Zoologische Gärten. Eine Fortsetzung dieser Strategie, in der Pflanzen- und Haustierzüchtung längst Praxis, sind Samen- und Eibanken, Zellkulturen.

(i) Genetische Anpassungen. Es ist wenig bekannt, daß ohnehin viele unserer Wildtiere nicht mehr identisch sind mit ihren Vorfahren vor etwa 150 Jahren. Die Evolution unter dem Einfluß der vom Menschen gesetzten neuen Umwelten hat in vielen Facetten längst begonnen (Tab. 13).

Zum Habitatschutz:

1. Artenschutz ist nur eine Seite einer Medaille, auf deren anderer Seite Habitatschutz steht. Die Veränderungen der Habitate sind die große Ursache für das Artensterben, das als einer der globalen Indikatoren für die gegenwärtige ökologische Krise gelten muß.

Veränderungen der Artendiversität lassen sich nur marginal durch die Wirksamkeit von Biosystemen erklären, z. B. durch Parasiten oder Prädatoren. Sie sind überwiegend das Resultat von Schwankungen der Natalität, kaum der Mortalität. Die Reproduktionsrate hängt von den abiotischen Randbedingungen oder – bei Tieren – von der Nahrung ab: Verändern sich diese Faktoren zugunsten oder zuungunsten einer Art, so hat dies Konsequenzen für deren Bestandsdichte.

Bei kurzfristigen und reversiblen Änderungen der abiotischen Umweltfaktoren (z. B. jährliche Oszillationen der Witterung), erfolgen Bestandsschwankungen. Bei andauernden Änderungen (gemessen an der Lebenserwartung der betroffenen Arten) kommt es zu langfristigen und irreversiblen Bestandsveränderungen. Solche vollziehen sich meist allmählich, etwa im Gefolge langfristiger Klimaveränderungen. In historischer Zeit führten zudem habitatverändernde Eingriffe des Menschen solche Veränderungen herbei.

Die Waldlandschaft im frühmittelalterlichen Mitteleuropa wurde durch Jahrhunderte in eine stark gegliederte Kulturlandschaft überführt. In gleich langen Zeiträumen, für Zeitgenossen unmerklich, vollzogen sich Veränderungen des Artenspektrums. Die mit der industriellen Revolution beginnende und etwa seit dem 2. Weltkrieg gesteigerte Überbevölkerung und landschaftsverändernde Aktivität des Menschen führten dagegen zu raschen und radikalen Veränderungen von Habitat und Biozönose.

Die Schaffung der traditionellen Kulturlandschaft führte zu Habitatvielfalt, die eine Ausweitung des Artenspektrums zur Folge hatte. Die derzeitigen Veränderungen bewirken dagegen infolge neuer Produktions- und Siedlungsbedingungen weithin eine Ausräumung und Uniformierung der Landschaft. Habitat- und Speciesdiversität gehen gleichsinnig zurück.

Artenschutz kann in diesem Kontext nur bedeuten: Erhaltung von Habitatvielfalt, damit möglichst viele Arten die Umgebung für ihren Monotop vorfinden.

2. Die beim Artenschutz erörterten Fragen der Wertsetzung treten erneut auf. Auch unter den Habitaten gibt es subjektive Privilegierung: Königssee gegen Bahndamm. Schönheit gegen ökologische Relevanz. Wer wirklich Natur schützen will im Sinne der Erhaltung des Ökosystems, darf nicht allein das Seltene und Ansprechende verteidigen. Un-

scheinbare, jedoch verbreitete Flächen sind für die Funktion oft wichtiger. Daher geht es nicht nur um die 1–5% „wertvoller“ Flächen, die in der Bundesrepublik Deutschland in Form von Nationalparks oder Naturschutzgebieten geschützt werden sollen:

- Viele von ihnen erreichen nicht die Mindestgröße und müßten daher isoliert verkümmern. Als späte Gegenbewegung hat sich die Strategie der Vernetzung etabliert.
- Sie geben ein Alibi für die um so ungehemmtere Nutzung des Restes.

Angemessen wäre daher, umgekehrt vorzugehen: Der naturnahe Raum sollte grundsätzlich geschützt sein. Nutzungsinteressenten sollten die Verhältnismäßigkeit und Unvermeidbarkeit ihres Eingriffs nachweisen müssen.

Hinsichtlich spezieller Flächen ist wieder wertend zu entscheiden, welcher landschaftsökologische Typ in welchem Umfang geschützt werden soll. Wegweisung gibt die Rekonstruktion der potentiellen natürlichen Vegetation. Eine Rekonstruktion der ursprünglichen Tierwelt ist in den meisten Fällen nur hinsichtlich weniger Leit-Arten möglich.

Da die meisten Habitate in Europa entsprechend ihrer Schaffung oder Beeinflussung durch den Menschen (s. o.) anthropogen überformt sind, entsteht grundsätzlich die Frage nach der Schutzwürdigkeit von sog. Sekundärbiotopen (S. 72). „Natur“ nimmt sich dann oft wie ein Freilichtmuseum für historische Wirtschaftsformen aus (Streuobstwiesen, Kopfweiden, Grünland, Steinbrüche). Artefakte wie Rieselfelder können „Paradiese aus zweiter Hand“ werden. Dasselbe Objekt ist ggf. Streitpunkt bei seiner Anlegung (Kiesgrube, Steinbruch) und wieder dann, wenn es (nach Beginn einer Sukzession) wieder beseitigt werden soll. Häufig entstehen Diskussionen darüber, an welcher historischen Zeitebene sich „Naturnähe“ orientiert, an der von 1920, 1600, 407, oder vor 3000 Jahren?

Diese Unstimmigkeiten sind sofort gegenstandslos, wenn nicht eine ohnehin fiktive Naturnähe als Richtschnur für die Beurteilung und ggf. Umgestaltung (s. u.) der Habitate dient, sondern eine funktionale Einbindung, die sich an einem regional bzw. lokal zu bestimmenden Schutzzweck bemißt. Dieser kann auf Funktionsfähigkeit eines Teilökosystems ausgerichtet sein, aber auch auf die Erhaltung bestimmter Biozönoseteile, bestimmter Arten, bestimmter Landschaftsmerkmale usw. Die jeweilige Verwendung wird durch die Größe der verfügbaren Fläche vorbestimmt (S. 137).

Sowohl Artenschutz als auch Habitatschutz sind somit anthropozentrisch ausgerichtet. Objektive Zielformulierungen sind nicht möglich. Viele der widersprüchlichen Methoden und Ansätze der bisherigen Naturschutzpraxis erhalten erst einen Sinn, wenn sie einen solchen nicht in einer fiktiven „objektiven" Natur und deren Erhaltung oder Wiederherstellung suchen, sondern allein in ihrer Leistung für die Wohlfahrt des Menschen. Allerdings bedeutete dies, daß unter den verschiedenen zur Verfügung stehenden „Maßnahmen" die Prioritäten nicht feststehen, sondern zeitlich und regional wechselnd, in Abhängigkeit von jeweiligen menschlichen Bedürfnissen, immer wieder neu von Experten bestimmt werden müssen. Wiederum ein aufwendiges Verfahren im Rahmen der immer wieder anklingenden regionalen Diversifikation, das als einziges die erforderliche Flexibilität angesichts der bestehenden Probleme verleiht (S. 109, 164).

3. Die Umsetzung des „Biotop-", besser Habitatschutzes ist Aufgabe des mittlerweile behördlich verankerten Naturschutzes und der Landespflege. Aus einer Randsituation heraus hat sich dieser Verwaltungsbereich innerhalb des letzten Vierteljahrhunderts in vielen Staaten fest etabliert. Dies sagt nichts über seine Wirksamkeit aus. Mittel des Habitatschutzes sind:

(a) *Naturschutzgebiete* verschiedener juristischer Form und Strenge (Nationalpark, Landschaftsschutzgebiet, Naturpark, Naturdenkmal usw.). Sie schließen, wie bereits erwähnt, „Besonderheiten" ein, wobei eine Diversifikation angestrebt wird durch etwa gleichartige Verteilungsdichte auf der Landkarte und durch Berücksichtigung augenfälliger landschaftsökologischer Varianz.

Naturschutzgebiete sollten einem definierten Schutzzweck dienen (z. B. der Erhaltung einer speziellen Pflanzengesellschaft, bestimmter geomorphologischer Formen, eines Reproduktionsgebietes von Tieren). Der Aufrechterhaltung des Schutzzwecks dient ein Pflegeplan. Dieser, besonders auch seine oft kostspielige Ausführung, wird um so bedeutsamer, je kleiner die Schutzfläche ist (Außeneinwirkungen) und je mehr der Schutzzweck in der Aufrechterhaltung eines bestimmten Sukzessionsstadiums (z. B. Uferabbruch, Pionierpflanzengesellschaft) oder einer ganz besonders stark anthropogen bedingten Kultur- oder Landschaftsform besteht (z. B. Kopfweiden, Mähwiesen, Wacholderheide). Kaum eines der relativ kleinen Naturschutzgebiete in Mitteleuropa kann multifunktional schützen. Alle sind zudem bedroht vom Anspruch der Naturerholung, der sich mit dem primären Schutzzweck meist nicht ohne Reibungen vereinbaren läßt.

(b) Ein weiteres Instrumentarium ist die *Ausgleichsmaßnahme*. Im Falle der Freigabe naturnaher Flächen zur Nutzung (z. B. Bebauung) soll eine ähnliche Fläche kompensatorisch künftig von Nutzung ausgenommen werden. Die gutgläubige Regelung führt oft zu Augenwischerei: Wenn das letzte Flachmoor einer Region beseitigt wird, nutzt es den betroffenen Organismen nichts, wenn kompensatorisch ein Stück

Eichen-Hainbuchen-Mischwald der Nutzung entzogen wird. Oder wenn ein Naturschutzfonds finanziell aufgestockt wird. Ausgleich ist allenfalls kleinräumig zur Verbesserung der Umweltverträglichkeit von Flächenverbrauch wirksam.

(c) Ein im Rahmen der Versöhnungsstrategie wichtiges Ziel ist die *Renaturierung*. Eine Wiederherstellung von Natur im strengen Sinne kann es jedoch nicht geben infolge der Unumkehrbarkeit ökologischer Abläufe und infolge der Subjektivität der Zielvorgabe (S. 133). Es ist nur akzeptabel, von einem „naturnahen Ausbau“, von „Rückbau“ im Sinne der Rücknahme offensichtlicher Veränderungen oder von „geplanter Naturnähe“ zu sprechen.

Die populären Renaturierungsprogramme arten gelegentlich in Aktionismus aus. Sie hegen die falsche Hoffnung, überall Natur „herstellen“ zu können, betreiben jedoch nur eine andere Art von normierender Kleingärtnerei. Allen Ernstes wurde zeitweise z. B. die Verwendung korrosionsbeständiger tropischer Edelhölzer zum „naturnahen“ Ausbau von Bächen propagiert; gutgläubig wurden aus Müll rezyklierte Geflechte als Substrat eingebaut, die sich als Dauerausscheider von besiedlungsfeindlichen Stoffen erwiesen. Die Aktion hilft jedoch aus dem verbreiteten Gefühl der Ohnmacht gegenüber den Umweltproblemen. Sie verhilft zu einem sichtbaren persönlichen Beitrag. Sie ist daher trotz mancher falscher Vorstellungen ein politisch und didaktisch wichtiger und nützlicher Schritt. Zu beachten ist:

- Konservieren hat Vorrang vor Reparieren. Es muß verdeutlicht werden, daß Natur nicht beliebig reproduziert und wiederhergestellt werden kann. Nicht alles ist machbar.
- Das Besiedlungspotential muß noch vorhanden sein (potentielle natürliche Vegetation und Tierwelt). Sind bestimmte Organismen in einer Region ausgestorben, so können sie nicht „von selbst“ neu angebotene Habitate besiedeln. Bei künstlichem Einsatz treten die o. g. Probleme der Floren- und Faunenverfälschung auf.
- Die Zeit: Wiederbesiedlung, vor allem die Regeneration komplexer Biozönosen, bedarf artspezifisch unterschiedlicher, oft sehr langer Zeiträume. Wer diese nicht gewähren will, sollte sich einer anderen Beschäftigung zuwenden.

Naturnaher Ausbau ist das wichtigste Instrument der ökologischen Raumordnung im Rahmen der Entwicklungsstrategie. Mit seiner Hilfe können bestehende Schäden über große Flächen verringert und Akzente hinsichtlich der Umweltgestaltung gesetzt werden. Chancen bieten Flächenstillegungen in der Landwirtschaft, die wachsende Akzeptanz für Rückbau verdorbener Gewässer und die durch das Waldsterben erforderliche Umkonstruktion gewisser Fichtenmonokulturen. Sie kommt, wie überhaupt Habitat- und Artenschutz, einerseits nicht ohne fachlich fundierte planerische Vorgaben aus; dabei ist wiederum eine größtmögliche regionale Anpassung zu gewährleisten. Bei aller Planung sollten andererseits viele Flächen einfach lange Zeit sich selbst überlassen bleiben. Hektischer Wechsel von Planungszielen oder bürokratischer Ordnungsfanatismus haben der Natur oft schon mehr geschadet als mancher Nutzungsanspruch.

3.1.2.4 Statik *vs.* Dynamik

(a) Zu den Grundeigenschaften des Ökosystems zählt Fluktuation, Drift in der Zeit. Diese kann beschrieben werden als ein ontogenetischer oder phylogenetischer Prozeß. Darin ist im Prinzip die gesamte Entwicklung vom Entstehen bis zum Erlöschen des Lebens auf der Erde eingeschlossen, denn die Existenz des Ökosystems ist von Lebewesen abhängig. In der Beschaffenheit des Ökosystems gibt es erhebliche Unterschiede zwischen den frühen und der jüngsten Phase, nach Freisetzung des Sauerstoffs. Für die Ideologie des Naturschutzes geht daraus hervor, daß unser gegenwärtiges Ökosystem nicht absolut gesetzt werden darf. Es gewinnt eine besondere Bedeutung nur wieder dadurch, daß es das Ökosystem der Menschheitsgeschichte ist.

Angesichts der Drift ist selbstverständlich, daß der gegenwärtige Zustand mit keinem noch so großen Aufwand auf alle Zeiten stabilisiert werden kann. Er kann allenfalls steuernd beeinflußt werden. Kosmischen Störgrößen sind wir ohnehin ausgeliefert: Meteoriten, von der Sonne ausgehenden Klimaschwankungen; spätestens beim Übergang der Sonne in das Stadium des Roten Riesen wird die Existenz von Leben auf der Erde beendet sein.

Naturschutz im Sinne des Ökosystemschutzes ist somit nur im Interesse des Menschen und innerhalb eines überschaubaren Zeitraumes sinnvoll und möglich. Jede verabsolutierende Überhöhung ist unangebracht.

(b) Im Naturschutz gibt es angesichts dieser Ausgangssituation zwei Richtungen, aus denen zum gleichen Ziel kontroverse Aktivitäten resultieren:

– Die mehr oder weniger statische Bewahrung eines um „Natürlichkeit“ oder wenigstens „Naturnähe“ oszillierenden Zustandes. Konserviert werden spezielle Strukturen (Arten, Habitate) eines als erhaltenswert definierten Ökosystems. Festgeschrieben wird ein bestimmtes So-Sein.

  Allerdings sind Sukzessionsstadien – und das sind die meisten Biozönosen – eigentlich nicht oder nur unter Aufwand konservierbar. Daher ist großräumig konservierender Naturschutz nicht nur praktisch unmöglich, sondern auch falsch: Blockiert er mit der Sukzession doch eine der Grundeigenschaften des Ökosystems.

Kleinräumig kann dagegen Konservierung außerordentlich wichtig sein zum Zwecke der hoffentlich nur vorübergehend erforderlichen Sicherung von Organismenbeständen (genetische Reserve) oder Habitattypen. Diese Bewahrung ist vergleichbar mit der Funktion eines Zoos oder Botanischen Gartens, nur daß ein Stück Habitat komplexere Strukturen enthält und bewahren kann.

Es gibt ökologische Flächen bzw. Vegetationsformen, die ohnehin nur künstlich aufrechterhalten werden, z. B. Ackerland. Damit vergleichbar erhält der konservierende Naturschutz bestimmte Zustände zu bestimmten, anderen Nutzungsvorstellungen des Menschen. Insofern paßt er unerwartet eher zur ökologischen Entwicklungsstrategie als zur Versöhnungsstrategie.

– Die Erhaltung der Dynamik des ökosystemaren Prozesses. Statt (nur) der Struktur oder einzelner Bestandteile soll vor allem die Fähigkeit zu Sukzession und Evolution bewahrt werden. Dabei bedeutet Funktionsfähigkeit die Erhaltung der Kette Produktion–Konsumption–Reduktion ohne Festschreibung von Größenordnungen oder beteiligten Arten. Bewahrt wird die Existenz, das Da-Sein des Ökosystems, nicht ein bestimmtes So-Sein.

  Die erhaltenswerte Dynamik betrifft auch den abiotischen Teil des Ökosystems. Ein Bach z. B. hat neben einer biozönotischen eine hydrologische bzw. geomorphologische Dynamik. Diese kann entweder frei variieren oder sie wird auf einen bestimmten Zustand festgelegt.

Wer das Ökosystem als Prozeß statt als Zustand versteht, wird zu seiner Erhaltung nicht bestimmte Bestandteile oder Formen in den Vordergrund stellen, sondern die Erhaltung seiner Fortsetzung, Evolution, Dynamik. Es versteht sich, daß alle daran beteiligten Strukturen und Lebewesen erhalten bleiben sollten. Dies ist jedoch keine absolute Forderung. Im Sinne der Entwicklungsstrategie kann es berechtigt sein, die Dynamik der Natur zu unterbrechen oder konservierend einen bestimmten Organismus zu fördern – im Interesse des Menschen.

Für die Praxis hob H. Remmert auf das Schutz- bzw. Planungsziel ab. Wenn das verfügbare Gebiet hinreichend groß ist, so kann das Schutzziel die Erhaltung der Tier- und Pflanzenwelt in natürlicher Sukzession sein. Je kleiner ein Schutzgebiet ist, desto häufiger werden steuernde Eingriffe erforderlich sein. Desto eher kann ein Gebiet „nur“ dem Ziel der Erhaltung der einen oder anderen Art dienen. Es versteht sich von selbst, daß dauernd eingegriffen werden muß, wenn Übergangsstadien der Sukzession oder gar Kulturlandschaft erhalten werden sollen.

3.1.3 Umweltschutz

Umweltschutz ist Schutz der Umwelt nur des Menschen. Schutz des Monosystems Mensch, der Groß-Nische des Menschen – und mit ihr des ganzen Ökosystems, allerdings auf den Menschen (M) bezogen.

$$\text{Mensch} \leftrightarrow \text{Umwelt}_M \ (= \text{Monotop}_M)$$

Naturschutz umfaßt nur einen speziellen Aspekt des Umweltschutzes (Schutz von Natur für den Menschen) bzw. eine andere Betrachtungsweise: Schutz der Natur als einer andersartigen Größe, wogegen Umweltschutz Natur von vornherein nur auf den Menschen bezieht.

Einige Besonderheiten der umfassenden ökologischen Nische des Menschen wurden mehrfach erwähnt. Es gibt fast nichts, das nicht in irgendeiner Form, irgendwann für den Menschen (und sei es stellvertretend in der extrem arbeitsteiligen Gesellschaft für eine einzige Person) in die Gesamtheit der für seine Existenz relevanten Faktoren eingehen kann. Daraus folgt, daß jeder Versuch, diese potentiell mit der gesamten Außenwelt identische Umwelt des Menschen zu beschränken, eine Manipulation an Menschenbild und Menschenwürde ist.

Umweltschutz hat zwei Ansatzpunkte:

- Der Mensch als Träger der Kulturtätigkeit im ursprünglichen wie übertragenen Sinn schützt *seine* Umwelt vor der Natur, gegen die feindliche Natur. Gegen störende natürliche Prozesse, die ihn im Extrem ggf. hinwegregulieren. Salopp: Die Melkkuh darf sich nicht wehren oder weglaufen.
- Oder er schützt seine *Umwelt* in Form von Natur, mit der Natur. Salopp: Die Melkkuh muß gut ernährt werden und darf nicht vorzeitig geschlachtet werden.

Die Berechtigung von Umweltschutz ist im Gegensatz zum Naturschutz nie ernsthaft in Frage gestellt worden. Dissens gibt es nur im Bereich der Umsetzung, über Art und Umfang von Maßnahmen.

3.1.3.1 Zielvorstellungen

Umwelt des Menschen wird in den verschiedenen Anthropologien nicht unbedingt so umfassend und flexibel gesehen wie in der vorgegebenen ökologischen Definition. Einige extreme Modelle seien daher zur Verdeutlichung erörtert.

(1) Umwelt kann so konditioniert werden, daß sie ausreicht zum bloßen Überleben: Die „Minimal-Umwelt". Im Materiellen führen uns traurige Zustände in Slums der dritten Welt vor, mit wie wenig an Nahrung, Kleidung und Individualraum ein Mensch existieren kann. In ganz anderer Weise – unter Aufbietung einer riesigen Technologie – sind Raumfahrer zeitweise auf eine Minimal-Umwelt des bloßen intakten Überlebens reduziert.

Reduktion der geistigen Umwelt gibt es vereinzelt in allen Kulturen, gehäuft in den komplexeren durch Arbeitsteiligkeit, hohe Disziplinierung und Verinnerlichung der Zwänge. Sie äußert sich in: Isolation, Ersatzhandlungen und Leben aus zweiter Hand (z. B. Fernsehen und Drogen, Trimm-dich-Pfad statt Verfolgen des Wildes, Klettergerüst statt Wald, Sentimentalität statt Gefühl, Disco statt spontanen Singens und Tanzens), fixe Ideen, Realitätsverlust.

Minimalisierung beider Bereiche kann sich einschleichen. Die Art Mensch mit der potentiell reichsten Umwelt kann reduziert werden materiell auf 18° C, 8 m^3 Raum, 2500 kcal täglich incl. Vitaminen und Spurenelementen, etwas Wasser und Sauerstoff; geistig zu einer Marionette.

Die Fluchtreaktionen aus innerer wie äußerer Deprivation sind geläufig: Aggression nach innen oder außen, psychosomatische Erkrankungen, Eskapismus, Flucht in Alternativwelten, z. B. auch in die Utopie „Natur" (S. 115).

(2) Daß eine Minimal-Umwelt nicht erwünscht ist, braucht nicht begründet zu werden. Es gibt zwei Alternativen:

(a) Umwelt kann gestaltet werden zum Zweck des Überlebens möglichst vieler Individuen unserer Art. Diese quantitative Ausweitung ist – in der schon bekannten Ambivalenz (S. 89):

- Positiv. Die genetische Vielfalt vieler Individuen, vermehrt durch die Rekombinationsmöglichkeiten ist ein Kapital, mit dem eine Art oder Gruppe „wuchern" kann.
- Negativ. Wird eine bestimmte Menge überschritten, so bestimmen limitierende Faktoren, einzeln oder in ihrer Gesamtheit, eine Begrenzung der Population. Je mehr sich allerdings die Umwelt auf das vorgeschilderte Maß der „Minimal-Umwelt" reduziert, desto mehr Individuen können überleben und zur Verfügung stehen. Man fragt sich dann nur, wozu.

(b) Umwelt kann die Voraussetzung bieten zum Überleben einer zwar geringeren Anzahl von Individuen, jedoch bei erheblich erhöhter Lebensqualität (s. u.).

(3) Grenzwertprobleme (S. 144). Die genannten Extreme kommen gewiß nicht in Frage. Die schon o. g. Zielvorgabe, nach der möglichst viele Menschen unter möglichst menschenwürdigen Bedingungen existieren sollten, zwingt über die Größenordnung des „möglichst" nachzudenken.

(a) Eine Erhöhung unserer Individuenzahl (sie ist unausweichlich) und unserer Ansprüche (sie ist erwünscht) bedeutet unausweichlich, daß wir nicht dem Ökosystem in seiner bisherigen Form entsprechen; seine Tragefähigkeit wird überlastet, es wird gegenregulieren. Wir können diese Situation nur bestehen, indem wir umgekehrt das Ökosystem unseren Wünschen anpassen, d. h. es erheblich, allerdings möglichst sinnvoll, verändern: Daher ökologische Entwicklungsstrategie. Die Begrenztheit der Möglichkeiten dazu wurde bereits angesprochen (S. 108).

(b) Als zumindest vorübergehender Schritt bietet sich eine ökonomische Kompartimentierung parallel der ökologischen Regionalisierung der Kapazität bzw. Produktivität der Erde an. Regionale Anpassung ist angebracht, vorausgesetzt sie führt nicht zu permanenter und grundsätzlicher Benachteiligung von Teilregionen.

(c) Unabdingbar ist ein Bedarf an begrenzten Grund„lebensmitteln" (s. Tab. 2): Luft, Platz, Nahrung, Wasser, Temperaturregulation/Wetterschutz. Gründe genug für harte Konkurrenz.

Geht man zu Gegenständen des „gehobenen" Bedarfs über, so ist zu entscheiden, was dazu gehört. Soll jeder Mensch einen Spiegel besitzen, einen Stuhl, ein Auto? Im ersten Fall wäre das erreichbar, ggf. unter erheblicher Verseuchung mit Quecksilber nahe den Bergwerken und Fertigungsstätten bzw. bei der Entsorgung. Im zweiten Falle wäre das Ziel erreichbar unter ziemlicher Ausplünderung der lokalen Holzressourcen bzw. mit großem Transportaufwand. Im dritten Fall ist leicht zu ersehen, daß es schon allein platztechnisch Schwierigkeiten geben würde. Sinnvolle Strecken könnte niemand mehr fahren. Ressourcenverknappung, Abgase und Entsorgungsprobleme wüchsen ins Gigantische.

Umgesetzt ins Qualitative: Spiegel ist nicht Spiegel. Einige möchten sich ganz betrachten, andere brauchen einen Vergrößerungsspiegel zum Rasieren, Spaßmacher ziehen Zerrspiegel vor, wieder andere wünschen Silberspiegel, von den Accessoires, Rändern, Griffen usw. ganz zu schweigen. Ebenso bewegt sich „Stuhl" zwischen Schemel und Thron, Steinsitz und Edelholzausführung. Beim Auto ist die Spanne zwischen 2 CV und Rolls-Royce geläufig. Was soll zur Umwelt des Menschen gehören?

Die Frage ist rhetorisch. Sie weist auf Grenzen hin, deren Existenz deutlich, deren Lage undeutlich ist. Sie zeigt auch nicht wie der Konflikt aufgehoben werden kann zwischen dem Wunsch, die Güter allen zukommen zu lassen und der Tatsache, daß vermutlich bereits jetzt zu viele Menschen leben, um sie alle mit einem in Mitteleuropa als angemessen erscheinenden Lebensstandard zu versehen.

Die raschen Lösungen, Bevölkerungsverminderung durch unterlassene Hilfeleistung oder Krieg, gezielt ungleiche Verteilung von Ressourcen nach Regionen bzw. Klassen – sie wären „natürlich", sie entsprächen einigen der im Demosystem vorgegebenen Regulationsmöglichkeiten. Wir haben sie bereits als programmierte Unmenschlichkeit ausgeschlossen. Wir sollten (mindestens) versuchen, diese „natürlichen" egoistischen Reaktionen im Verteilungskampf zu überwinden, die unseren Verhaltensstrukturen aus der Frühzeit unserer Art noch anhaften (Lorenz 1978). Ebenso wie die Natur in uns müssen wir, um zu überleben, die Natur um uns transzendieren. Ihre Regulation muß hinsichtlich des Menschen außer Kraft gesetzt werden. Es sei denn, wir geben auf und begnügen uns weiterhin mit unserer bisherigen Halbheit auf dem Weg „vom Tier zum Halbgott".

(4) Eine naturgegebene oder naturwissenschaftliche Entscheidungshilfe, die grundsätzlich mit unseren ethischen Zielvorstellungen vereinbar wäre, gibt es nicht. Zur Frage, ob die Weltbevölkerung besser auf Qualität oder Quantität hin geplant werden sollte, gibt es von der Natur her nur die pythische Antwort, daß beides „richtig" ist: K- bzw. r-Strategie. Versuch und Irrtum werden entscheiden.

Naturae magistrae non sequimur: Wir dürfen uns nicht an der Natur orientieren. Wir können uns nicht in die rückwärtsgewandte Utopie flüchten. Sie hilft uns nicht aus dem Konflikt zwischen Betrachter und Betroffenem. Erst recht nicht aus dem Konflikt zwischen der in und um uns herrschenden Natur und unseren humanen, ganz anderen Zielvorstellungen. (Woher kommen sie? Selektion auf Altruismus? Nur Tradition?) Es bedarf der eigenen Zielprojektion. Macht euch die Erde doch endlich wirklich untertan. Emanzipiert euch von der Natur.

Umweltschutz führt unmittelbar zu den Fragen nach Menschenbild und Menschenwürde. Für wie beschaffene Menschen wollen wir Umwelt schützen, bereitstellen, manipulieren, „erhalten" oder gestalten. Alle Optionen und Szenarien enthalten überwiegend subjektive Maßstäbe zur Zielbestimmung. Erst wenn diese Zielbestimmung erfolgt und akzeptiert ist, kann der wissenschaftlich fundierte „technische" Umweltschutz aktiviert werden und erfolgreich wirken. Was in Zukunft als menschlich und menschenwürdig gelten soll, kann wissenschaftlich nicht erschlossen werden. Die Umweltkrise wird verschärft durch eine anhaltende Krise der gesellschaftlichen Zielbestimmung. Hier fehlt es an klaren Aussagen oder Mehrheiten. Das bisherige Versagen bei der Lösung von Umweltproblemen liegt daher auf der sozialen und nicht auf der wissenschaftlichen Seite.

3.1.3.2 Umsetzung

Die potentiellen Gefahren, die Menschen aus der Vielzahl ihrer ökonomischen Aktivitäten zuwachsen, können kaum in Kürze umrissen werden (S. 98). Dazu gibt es eine mittlerweile unübersehbare Fachliteratur. Umweltschutz heißt, diese Gefahren an der Quelle zu beseitigen oder ihre Wirkung zu begrenzen oder abzuschwächen. Umweltschutz kann nicht beschränkt werden auf den Bereich, in dem „die Natur zurückschlägt". Ganz überwiegend befaßt er sich nämlich mit vom Menschen selbst sehr direkt verursachten Schäden. Sie heißen oft nur Umweltprobleme, weil sie sich auf größere Räume erstrecken, diese z. B. verändern, vergiften. Sie heißen Umweltprobleme, weil sie ablaufen wie Regelmechanismen in der natürlichen Umwelt: Verzehrt eine Art ihre Ressourcen, wird sie eben verhungern. Setzt eine Art zuviel von einem Stoffwechselprodukt in die Umgebung, wird sie eben vergiftet.

Angesichts der umfassenden Umwelt des Menschen wird umgekehrt jeder Schaden zum Umweltproblem, Umweltschutz zur totalen Protektion. Diese Ausweitung ist weder praktisch noch üblich, wird daher auch nicht weiterverfolgt. Sie macht nur deutlich, daß das, was üblicherweise vom Umweltschutz, z. B. durch Gesetz, geregelt wird, ein willkürlicher Kanon ist. Er deckt Schutz von Landschaft und der Milieufaktoren Boden, Wasser, Luft und z. T. Nahrung ab.

Zur Erläuterung des Begriffsfeldes noch einige Einzelheiten:

(a) Umweltzerstörung wird gewöhnlich mit Industrialisierung gleichgesetzt. Dies ist einseitig. Schon lange vor der industriellen Revolution gab es agrarische Umweltkatastrophen. Schon immer gab es lokal Vergiftung von Boden, Wasser, Luft und Nahrung durch Gerbereien, Kloaken, Bleirohre, Quecksilber, Lebensmittelverfälschung. Auch heute führt die Umweltzerstörung im Bereich der industrialisierten Landwirtschaft möglicherweise langfristig zu stärkeren Schäden als die punktuell und damit besser kontrollierbar arbeitende klassische Industrie.

(b) Ursachenbekämpfung *vs.* Symptombehandlung. Die Umsetzung von Umweltschutz leidet verbreitet daran, daß bestimmte ungünstige oder veraltete Technologien nicht radikal abgestellt werden, sondern unter Versuchen zur Schadensbegrenzung künstlich weitergeschleppt werden. Ein finanziell unrentables Werk wird, auch gegen Widerstände, rasch geschlossen; die Schließung unsicherer Kernkraftwerke oder nicht auf dem Stand der Technik befindlicher und daher die Luft verpestender Kohlekraftwerke läßt wohl noch lange auf sich warten.

Statt Abwässer am Ort der Entstehung zu entschärfen, wo sie noch konzentriert und daher mit weniger Aufwand zu eliminieren sind, setzt die mehr oder weniger unvollkommene Klärung erst weit später und uneffektiver, nach Verdünnung ein. Oder man setzt ohnehin nur auf den Verdünnungseffekt (z. B. Verklappungen in der Nordsee).

Die Furcht vor Agrargiften in der Nahrung hat eine Zwei-Klassen-Gesellschaft erzeugt. Alternative aller Couleur weichen auf angeblich oder wirklich unverseuchte Kost aus, statt sich solidarisch um reine Nahrung für *alle* durch Veränderung der Agrarstruktur einzusetzen. Wer bei gutem Einkommen in der Lage ist, sich zu überhöhten Preisen rückstandfreies Gemüse und Körnersortimente zu beschaffen, vergißt unpolitisch seine Mitmenschen, die entweder zu ungebildet oder zu arm sind, sich die gleichen Vorteile zu sichern.

(c) Das Verursacherprinzip ist ein dem Prinzip der Marktwirtschaft entsprechendes und prinzipiell gut wirksames Instrument des Umweltschutzes. Es sollte nur endlich konsequent angewandt werden. Wichtige Bereiche, z. B. der Individualverkehr mit dem Auto, können nicht länger ausgeklammert werden; es sollte nicht weiter möglich sein, für Umweltsünden lasche Bußgelder zu entrichten, statt die Schädigung einzustellen.

(d) Die Umkehrung der Beweislast ist durchzusetzen. Nicht der Umweltnutzer muß einer Schuld überführt werden. Er muß umgekehrt seine „Unschuld" nachweisen, z. B. die Unbedenklichkeit seiner Produkte, eine ordentliche Entsorgung seines Betriebes.

Zunehmend verdichtet sich das mehrfach schon anklingende offensive Sanierungsmodell. Lösungen sind von Fall zu Fall zu suchen, in direkter Antwort auf die Probleme: Regionalisierung, Diversifizierung, Einbringung von fachlicher Kompetenz. Insgesamt ein anspruchsvolles, mit viel Aufwand und hohen Kosten verbundenes Vorgehen. Es kann nur greifen, wenn Zielvorgaben gesetzt werden, an denen sich der „technische" Umweltschutz orientieren kann. Diese Vorgaben müssen grundsätzliche, z. T. gesetzliche Rahmen-Bestimmungen enthalten; sie müssen jedoch Spielraum für andere Mechanismen der Steuerung lassen.

3.1.4 Wertsetzungen

Von der wertfreien Wissenschaft Ökologie zum zielorientierten Umwelt- und Naturschutz führt der Weg nur über eine notwendigerweise subjektive Wertsetzung. Sie wurde für einzelne Bereiche bereits mehrfach angesprochen.

(a) Bei der Versöhnungsstrategie heißt die Grundfrage: Wo beginnt die Annäherung an natürliche Zustände, wie weit muß sie geführt werden? Bis wohin gehen wir zurück zur Natur? Über diese Grenze ist Konsens erforderlich. Jede Zeit, jede Gesellschaft, jeder Berufsstand, letztlich jeder Mensch wird sie anders ziehen. Dieser immanente Interessenkonflikt erfordert in seiner Fundamentalität mehr als andere eine ehrliche Diskussion, Führungsvermögen und Fähigkeit zum Interessenausgleich. Jede Regierung wird sich an ihrer Leistungsfähigkeit in dieser Hinsicht messen lassen müssen.

Wissenschaft kann entgegen allgemeiner Übung prinzipiell keine Grenzwerte festsetzen, denn jede noch so geringe in die Umgebung entlassene Menge Gift oder Radioaktivität hat i. d. R. ihre – wenn auch entsprechend geringe – Auswirkung. Wissenschaft kann nur Szenarien aufzeigen. *Wenn – dann.* Wenn ein Umweltgift den Betrag x erreicht, so wird das Ergebnis y (z. B. 15 vorzeitige Todesfälle) eintreten, wenn der Giftwert x + 10 beträgt, wird das Ergebnis y + n (z. B. 80 Todesfälle) eintreten usw. Es kann auch vorkommen, daß kein Schaden manifest wird. Dies bedeutet jedoch nicht, daß keiner vorliegt. Auch in diesem Falle wird das System – unmerklich – belastet. Ebenso ist bei Planungen keine von mehreren möglichen Alternativen von vornherein „wissenschaftlich" als die „beste" ausweisbar. Wissenschaft kann ihre Durchführbarkeit ermöglichen und ihre Folgen prognostizieren. Die Gewichtung der Folgen, ihre Einschätzung als neutral, erwünscht oder unerwünscht, als schädlich oder nützlich sowie die dann erfolgende Abwägung, Auswahl und ggf. Schadensminimierung sind keine wissenschaftlichen, sondern gesellschaftliche Prozesse.

Aufgabe der Wissenschaft ist, diese Prognosen *lege artis* zuverlässig zu erstellen. Bei der *Auswahl* des anzuwendenden oder anzustrebenden Szenariums ist das Votum des Wissenschaftlers genauso subjektiv wie das eines jeden Menschen.

Die Entscheidung über den Grenzwert ist z. B. eine Entscheidung über die Schadensmenge, die man, d. h. die Gesellschaft, zu akzeptieren bereit ist. Sie liegt im Hinblick auf Verkehrstote bei uns offensichtlich recht hoch, alljährlich in der Größenordnung einer Kleinstadt. Würden ähnlich viele Menschen von Wölfen gefressen, würde nach einiger Panik die Ursache zweifellos sofort beseitigt. Würden ähnlich viele Personen durch einen KKW-Unfall getötet, so hätte dies bürgerkriegsähnliche Wirren zur Folge. Hinsichtlich des Hochwasserschutzes am Rhein wurde umgekehrt verbal aufgetrumpft, daß kein einziger Mensch zu Schaden kommen dürfe, und koste es Millionen.

Dies sind ganz offensichtlich nicht objektive Entscheidungen, die die Wissenschaft so nicht fällen kann, ja nicht einmal darf: Man denke an den Topos vom verrückten Gelehrten. Wissenschaft ist nur Instrument, Entscheidungshilfe. Sie gibt Information, zeigt Alternativen, erarbeitet Methoden. Sie ermöglicht eine sinnvolle Urteilsbildung über Grenzwerte bzw. eine Beseitigung ungewünschter Zustände in Teilen der Umwelt. Man kann ihr jedoch weder auftragen noch dann anlasten, sie habe Grenzwerte oder Zielvorgaben falsch gesetzt. Dem einen werden sie immer zu hoch, dem anderen zu niedrig liegen. Über ihre Höhe kann nur der politische Konsens bzw. die Akzeptanz in der Bevölkerung entscheiden – oder das Machtwort einer Diktatur.

Ebenso sind alle Entscheidungen relativ. Verschreibt z. B. ein Arzt bei uns gegen alle Infektionskrankheiten blindlings Penicillin, so ist er ein Pfuscher. In einem afrikanischen Notstandsgebiet kann er mit dem gleichen Verfahren ein Helfer der Menschheit sein. Auch Wertung unterliegt der Regionalität.

Man mag hier einwenden, daß „Wissenschaft", wie sie im vorgenannten Zusammenhang gebraucht wurde, nur die Naturwissenschaften betrifft. Dem ist nicht so, da auch die sog. Geistes- und/oder Sozialwissenschaften ihre methodischen und empirischen Wurzeln im exakten Bereich finden. Sie können grundsätzlich nicht anders vorgehen. Soziologie, Rechtswissenschaft, Politologie oder Theologie sind entgegen verbreiteter Auffassung jeweils etwas anderes als ihr Objekt oder ihre Umsetzung: soziales, gerechtes, politisches oder frommes Handeln.

(b) Die Frage nach den Grenzwerten oder Zielen tritt ebenso auch in der Entwicklungsstrategie auf. Das Leitmotiv, der Artegoismus des Menschen gegenüber natürlicher Regulation, ist jedoch eindeutiger. Der Maßstab ist im Einzelfall schnell und pragmatisch zur Hand: Schaden-Nutzen-Abwägung, allein bezogen auf den Menschen, für den lokalen, regionalen, globalen Rahmen. Die Maßnahme braucht nicht erst auf Naturkonformität geprüft zu werden.

3.1.5 Steuerung

3.1.5.1 Steuerungsbedarf

Im Rahmen beider ökologischen Strategien besteht Steuerungsbedarf, wenngleich in unterschiedliche Richtung. Im ersten Falle auf Naturnähe hin, im letzteren Falle auf sensible Naturbeherrschung. In beiden Fällen muß eine Richtung vorgedacht und vorgegeben werden. Sie unterscheidet sich im Ziel, vielfach nicht im Mittel.

Gemeinsam ist die Herausforderung, die gegenwärtige Entwicklung zu steuern. Sie liegt außerhalb des Bereichs der Wissenschaft Ökologie. Diese kann nur wichtige Voraussetzungen für eine Steuerung bereitstellen oder solche einfordern. Dazu zählen Kenntnis der Natur und des Ökosystems, Fähigkeit zu Prognose, differenziertem Vorgehen, Disziplin und Humanität.

3.1.5.2 Möglichkeiten der Steuerung

Ein klassischer Gegensatz ist Außen- *vs.* Innensteuerung. Beide Formen können ineinander übergehen, ergänzen sich.

- Die Außensteuerung von Gesellschaften ist die historisch ältere. Sie wurde geleistet durch Vater, Sippenchef, Priester, König, Gott. Intensive Kontrolle erfolgt durch Leitung und Kollektiv.
- Innensteuerung heißt Ablösung von Befehlen zugunsten eines autonomen „Gewissens". Verinnerlichung bzw. rationale Akzeptanz ursprünglich fremdbürtiger Steuerung. – Selbstkontrolle.

Beide Bereiche sind unentbehrlich. Globalsteuerung durch gesetzliche und wirtschaftliche Vorgaben muß ergänzt werden durch breit gestreute Individualsteuerung über Erziehung, Lehre und Medien sowie durch individuell wirksame wirtschaftliche Anreize oder Abschreckung. Die Rolle der Individualisierung wird unterschätzt. Nur sie jedoch kann die erforderliche Dichte und Deckung erreichen, die bei der schon mehrfach genannten Vielgestaltigkeit der Symptome der ökologischen Krise erforderlich ist. Ihnen muß vor Ort und rasch durch autonomes Handeln der jeweils Betroffenen begegnet werden. Individualsteuerung allein ist in statistisch zufriedenstellendem Umfang auch dort wirksam, wo nicht zufällig ein Polizist oder ein Denunziant steht. Unabdingbare Voraussetzungen für ihren Erfolg sind jedoch eine gute Bildung der Bevölkerung und Demokratie. Nur in der Freiheit zur Selbstbestimmung des Individuums kann Selbstverantwortung gedeihen.

Die Steuerung ist kein Problem der Ökologie oder des Umweltschutzes, vielmehr in ihrer Theorie eines der Gesellschaftswissenschaften, in der Praxis eines der Politik. Sie ist prinzipiell möglich mit den vorhandenen Mitteln. Es fehlt nur häufig am Willen oder am Druck, diese konsequent einzusetzen. Offenbar brennen die Probleme noch immer nicht heiß genug auf den Nägeln.

3.1.5.3 Techniken der Steuerung

(a) Erziehung. Der Mensch ist ein Sozialwesen mit langer Lebensdauer und langsamer Reifung. Dem verdankt er u. a. seine besonders ausgeprägte Lernfähigkeit. Angesichts der zunehmend komplizierten Zivilisation wird der Prozeß des Hineinwachsens in die moderne Gesellschaft immer schwieriger und langwieriger. Um so wichtiger wird die Rolle einer kompetenten sozialen Erziehung, einer allgemeinen Bildung und einer fachorientierten Ausbildung.

Hinsichtlich der (emotionalen) Umweltsensibilität und der (rationalen) Kenntnis von Ökologie besteht ein krasses Defizit. Form ersetzt oft den Inhalt, Aktionismus die Substanz. Zwar gibt es mittlerweile viele Schulungszentren, Umweltakademien, Lehrpfade usw. Ihre Effizienz war anfänglich jedoch gering. Sie belegten vor allem eines, daß nämlich das Umweltbewußtsein eine von der Basis ausgehende Bewegung war. Sie wurde nur mühsam von den überraschten klassischen Gesellschaftsstrukturen aufgefangen und nachvollzogen. Noch immer besteht weit verbreitet Interesse und Lernbereitschaft. Was jedoch die öffentlichen Bildungseinrichtungen bieten, ist überwiegend erbärmlich. Ihre Anpassungs- und Innovationsfähigkeit in unserem talentabhängigen zweit- oder drittreichsten Staat der Erde ist bemerkenswert gering.

– Wo sollen die künftigen Multiplikatoren in Industrie, Verwaltung, Politik und Presse, wo sollen die künftigen Lehrer aller Bereiche denn Ökologie lernen? Unter *„Ökologen"* versteht derzeit die Öffentlichkeit nicht Wissenschaftler, eher das unübersichtliche Gemenge aus freundlichen Kernbeißern, listigen Schadstoffschnüfflern und politischen Utopisten. Findet man Ökologen im Bereich der Universitäten, so sind sie (von Etikettenschwindlern abgesehen) erbärmlich ausgestattet und müssen reproduzierende Auftragsforschung übernehmen, statt sich Grundsatzfragen zuzuwenden. Dies gilt nicht nur für Ökologie, sondern ebenso für einen Teil ihrer Grundlagen, die organismische Biologie: Wir erleben derzeit den Verlust des internationalen Standards auf jenem klassischen, jedoch keineswegs veralteten Gebiet, da es dem talentierteren Teil des wissenschaftlichen Nachwuchses keine Zukunft verspricht.

- Der Biologie-Unterricht in den Schulen entspricht dem düsteren Bild, sofern ein solcher nicht völlig aus der Oberstufe der Gymnasien verschwand oder in den fakultativen Bereich verbannt wurde. Und dies lange nachdem W. Heisenberg 1956 die Ablösung des Zeitalters der Physik durch das der Biologie erklärt hatte. Von Ausnahmen abgesehen, haben Abiturienten heute entweder keine Biologie-Kenntnisse oder sind vollgestopft mit unverdautem Kurs-Spezialwissen über Molekularbiologie. Es fehlt jede Vorstellung von den biologischen Gesetzmäßigkeiten, welche die Entwicklung des Menschen bestimmten und auch für seine weitere Existenz von entscheidender Bedeutung bleiben. Es fehlt Kenntnis der Tier- und Pflanzenwelt selbst der alltäglichen Umgebung.

Wer trägt denn das Ökosystem, wenn nicht die Organismen? Wie kann man das Ganze verstehen wollen, ohne die Teile zu kennen? Wie kann man Umwelt verbessern wollen, ohne ihre Organe benennen zu können? Wie sollen Menschen kompetent über das Schicksal ihrer natürlichen Umwelt entscheiden, die dauernd Tanne und Fichte verwechseln oder Malaria für eine Margarinemarke halten. Es ist eben *nicht* gleichgültig, welche Pflanzen an einer bestimmten Stelle wachsen. Es bleibt *nicht* folgenlos, wenn sie verschwinden. Falsche oder Fehlen von Arten im Ökosystem stellen seine Funktion in Frage. Auch hier entscheidet das Detail.

Die Medien Funk, Fernsehen und Presse haben sich von Anfang an große Verdienste um den Umweltschutz erworben. Sie haben Skandale publiziert, die Sensibilität erhöht und die Weiterbildung mitgetragen. Sie informieren mittlerweile moderner und effektiver als der „offizielle" Lehrbetrieb an Schulen und Universitäten. Es fehlt ihnen jedoch von ihrem Selbstverständnis her meist an systematischer Aufarbeitung der Themen, und sie stolpern zuweilen über ihren Geburtsfehler, nur über Spektakuläres zu berichten, nicht über den viel wichtigeren Normalfall.

(b) Wissenschaft und Forschung. Wissenschaftliche Ökologie ist gefordert, zur Bewältigung der Umweltkrise beizutragen. Sie genießt besonderes Vertrauen. Dem gerecht zu werden, muß einerseits ökologische Erkenntnis vorliegen bzw. erarbeitet werden; andererseits müssen möglichst viele am politischen Entscheidungsprozeß beteiligte Personen die ökologischen Rahmenbedingungen kennen, um sinnvoll entscheiden zu können. Daraus ergibt sich die in jüngster Zeit wie eine brandneue Erkenntnis gefeierte Notwendigkeit, gesichertes Wissen möglichst vielen in jeweils geeigneter Form zukommen zu lassen. Die Wissenschaft hat dies schon seit Wilhelm v. Humboldts Forderung nach Einheit von Forschung und Lehre respektiert, mögen auch einzelne Vertreter aus Dünkel oder Unvermögen gegen dieses Prinzip verstoßen haben.

Die Strukturen der Forschung weisen Defizite auf, sogar im Vergleich mit Entwicklungsländern: Keine ökologische Bundesforschungsanstalt, kein entsprechendes Max-Planck-Institut, Ignorieren wichtiger Forschungsrichtungen, Auseinanderfallen von Theorie und Praxis.

(c) Gesetzgebung. Gesetze im Umweltbereich gibt es bei uns infolge der Ländergliederung in beängstigender Fülle (Burhenne 1980). Viele haben jedoch keinen Biß, da sie z. B. in der Landespflege immer dann außer Kraft gesetzt werden, wenn „höhere" Belange der Allgemeinheit zum Tragen kommen. Andere folgen richtig dem Verursacherprinzip, lassen jedoch ernstzunehmende Sanktionen vermissen. Es fehlt an der Umkehrung der Beweislast. Es fehlt in Einzelfällen an strikten Verboten, z. B. der FCKWs, von gewissen Plastikverpackungen, der Säureverklappungen usw. In anderen Fällen wurde jede Glaubwürdigkeit in Erlasse verspielt, z. B. beim Tanz um den Katalysator oder um die Sicherheitsbestimmungen im Bereich der Nukleartechnik. Alles keine Probleme der Ökologie, sondern der Politik.

Ernsthafte Schwierigkeiten bereitet die Ausführung und Kontrolle von Verordnungen. Der Apparat der sachkundigen Überwacher ist noch viel zu schwach, z. B. im Bereich der Ökotoxikologie oder bei den Prüfverfahren zur Zulassung von Substanzen.

(d) Wirtschaftliche Steuerung. Erwiesenermaßen reagiert die freie Marktwirtschaft auf Veränderungen der Marktbedingungen recht sensibel. Das gleiche Instrumentarium, wirksam über Gewinn oder Verlust, könnte massiv zur ökologischen Steuerung eingesetzt werden. Die Sprache des Geldes verstehen alle. Wenn endlich volkswirtschaftlich richtige Rechnungen über alle möglichen subventionierten Bereiche aufgemacht würden, wenn auch indirekte Kostenverursacher zahlen müßten, erledigte sich manches Problem über Nacht.

Anreize über Steuerersparnis bzw. Bestrafungen über ökologisch relevante Steuern sind ein weiterer gangbarer Weg (v. Weizsäcker 1972). Man müßte ihn nur konsequent beschreiten.

(e) Planung. Zur Wirtschaftslenkung hat sich die nicht nur freie, sondern auch *soziale* Marktwirtschaft weitgehend bewährt. Sie muß ergänzt werden durch eine umweltpolitische Komponente in Form gesetzlicher Rahmenvorgaben.

Zur Verwaltung der knappen Ressource Landschaft sollte eine kompetente ökologische Raumordnung erfolgen, die sich von der bisherigen deutlich abheben muß. Die mit Teilbereichen der Landespflege befaßten Behörden, z. B. Forst-, Landwirtschaft oder Wasserwirtschaft, müßten auf ökologisch orientiertes Planen und Wirtschaften hingeleitet und entsprechend koordiniert werden.

Umweltverträglichkeitsprüfung (UVP) zur Steuerung von Großprojekten sollte vom Projektträger (z.B. von der ausführenden Behörde) zwar finanziert, jedoch nicht selbst durchgeführt werden. Allerdings haften den gegenwärtigen Verfahren noch zu viele methodische Mängel an; insbesondere werden oft noch weitgehend subjektive Wertungen als wissenschaftliche Aussagen ausgegeben. Positiv ist bisher allerdings der durch die UVP-Verfahren erreichte Erfahrungsschatz und der Pluralismus der Argumentation.

Hier stellt sich sehr ernst die Frage, ob nicht die Etablierung einer unabhängigen, der Gerichtsbarkeit entsprechenden *„Vierten Gewalt"* zur Kontrolle aller umweltrelevanten Planungen von einer bestimmten Größenordnung an ins Auge gefaßt werden muß. Wie jene sollte sie Kompetenz mit Unabhängigkeit verbinden, vielleicht jedoch etwas rascher arbeiten. Angesichts der vielfältigen Verflechtungen kann sich Umweltpolitik künftig nicht auf Fachressorts beschränken, die sich in den mit gleichrangigen Instanzen notwendigerweise bestehenden Konflikten aufreiben.

(f) Private Initiative. Natur- und Umweltschutz entstand bei uns und lebt noch immer durch das Engagement von Tausenden von sachkundigen Laien. Die etablierten Strukturen zogen nur mühsam nach. Die Geschichte dieser Revolution ist noch zu schreiben. Derzeit ist die Last des Natur- und Umweltschutzes auf Private, Verbände und die Behörden verteilt. Die Tendenz geht verwirrend z.T. in Richtung der Verstaatlichung, z.T. ziehen sich staatliche Strukturen aus der Fläche zurück, z.B. in der Landespflege in Hessen, wo gerade die Präsenz vor Ort ganz besonders notwendig wäre.

Zum Spannungsfeld des behördlichen gegenüber dem von Verbänden getragenen Natur- und Umweltschutz:

- Die Mitarbeit von Privaten und Verbänden sollte weitestmöglich erhalten bleiben, da diese infolge ihrer dichteren Streuung und Geländekenntnis die lokalen Probleme meist früher und detaillierter erfassen können. Andererseits ist verbandstypischen Mißständen gegenzusteuern, wie Inkompetenz, Provinzialismus, Vereinsmeierei und ungenügender finanzieller Ausstattung.
- Für erheblich vermehrte staatliche Aktivität auf allen Ebenen, besonders auf der sehr wichtigen kommunalen Ebene, spricht die dadurch erreichbare Verbesserung der langfristigen Verfolgung von Planungszielen, der Fachkompetenz, der finanziellen und technischen Ausstattung. Andererseits ist bürokratische Trägheit zu befürchten.

Im Idealfalle könnten sich beide Strukturen hilfreich ergänzen: Staatliche Vorgaben und Lenkung, diversifizierte Durchführung durch den dazu geeigneteren privaten Bereich.

3.1.6 Widerstände

Alle Absichten zur Behebung der großen Umweltkrisen stoßen auf allen ihren Stufen und Verästelungen auf entsprechend komplexe Widerstände. Dabei handelt es sich – von der noch nirgends voll ausgeschöpften Tragekapazität der Teilökosysteme abgesehen – kaum irgendwo um Prinzipielles, meist um Menschliches und Allzumenschliches. Nachstehend wird eher anekdotisch eine Auswahl einzelner Bereiche gegeben, die alltägliche Erfahrungen im Umweltschutz zu vergegenwärtigen vermag.

(a) Natur-Entfremdung. Natur-Kenntnis aus eigener Anschauung geht infolge der globalen Verstädterung der Menschheit zwangsläufig zurück. Jäger, Ackerbauer oder Hirten hatten in jedem Falle eine wenngleich im wissenschaftlichen Sinne unzulängliche, so doch emotional tiefgehende und intensive Berührung mit der Natur. Sie setzten sich mit ihr, sei es negativ oder positiv, auseinander.

Heute: Ein gutmeinender Schrebergärtner beseitigt die Brennesseln und pflanzt einen Sommerflieder für die Pfauenaugen, die er schätzt, an denen er sich zu erfreuen wünscht. Ihm ist die Beziehung Raupe – Futterpflanze – Schmetterling nicht präsent. Wer noch weiß, daß aus der schwarzen Raupe an der Brennessel das Pfauenauge wird, läuft zwar nicht mehr Gefahr, wie Sibylle Merian als Hexe verdächtigt zu werden, doch gilt er je nach Publikum als Spezialist oder als weltabgewandter Grüner: Wissen um die alltägliche Natur als Geheimwissenschaft.

Symptomatisch die Entschuldigung eines Biologie-Studenten, der ein Amselweibchen nicht identifizieren konnte: Ich bin dafür kein Spezialist, ich bin Neurobiologe. Er blendet die Kenntnis eines Objekts aus seinem Leben aus, dem er auch als Laie täglich potentiell mehrhundertfach begegnen kann. Wie soll man schützen, was man nicht kennt?

In der Großstadt gibt es Natur oder naturähnliche Habitate nur verstümmelt oder aus zweiter Hand. Sie ist kaum noch erlebbar, es sei denn bei der Urlaubsflucht ins Grüne. Park statt Wald, Ziergarten statt Nutzpflanzung, Zoo statt Wildleben, Fernsehreportagen statt eigener Beobachtung. Die Natur der Namibwüste ist dem Fernsehzuschauer bekannter als die des Bodensees.

Diese Einstellung zur Natur bedarf einer Korrektur. Es gibt zuwenig echte emotionale Beziehung, dafür zunehmend Sentimentalität und Irrationalität. Kinder kennen Pflanzen nur als Dekoration, Tiere als Zerrbilder aus Fernsehserien: ›Daktari‹, ›Flipper‹, ›Lassie‹, ›Biene Maja‹. Höheres Menschentum in Tiergestalt, Symptom einer Fehlhaltung. Sie reagieren enttäuscht, wenn die wirklichen Tiere anders sind, weniger putzig und handhabbar. Sie verlieren das Interesse an der realen Natur und konsumieren sie lieber in der verfratzten Weise der Comics, Parodien, Karikaturen, Knuddelwesen – ohne das Korrektiv eigener Anschauung, auf das früher vermenschlichende Kunstformen (Fabel, Tiermärchen) abheben konnten.

Subtil reicht die sentimentale Lebenslüge von „Naturfreunden“ bis in den Randbereich der Wissenschaft hinein: *Natur darf einfach nicht böse sein*. Es gibt kein Raubtier, keinen Schädling. Gutgemeinte Entschärfung der Sprache: Graureiher statt Fischreiher, Grauwürger statt Raubwürger, essen statt fressen. Bis in Fachpublikationen reicht die Absicht, die Speisezettel von Luchs, Wolf oder Bussard zu „verharmlosen“. Dies paßt in die Tendenz der Zeit, die mit allerlei Semantik Probleme verschleiert, um sich ehrlichen, jedoch unangenehmen Konfrontationen zu entziehen.

(b) Totale Verwaltung und Verplanung von Natur. Der Staat macht sich den letzten Freiraum untertan. Selbst die zahlreichen und engagierten Studenten der Ökologie möchten nicht etwa Wissensdurst über das Ökosystem stillen, sondern begehren Ausbildung zu Verwaltern von Natur. Naturschutz statt Ökologie.

Stellen Sie sich vor, Sie werden als bisher relativ unbelästigter Waldbaumläufer plötzlich das Objekt einer behördlichen „Schutzmaßnahme“. Gnade! Entlarvende Wortungeheuer: Flächennutzungspläne, Umweltverträglichkeitsgutachten, Landesaktionsgemeinschaft, Planfeststellungsverfahren, Grünmaßnahme.

Natur ist das Nicht-Geplante. Irritierte Überschrift in der Lokalpresse: *Natur hat selbst rekultiviert*. Es zeigt sich Lebensangst in krankhafter und krankmachender Ordnungssucht: Keine natürliche „Unordnung“, kein „Unkraut“, „Untier“, „Ungeziefer“. Der Mensch bekämpft heute noch Natur als Feind mit dem Ergebnis der Friedhofsruhe in den Vorgärten (Wieland, Bode, Disko 1983).

Diese kleine Polemik soll nicht gegen die oben verteidigte Globalplanung ins Feld ziehen, allerdings gegen deren spürbare Übertreibung. Wie im Artenschutz (S. 126) wird hier die Außensteuerung weit überzogen.

(c) Das Expertenwesen nimmt zu. Wer aber begutachtet die Kompetenz der Gutachter? Behörden und Gerichte sind vielfach auf Sachverständige angewiesen. Es ist anzunehmen, daß diese in naturwissenschaftlichen Bereichen zu mehr oder weniger übereinstimmenden Befunden kommen müßten. Sollten, wie so häufig, Divergenzen auftreten, so gibt es manche Möglichkeit, jedoch nicht die, daß beide Seiten recht haben. Mindestens einer ist ein Nichtskönner oder bestochen.

(d) Panikneigung. Sie ist z. T. bedingt durch Hervorhebung der Sensationen in den Medien ohne Realitätsabgleich. Unsere Gesellschaft mit vergleichsweise gutem Gesundheitswesen und einem trotz subtoxischer Belastung optimalen Lebensmittelangebot wird von einer entsetzlichen Lebensangst geschüttelt. Wasser auf die Mühlen derer, die sich ihrer im demagogischen Sinne bedienen: Fundis aller Sorte, die die Umweltfrage zur Emotionalisierung rundum gegen Staat, Emanzipation, Industrie, Wissenschaft und Technik nutzen.

(e) Profitgier. Sie siegt in den täglichen Alternativen: Müll wegwerfen oder (kostspielig) geordnet sammeln; Abwässer verklappen, einleiten statt (kostspielig) zu vermeiden oder chemisch zu entschärfen; eine Baulücke als Bauplatz gewinnbringend verkaufen statt für einen Park freizuhalten. Wobei nicht immer Einzelpersonen die Gewinnler sind, sondern Vorstände, Verbände, Körperschaften des öffentlichen Rechts, der Staat auf allen Ebenen.

Darüber hinaus erfolgt naturwidrige (und sozial unverträgliche) Vermarktung ganzer Volkswirtschaften über z. B. die Weltbank. In gekonnter Mischung zwischen wohlmeinender Wegweisung und Interessen von Investoren wird Ländern der dritten Welt ermöglicht, benötigte Devisen zu verdienen; meist schon die vorgestern ausgegebenen: Schulden. Es wird nicht hinterfragt, wofür das Geld ausgegeben wurde. Die Folge ist Umstrukturierung ohne Anpassung an Eigenbedarf, ohne Rücksichtnahme auf Störung von Teil-Ökosystemen, unter Vernichtung traditioneller, oft bewährter Wirtschaftsweisen mitsamt dem sie tragenden sozialen Gefüge. Profitmaximierung: Verplanung auch der letzten Strände für die „Weiße Industrie", Abholzen eines jeden vermarktbaren Waldes, mit Gift und Dünger belastende Monokulturen zur Erzeugung von weltmarktfähigen Produkten. Mit dem gleichen Geld könnte auch angepaßte und sinnvolle Entwicklung finanziert werden. Nur wird die Rendite nicht so rasch fällig.

(f) Vertrauensverlust in Kompetenz und guten Willen von Behörden. Ein Beitrag zum Umweltschutz auf kommunaler Ebene: Reinigung eines Parks von „Gestrüpp", gleichzeitig Anbringung von Futterhäuschen, um die Vogelfreundlichkeit zu belegen.

Verbreitet ist empörende Geheimniskrämerei von Behörden gegenüber dem Steuerzahler. Hier perpetuieren sich unerträgliche Relikte des Obrigkeitsstaates. Schäden werden ignoriert, verleugnet, verharmlost. Der Bürger sieht den Staat noch zu oft – vermeintlich oder zu Recht – die Interessen der Verursacher statt der Allgemeinheit wahrnehmen.

(g) Gemeinde und Gewerbesteuer. Jede aufstrebende Gemeinde versucht mit allen Mitteln Industrie anzusiedeln. Nur dann sind Schwimmbad, Sportplatz, Rathausneubau möglich. Gemeinden, die zum allgemeinen Wohl – sei es freiwillig oder aus Verschlafenheit – durch Verzicht auf solchen Aktionismus beitragen, haben das Nachsehen. Hier ist dringend eine Ausgleichsabgabe erforderlich. Natur-Erhaltung, z.B. die Einrichtung und Duldung von Naturschutzgebieten, muß für Gemeinden lohnend sein.

(h) Entwertung schutzwürdiger Flächen. In Zusammenhang mit Geländeausweisung für Industrieansiedlung sind Private oder Gemeinden häufig bereit und in der Lage, die eigenen Absichten störende Schutzgebiete zu ruinieren. Es erfolgt Randbebauung, wilde Müllkippen oder Moped-Rallies werden toleriert, gelegentlich werden auch bei Nacht und Nebel Herbizide ausgebracht. Zum Schluß folgt das Argument, das Gebiet sei ohnehin nicht (mehr) schützenswert. Der Naturschutz resigniert.

Dieses Verfahren kann unterstützt werden durch öffentlichen Druck auf die Schützer. Sie werden verantwortlich gemacht für Verdienstausfall, Streichung von öffentlichen Bauvorhaben, Verlust von Arbeitsplätzen – und wer hält das lange durch.

(i) Besitzstandwahrung von Behörden. Mit Wegebau in Landwirtschaft und Forsten, mit Wasserbau oder Flurbereinigung befaßte Behörden müssen ihren Etat ausgeben, um ihn im nächsten Jahr wieder in gleicher Höhe zu erhalten. Sie versuchen ihn mindestens auszuschöpfen oder gar zu überziehen, um die Bedeutung und wachsende Last ihrer Aufgaben zu manifestieren und ggf. Erhöhung im nächsten Fiskaljahr zu begründen. Sie suchen daher nach Aktivitäten, selbst wenn solche nicht mehr sinnvoll sind. Die Folge war mancherorts ein Begradigungs- oder Drainage-Rausch, luxuriöser Brücken- und Wegebau in kaum befahrenen Landschaften. Wo ist die Behörde, die von sich aus feststellt, daß ihre Aufgaben des Ausbaues oder die Beseitigung z.B. kriegsbedingter Schäden nun abgeschlossen sind, und daß sie nunmehr – mit verminderten Mitteln – nur noch Aufgaben der Wartung und Pflege wahrzunehmen habe?

(k) Forschung. Vor allem auf dem Abwassersektor ist beliebt, bei auftretenden Konflikten erst einmal forschen zu lassen. Es gibt Wissenschaftler, die da mitmachen, die in Verkennung der Prioritäten sich – symbolisch – jahrelang um eine Stelle hinter dem Komma einer Letaldosis kümmern, obwohl der Wert vor dem Komma schon längst offensichtlich Fische schädigt. Leere Genauigkeit, Weltfremdheit. Hinsichtlich der Abwasserklärung gilt, daß zur Abstellung von 90% der Schäden keine Forschung mehr nötig ist, sondern nur die Anwendung und Umsetzung vorhandener Information.

Es gibt auch das Gegenteil. Untersuchungen, die ohne wissenschaftliche Abstriche nicht kurzfristig durchgeführt werden können, müssen innerhalb weniger Tage oder Wochen vorgelegt werden.

Forschung dient schließlich auch zur Besänftigung und Beschäftigung potentiell kritischer Wissenschaftler. Viele schlucken den Köder und forschen erst einmal. Gleichermaßen werden kritische Verbände mit Aufgaben befaßt, und sei es mit dem Lesen dicker Planungsberichte oder mit der Teilnahme an zahlreichen unwichtigen Sitzungen. Diese Art von Demokratie ist kontraproduktiv.

(l) Vorurteile. Jeder kennt den Spott über die Qualität der Hollandtomaten. Sie ist derzeit gewiß unzulänglich. Dennoch zeichnet sich hier die unvermeidliche Landwirtschaft der Zukunft ab: Nur bei Intensivproduktion können die Ressourcen Fläche, Licht, Wasser, Mineralstoffe gezielt und optimiert eingesetzt werden. Bei richtiger Dosierung sind Substrat und Abwasser unbelastet, die Früchte frei von unerwünschten Inhaltsstoffen. Eine Kontrolle ist bei konzentriertem Anbau viel effektiver als derzeit, wo noch jeder Gift in die Landschaft werfen darf. Nur die Intensivkultur erlaubt die Versorgung der zu erwartenden Bevölkerungszahlen. Nur die Konzentration der landwirtschaftlichen Produktion erlaubt, ggf. andere Flächen freizuhalten für „Natur".

Es wird uns bestimmt noch etwas einfallen, dies alles ästhetisch, schmackhaft und akzeptabel zu gestalten. Es wird uns jedoch bestimmt nichts Besseres einfallen, die Ernährungskrise zu beheben!

Schon diese kleine Auswahl zeigt, daß ein Teil der Umweltprobleme bei mehr Effizienz und Ehrlichkeit erheblich verringert werden könnte. Andererseits besteht wenig Hoffnung, die Widerstände rasch auszuräumen. Woher nimmt man dann überhaupt den Optimismus, die Umweltkrise lösen zu können? Es ist vielleicht eher Zweifel angebracht, ob etwa eine Gesellschaft, die nicht einmal ihr gewöhnliches Müllproblem regeln kann, mit den komplexen Anforderungen von Nuklear- und Biotechnik wird umgehen können.

Es gibt zwei Argumente, dennoch nicht zu resignieren. Erstens können wir uns es nicht leisten. Und zweitens stehen wir wirklich erst am Anfang des Krisenmanagements. Die ersten „Grünen" gab es, von Vorläufern abgesehen, erst vor etwa 30 Jahren, die moderne Feinanalytik ist erst seit 20 Jahren serienreif, gewisse Gefahren, z. B. durch Radon, wurden vor 10 Jahren erst erkannt. Das heißt, wir reagieren eigentlich doch relativ schnell.

3.2 Die ökologische Entwicklungsstrategie

Dem Anschein nach wurden in den bisherigen Ausführungen manche der bisherigen Bemühungen um eine Verbesserung der ökologischen Situation des Menschen in Frage gestellt. Dieser Eindruck war zwar beabsichtigt, soll jedoch nicht der letzte bleiben. Er sollte darauf aufmerksam machen, daß die bisherigen Anstrengungen zwar überwiegend richtig, jedoch unvollständig sind. Vor allem, daß sie auf schwachem, theoretischem Fundament stehen.

Ihr Generalkonzept des *Re*-naturierens, des *Zurück*-nehmens menschlicher Aktivität und des *Wieder*-annäherns an das „Ökosystem“ trägt nicht.

Aufgrund überholter Theorien der wissenschaftlichen Ökologie wird der Natur oder dem Ökosystem (was immer als Synonym hier eintreten mag) eine auf Harmonie ausgerichtete Eigengesetzlichkeit und, an dieser orientiert, ein verwirrender Eigenwert zugeschrieben. Natur ist jedoch zwar nicht subjektiv wertlos, aber objektiv wertfrei. Zum Zweck einer harmonischen Einpassung des Menschen und seiner Aktivitäten wird diesem besonders der freiwillige Verzicht auf Vermehrung und Produktion nahegelegt, im Sinne einer neuen Ethik. Vielfältig sind die Versuche, Beispiele für Verzicht bereits in der Tierwelt zu finden (S. 43).

Das Ergebnis ist eine scheinbar wissenschaftlich begründete Utopie der Harmonie. Sie gebraucht Ökologie als antimodernistische Weltanschauung. Sie ist daher rasch zur Hand, der Wissenschaft, Technik oder „Zivilisation“ (diese gilt immer noch als minderrangig im Sinne der älteren kontinentaleuropäischen Kulturkritik) die Schuld an der Umweltkrise oder zumindest ein durch nichts außer durch menschliche Unzulänglichkeit begründetes „Versagen“ vorzuhalten. Damit wird deren unverzichtbare Einbindung zur Verbesserung der Umweltsituation erschwert; eines der leistungsfähigsten Instrumentarien zur Überlebenssicherung wird verteufelt.

Hinsichtlich der Sanierungstaktik treten innere Widersprüche und Zielkonflikte auf. Sie rühren aus dem weithin unreflektierten Verfahren, ein kausal begründetes Modell des Ökosystems (einschließlich *Homo sapiens*) in ein final orientiertes Handlungskonzept zu überführen. Ein solches kann jedoch nicht durch Entlangmogeln an vorgeblich naturgerechter Harmonie gewonnen werden. Es bedarf der bewußten Zielsetzung, aus der sich Kriterien für die Wertung und die Prioritäten der Handlungskonzepte ergeben (Kattmann 1988).

Die ökologische Entwicklungsstrategie setzt für diese Wertung den Menschen zum Maßstab. Nicht er soll sich der Umwelt anpassen, vielmehr muß die Umwelt nach den gewachsenen Ansprüchen der Innenwelt des Menschen gestaltet, *entwickelt* werden. Nur das verspricht den erforderlichen Handlungsspielraum gegenüber den Folgen unserer natürlichen Übervermehrung und Maßlosigkeit – ohne erhebliche Einbußen an Individuenzahl, Lebensqualität und Humanität.

3.2.1 Warum Ungenügen der Versöhnungsstrategie?

Der Versöhnungsstrategie liegt die Wunschvorstellung von der Harmonie mit dem Ökosystem zugrunde. Sie gleicht damit letztlich der Beschwörung eines Eiszeitjägers, gerichtet an wenig durchschaute „natürliche“ Strukturen, um die Fruchtbarkeit seiner Beute zu erhalten – zum eigenen Vorteil.

Viele Autoren unterstellen der natürlichen Evolution „Zurückhaltung“ oder planerischen Verzicht, ethische Kategorien, als Vorbild für menschliches Verhalten. Das Gegenteil ist der Fall: Das scheinbar sinnvolle Resultat „Ökosystem“ ist Folge von gigantischer Verschwendung und mörderischer Konkurrenz in der Natur. Ziel kann nicht sein, uns diesem Prozeß weiterhin auszusetzen. Ziel ist nicht, die uns notwendigerweise hinwegregulierenden Faktoren zu erhalten, sondern ihr Objekt, den Menschen, ungeschmälert und wohlbehalten durch eine Krise zu führen.

Schließlich sei darauf hingewiesen, daß zwar die Verabsolutierung der Natur in unserer abendländischen Gesellschaft eine zumindest interessante Möglichkeit zur Theorienbildung ist. In anderen Teilen der Welt wird sie kaum nachvollzogen. Entgegen unseren romantisierenden Interpretationen wird, bei „Naturvölkern“ ebenso wie in Hochkulturen, die Natur, von lokalen Tabus abgesehen, ganz überwiegend nur als legitime Ressource oder gar als Feind gesehen. Es ist wichtig, sich das zu vergegenwärtigen. Denn globale ökologische Planung bedarf der prinzipiellen Zustimmung aller Menschen.

3.2.1.1 Widersprüche aus der Ökologie

(a) Es gilt das Irreversibilitätsprinzip. In einem komplexen System kann ein ehemaliger Zustand weder gezielt noch zufällig wiederhergestellt werden. Zudem erhielt seit Beginn der Menschheitsgeschichte die Drift des Ökosystems durch singuläre außenbürtige (z. B. Eiszeiten) und durch anthropogene Veränderungen erhebliche Impulse.

Hier gilt auf höherer Komplexitätsstufe das Dollosche Prinzip, demzufolge ein einmal erloschener Organismus im Evolutionsprozeß nicht wieder identisch auftreten kann. Der dazu erforderliche Zufall ist nahezu unendlich klein, zumal nicht nur der Organismus in Struktur und Funktion wiederauferstehen, sondern auch ein weitgehend identisches Habitat wieder zur Verfügung stehen müßte – fast unmöglich angesichts der zwischenzeitlich erfolgten geophysikalischen Drift und der Veränderungen im Biosystem.

Trifft die Enkapsis des ökonomischen in das ökologische System zu, so ist ersteres den gleichen prinzipiellen Gesetzmäßigkeiten und Veränderungen unterworfen wie das letztere. Nämlich

– einer Drift in der Zeit, Oszillationen mit temporären und lokalen Verknappungen sowie einer für beteiligte Lebewesen ggf. katastrophalen Regulation,
– der schon mehrfach erwähnten Endlichkeit. Spätestens mit dem Ende der Sonne schwindet unser Ökosystem dahin. Etwas überspitzt wird daher langfristige Vorsorge für die Menschheit eigentlich nur von jenen betrieben, die in utopischen Projektionen oder als Befürworter von Investitionen in die Weltraumtechnologie den Fluchtweg in andere Planetensysteme vorbereiten.

Die Überlegung zeigt wiederum, daß alle die Natur absolut setzenden Strategien vergebens sind. *Sub specie aeternitatis* sind Mensch *und* Ökosystem nichts. Es kann nur darum gehen, pragmatisch die vorhandenen oder für die nähere Zukunft absehbaren Gefahren zu meistern.

(b) Es gibt keinen Zustand von „Standard-Natur", der als Zielprojektion dienen kann. Unveränderte Natur gibt es in historischer Zeit überhaupt nur noch – falls man bereit ist, geringe Veränderungen zu ignorieren – auf sehr begrenzten Flächen außerhalb der „Oikumene", des dauernd besiedelten Landes: Im tropischen Regenwald, in der Antarktis, in der Tiefsee, im Hochgebirge usw. Der ganz überwiegende Teil der Erde ist in der einen oder anderen Form kulturell beeinflußt. Was zum Maßstab gesetzt wird, ist nicht „die Natur", sondern ein zufällig bewußter, subjektiv als günstig empfundener mehr oder weniger naturferner Zustand in einem willkürlich ausgewählten Zeitschnitt in einer beliebigen Region. Dies ist keine Basis für eine Zielsetzung.

(c) Der Mensch ist ein Teil des Ökosystems durch die Einbindung seines Monosystems in dasselbe. Alle seine umweltbezogenen Aktivitäten, auch die scheinbar naturwidrigsten, sind „natürlich".

Verschärfen sich die Folgen von Übervermehrung und Überproduktion, so setzt natürliche Regulation ein. Was wir als Krise empfinden, ist der aus der Integration in das Ökosystem zwangsläufig folgende natürliche Normalzustand von Umweltbeziehungen einer expandierenden Art. Die Befürworter einer Orientierung an der Natur müßten dem gelassen entgegensehen. Der Natur folgen bedeutete, unsere Art weiterhin dieser natürlichen Regulation mit den bekannten Folgen für Leben, Gesundheit und Wohlbefinden vieler Menschen zu überlassen. Diese Meinung wird, sei es fatalistisch, sei es zynisch, gar nicht selten vertreten. Sie ist hoffentlich nicht mehrheitsfähig.

Ihr liegt eine falsche Anthropologie zugrunde. Ungeachtet der zunehmenden Gefühligkeit für „Natur" wird der Mensch nach wie vor nicht als

Naturwesen akzeptiert. Es wird nicht gesehen, daß er nicht wider die Natur handelt und sich dadurch Umweltprobleme einhandelt, sondern daß umgekehrt sein Unglück daher rührt, daß er sich so naiv natürlich verhalten hat und noch verhält wie nur denkbar. Der Mensch hat wie jede Art maximal alle Ressourcen genutzt und sich so gut es nur ging fortgepflanzt. Wieso sollte er zurück zur Natur, in deren Mitte und Tradition er doch steht? Gerade sein „natürliches" Verhalten bringt ihn doch in die Krise (S. 107).

(d) Die vermutete Harmonie der Natur, das ökologische Gleichgewicht, ist eine Fiktion. Sie entspringt Befangenheit des Denkens:

- unserer Kurzlebigkeit, die das Ausmaß der Drift überhaupt nur unter Zuhilfenahme von Wissenschaft zur Wahrnehmungserweiterung beurteilen kann;
- unserer trivialen Verdrängungsmentalität für unangenehme Erfahrungen: Früher war immer alles besser und die jeweils heutige Jugend ist die schlimmste von allen;
- unserem Harmoniebedürfnis. Dieses ist prinzipiell biopositiv und soll in gar keiner Weise verächtlich gemacht werden. Es darf uns jedoch auch nicht den Blick auf die Wirklichkeit verstellen.

3.2.1.2 Es ist zu spät

Selbst wenn eine Wiederannäherung von Ökologie und Ökonomie, Mensch und Natur jemals eine Lösung geboten hätte, ist diese jetzt und hier nicht mehr einstellbar. Vielleicht wäre dies noch irgendwann im Neolithicum möglich gewesen. Angesichts der weiter anschwellenden Menschenlawine ist naturnahe Einpassung unmöglich. Unmöglich auch angesichts der nicht mehr rückgängig zu machenden globalen Veränderungen: CO_2-Anstieg, Ozonloch, Eutrophierung, Entwaldung usw.

Im Sinne der Versöhnungsstrategie fallen Ursachenbekämpfung und Symptombehandlung weitgehend zusammen. Sind alle Symptome einer krisenhaften Situation des Menschen verschwunden, kann von der Re-Integration in das ökologische System ausgegangen werden. Das Verschwinden von Schmerz täuscht die Heilung der Krankheit vor. Ist dem so, gibt es für große Teile der Weltbevölkerung scheinbar keine Umweltkrise.

In den Industriestaaten haben die meisten Einwohner nicht unbedingt spontan das Gefühl, daß sie oder ihre Gesellschaft prinzipiell am Ende sind. Das steht nur in der Zeitung. Hätten sie nicht – dank der abendländischen Kritikfähigkeit und der hocharbeitsteiligen Gesellschaftsstruktur – ihre Reisenden, Berichterstatter, Kommentatoren, Wissenschaftler, Gurus und Panikmacher, kurzum jenen pluralistischen Sauerteig unruhiger Sensoren, so könnten sie, beschwingt von den Statements ihrer Lenker von Ökonomie und Staat sogar meinen, die Welt sei in Ordnung.

Sie könnten weitgehend bequem verharren in ihrem Eurozentrismus oder im Wildwest-Traum vom guten Sheriff, der es schon richten wird. Sie könnten weiterhin ihren abgehobenen Ansprüchen und weltfremden Diskussionen nachgehen.

- Ob z. B. eine Übergangsregelung für Katalysatoren bis 1990 oder 1995 durchgesetzt werden soll: Sie kommt allemal zu spät.
- Ob Genmanipulation moralisch sei oder nicht: Ohne sie – in der Züchtung längst intensiv praktiziert, in der Pharmazeutik praktisch unausweichlich – werden ohnehin die meisten Menschen bald verhungern oder medizinisch noch mehr unterversorgt sein. Es sei darauf hingewiesen, daß z. B. unentbehrliche Nutzpflanzen wie der Mais oder die Banane Produkte einer seit Jahrtausenden erfolgenden Genmanipulation sind.
- Die pseudomoralischen Einsätze für das Ungeborene, der medizinische und juristische Kampf um das Recht auf Fruchtbarkeit für jede(n): Angesichts des ungeheuren Geburtenüberschusses anderwärts und in Anbetracht des Elends der meisten bereits Geborenen sind sie gleichermaßen Perversionen einer Luxusgesellschaft.

Wir neigen zum Werte-Imperialismus. Andernorts fehlen infolge anderer kultureller Tradition gewisse abendländische Skrupel von vornherein (s. o.). Zudem: Wer hungert, fragt nicht nach Theoremen und Moral.

Anders in den Entwicklungsländern. Hier findet die Krise nicht nur in den Medien oder als abstrakte Gefahr statt. Sie ist Alltag. Die Zeitbombe tickt nicht überall gleich schnell. Die Symptome sind nicht gleichartig. Und zweifellos trifft es jene ökologisch benachteiligten Regionen der Erde (S. 94) rascher, die extremeren klimatischen Bedingungen ausgesetzt sind, denen es an Ressourcen wie Wasser oder Primärproduktion mangelt, in denen Krankheiten und Parasiten mehr Kräfte zehren. Hier wird auch sehr viel schneller einsichtig, daß Anpassung an die Natur keine Lösung sein kann.

3.2.1.3 Zwei-Standard-Welt oder eine Menschheit?

Die Wiederannäherung bedeutet Perpetuierung einer Zwei-Standard-Welt. Wenn, einer Forderung der Versöhnungsstrategie entsprechend, die ökonomische Aktivität zurückgenommen wird, dann wird dies gewiß nicht zuungunsten derer erfolgen, die bisher am meisten von ihr profitierten, etwa der hochindustrialisierten Staaten, die den Löwenanteil aller Güter und Rohstoffe der Erde bisher für sich vereinnahmten (Barney 1980).

Der Doppelstandard würde vielmehr im Gefolge einer Einschränkung perpetuiert und zementiert. Sei es regional im Sinne einer Welt-Apartheit, bereits manifest im Nord-Süd-Konflikt. Sei es sozial, indem die bei wirtschaftlichem Wachstum spürbar entschärften Klassengegensätze innerhalb der Industriegesellschaften in einer Phase drastischer Schrumpfungen wieder virulent würden. Allerdings nicht in Form der traditionellen Klassen, sondern in neuen Gruppierungen, entsprechend den neuen Kriterien der *"fitness"*. Sichtbar sind sie schon jetzt: Aufsteiger, die bewußt Leistung und Bildung gegen Passivität setzen; die bewußt eine gesunde, wenngleich teuere Lebensweise anstelle von Gewohnheitstrott und *Junk-Food* anstreben; die Selbständigkeit der Sicherheit vorziehen.

3.2.2 Die ökologische Entwicklungsstrategie

Entwicklungsstrategie heißt, daß der Mensch auf komplexerem Niveau seiner alten Kulturtätigkeit nachgeht, indem er seine Umwelt aktiv beeinflußt und sie in seinem Sinne, zu seinem Nutzen gestaltet. Dies betrachtet er – naiv oder überlegt – als selbstverständliches Recht. Es wird nur eingeschränkt durch autonome Überlegungen über die *Wertehierarchie*, die er seinen gestalterischen Entscheidungen zugrunde legt und durch die Maxime, für *alle Menschen* Schaden zu vermeiden.

Statt Versöhnungsideologie Mut zur emanzipierten Aktion, zur Lenkung der Regulation, zur vorausdenkenden Veränderung von Umwelt. Prometheus, der Vorausdenker, ist die alte Symbolfigur für diese Einstellung: Er listet den Göttern Vorteile für den Menschen ab. Dies klingt vielleicht „materialistisch", „technokratisch" oder – entsprechend dem griechischen Mythos – vermessen, größenwahnsinnig. Doch darf Prometheus nicht ein zweites Mal scheitern.

Daher muß nochmals betont werden:

- daß diese Beschreibung fast alle bereits laufenden und anerkannten Schutz- und Entwicklungsbestrebungen umfaßt;
- daß die emotionalen Werte, die Menschen aus ihrem Verhältnis zum Rest der Biozönose beziehen können, selbstverständlich eingeschlossen sind. Wenngleich unter der Rubrik „Nutzen" – eben psychischer, emotionaler Nutzen;
- daß das Konzept zwar unmißverständlich die Erhaltung des Men-

schen in den Vordergrund stellt, jedoch zuläßt, daß der konkurrenzfreie Raum von Fall zu Fall auch auf andere Lebewesen ausgedehnt wird – sofern es gewünscht wird und nicht wesentliche Interessen anderer Menschen berührt werden;

- daß Umwelt des Menschen *de facto* zusammenfällt mit dem gesamten Ökosystem, für dessen Entwicklung Verantwortung übernommen wird;
- daß Begrenzung des Wachstums auch ein Mittel der ökologischen Entwicklungsstrategie ist. Jedoch nicht als integraler Teil der Lösung, sondern als pragmatisches Vorgehen im Einzelfall im Sinne eines vorausschauenden Gegensteuerns. *Der Verzicht ist nur eine unter vielen Taktiken und nicht die globale Lösung.* Die Regulation des „Über-" soll nicht unberechenbar der Natur überlassen werden, sondern ist im Einzelfall mit gezielter, selbstauferlegter Einschränkung vorwegzunehmen. Was bei der Versöhnungsstrategie zugleich Mittel und Ziel ist, ist bei der Entwicklungsstrategie bloße Taktik;
- daß uns im Augenblick nur das zweigleisige Vorgehen bleibt: Langfristig humane Stabilisierung der Erdbevölkerung in jeweils der Tragefähigkeit von Regionen angemessenen Dichten. Kurzfristig Bekämpfung der Vielzahl von Krisensymptomen mit einer größtmöglichen technischen und regionalen Diversität der Mittel – um das sonst unvermeidlich Schlimmste zu entschärfen (S. 164).

Überwindung der natürlichen Regulation und unseres plumpen naturnahen Umganges mit dem Ökosystem bedeutet zwangsläufig die Definition eines Zieles und einer daran orientierten Wertehierarchie. Die einzige dazu verfügbare Richtschnur ist das Wohlergehen aller Angehörigen unserer Art. Sie ist subjektiv, egoistisch; allerdings ist sie gerade in diesem Egoismus wiederum natürlich. *Die Natur in uns (Artegoismus) setzt sich gegen die Natur um uns (Regulationsmechanismen des Ökosystems) zur Wehr.* Dies sollte nicht vordergründig im Rahmen der bisherigen „Kultur"tätigkeit erfolgen, sondern in besserer Kenntnis der ökosystemaren Rahmenbedingungen und Abläufe und im Besitz weitsichtiger Prognosen und Konzepte.

Dadurch ist kaum eine der bisherigen Einzelmaßnahmen in Frage gestellt. Sie müssen allerdings neu polarisiert, neu ausgerichtet werden. Sie sind überzuführen in den Rahmen einer widerspruchsfreien Umwelt-Strategie. Zudem müssen sie quantitativ in eine ungleich größere Dimension eintreten als bisher. War ursprünglich neben dem Militär die Ökonomie die stärkste Säule staatlichen Handelns, muß ihr in Zukunft die angewandte Ökologie mindestens gleichberechtigt zur Seite treten.

Strategien machen jedoch nur Sinn angesichts eines Ziels. Hier treten entscheidende Defizite auf, indem einige Teilziele – Linderung der Not akut betroffener Menschen – überdeutlich sichtbar sind, nicht jedoch ein übergeordnetes Fernziel – es sei denn ein arg diffuses Bild einer heilen „Natur". Es bedarf einer deutlicheren Zielsetzung: Wie stellen wir uns Gesellschaft, Ökonomie und Ökologie – untrennbare Dreiheit – der Zukunft vor?

Dieses Ziel kann selbstverständlich nicht aus der wissenschaftlichen Ökologie gewonnen werden; das ist nur ein Mißverständnis mancher Weltverbesserer. Die Ökologie macht allerdings entscheidende Vorgaben.

3.2.3 Ziel

Als Zielsetzung wurde bereits formuliert: Möglichst vielen Menschen ein menschenwürdiges Dasein zu ermöglichen. Der Mensch ist das Maß. Die bereits vorhandenen Formeln zeigen, daß dieser Gedanke seit dem klassischen Altertum immer wieder angedacht wurde. Man vergleiche den Hymnos auf den Menschen bei Sophokles: *„Es gibt vieles Gewaltige, nichts jedoch ist gewaltiger als der Mensch ..."* Der Mensch beherrscht längst die Erde. Jedes Zurück wäre geschichtswidrig. Übergang in die Noosphäre, in das Anthropozoikum.

Emanzipation, nicht von der Natur, sondern von unserem Scheinbild über sie. Nur so wird ungünstige Sukzession unterbrochen, für uns schädliche Regulation gemindert. Bildhaft: Ans Steuerpult des Raumschiffs Erde – allerdings mit der erforderlichen Ausbildung. Ein auf uns passendes Ökosystem erhalten wir nicht durch weniger, sondern durch mehr, jedoch sachkundigere, gezieltere, langfristig überlegte Bewirtschaftung. Die Ansätze können sich decken: Was an der Erhaltung des Regenwaldes dem einen wie selbstloser Naturschutz scheint, ist dem anderen die Erhaltung eines CO_2-Depots und Klimaregulans.

Einige der in o.g. Zielsetzung verwendeten Begriffe bedürfen der Erörterung.

(a) „Alle Menschen": Ist die Gesamtheit unserer Art, die Menschheit, überhaupt als Einheit allgemein erwünscht und akzeptiert? Dies ist und war nicht selbstverständlich. Durch alle Zeiten zieht sich auf kultischer, kultureller, verwandtschaftlicher oder rassischer Basis die Identitätsbildung engerer Gruppen unter Abgrenzung von den „anderen". Zu allen Zeiten wurden „Barbaren", „Primitive", „Wilde", „Parias" ausgegrenzt. Selbst der Umfang unserer Art blieb unscharf: Die biologische Anthropologie kennt noch das Problem, festzustellen, ob das Fossil eines Primatenvorfahren des heutigen Menschen nur erst ein verwandtes „Tier" oder bereits ein richtiger „Mensch" war. Noch im Zeitalter der

Entdeckungen waren sich viele Reisende unsicher, ob die Menschenaffen Südostasiens oder Afrikas nicht eigene Arten „wilder Menschen“ seien. Bis in unsere Tage wurde diskutiert, ob man den San-Buschleuten aufgrund einiger Körpermerkmale nicht den Rang einer eigenen Nachbar-Spezies zuerkennen müsse.

Die Menschheit war einst in eine Vielzahl kleiner Isolate aufgeteilt, die erst allmählich, über blutige Reichsbildungen, zu größeren Einheiten zusammenwuchsen. Erst die Aufklärung fand das Ideal der Menschheit ohne Ausgrenzung. Erst das 20. Jh. ist im Austausch von Menschen und Informationen durch Verkehrsmöglichkeiten und Medien in ein qualitativ neues Stadium getreten. Die Gegenbewegung zur Isolation hat gesiegt. Die Integration bildet das, was Teilhard de Chardin (1959) die Noosphäre genannt hat, was heute in Fortführung des geologischen Zeitalters Neozoikum als Anthropozoikum bezeichnet wird.

Alle Umweltstrategien müssen sich auf die ganze Art Mensch beziehen. Damit ist allerdings der o. g. Diskurs über umweltpolitische Diskriminierung von Regionen oder Klassen erst teilweise und vordergründig erledigt.

Alle Menschen gehören zwar zu einer Spezies; dennoch bestehen Kompartimente sozialer (Klassen, Kasten), kultureller (Religionen, Sprachen, Traditionen) oder geographischer Art (Staaten, Rassen) fort. Sie dürfen weder ignoriert und undifferenziert gleichgemacht werden, noch dürfen sie als Vorwand benutzt werden für eine willkürliche soziale Ungleichstellung. Die globale Zivilisation ist ein erstrebenswertes Ziel; jedoch nur dann, wenn sie möglichst viele Teilgruppen in vielen Facetten und Differenzierungen ohne gleichzeitige Benachteiligung friedlich integriert. Unterschiedliche *“fitness”* muß im Sinne der Solidarität ausgeglichen werden.

Diese vorgegebene Kompartimentierung ist der Ansatzpunkt für den schon mehrfach angesprochenen Regionalismus bei der Problemlösung. Es gibt einige global anwendbare Richtlinien: Einschränkung der Natalität, Sparsamkeit hinsichtlich der Ressourcen, Vermeidung von Umweltgiften. Ihre Umsetzung und die konkrete Beseitigung der regionalen oder lokalen Manifestation von Umweltproblemen bedarf, um effizient zu sein, der Diversifikation der Mittel in Angleichung an die regionalen Vorgaben. Wir gelangen dadurch zur Bildung von Entwicklungs-Kompartimenten, die jeweils ihr eigenes, angepaßtes System geplanter Regulation finden müssen. Sie dürfen andererseits – vergleichbar Kompartimenten in Zelle oder Organismus – nicht vom Gesamtsystem abgekoppelt werden. Auch hier wird nur bewußt, aktiv gestaltend nachvollzogen, was vom Ökosystem längst vorgegeben ist. Man vergleiche das Sukzessionsmosaik (S. 66). Im Rahmen dieser ökologischen oder entwicklungsstrategischen Kompartimentierungen behalten auch lokale Kulturformen ihre Existenzmöglichkeit – bei Einbeziehung in die Weltzivilisation.

(b) „Umwelt". Hier geht es nicht um den schon mehrfach angesprochenen Umfang menschlicher Umweltbeziehungen, vielmehr um deren Einheit. Die Einheit der Umwelt aller Menschen des globalen Ökosystems ist heute schon in Festreden von Politikern eingedrungen, also weitgehend – verbal – akzeptiert.

Es treten Widersprüche auf. Die Einheit wird von der Vielfalt der menschlichen Innenwelt(en) in Frage gestellt. Wie schon ausgeführt, kann das, was für den einzelnen Menschen „Umwelt" ausmacht, außerordentlich verschieden sein, ungeachtet eines breiten Überlappungsbereichs. Diese Unterschiede verursachen ständig Konflikte zwischen Menschen hinsichtlich der Behandlung „ihrer" individuellen Umweltsituation. Dies erfordert differenzierte Interessen-Abwägung und Diskussion um Wert-Hierarchien.

Einheit der Umwelt besteht auch nicht hinsichtlich der von außen vorgegebenen Verteilung der Populationen auf Biome unterschiedlicher Besiedlungsfähigkeit. Damit ist das traditionelle Feld der intraspezifischen Konkurrenz um Ressourcen oder individuell bevorzugter Umwelteigenschaften abgesteckt. Die Austragung pflegte dadurch zu erfolgen, daß sich (eine) Teilgruppe(n) unter Aufbietung aller verfügbaren Technologien und Ressourcen gewaltsam auf Kosten des Restes die Nutzung der begehrten Objekte oder die erwünschte Situation sicherte.

Entsprechend der inneren Entwicklung des Menschen unter Sublimation der Aggression (K. Lorenz, vgl. S. 107) ist dieses „natürliche" Verhalten in Übereinstimmung mit der Ethik vieler Gesellschaften abzulehnen. Gewaltsame Konfliktlösung ist einerseits verwerflich, weil ein Teil des oben bereits als sakrosankt erkannten menschlichen Genoms und Kulturerbes dadurch in Frage gestellt wird. Andererseits wird in Zukunft die Strategie einer isolierten Ausbeutung erfolglos sein, weil globale, z. B. klimarelevante, Prozesse nur noch in gemeinsamer Anstrengung bzw. gemeinsamem Produktionsverzicht gesteuert werden können; keine Teilgruppe wird sich der daraus erwachsenden Bedrohung entziehen können. Ein anderes Gleichgewicht der Abschreckung.

Zur Durchsetzung bedarf es der Weltregierung oder – flexibler – des Konsenses einiger großräumiger staatlicher Verbände. Es steht zu hoffen, daß die Entwicklung weiter in diese Richtung geht. Die *de facto* schon bestehende globale Einheit hat allerdings – im Augenblick noch politisch heikle – Folgen. Sie bedeutet die Einschränkung der derzeit propagierten Nichteinmischung. Schon heute wäre in manchen Fällen Einmischung in korrupten Staaten sehr angebracht: Ursachenbekämpfung statt der üblichen Hilfsaktionen zur Milderung der Folgen politischer Mißwirtschaft und Unmenschlichkeit.

Die Fülle der Teilprobleme ist groß. Sie sind lösbar, wenn konsequent das Instrumentarium der Globalsteuerung angewendet wird, ergänzt durch Regionalisierung. Wenn notwendiges Verhalten per Gesetz erzwungen wird, ergänzt durch Spielraum für die individuelle Initiative des einzelnen. Wenn lokal und international Konsens über die Ziele der Umweltpolitik hergestellt wird, getragen von möglichst vielen gebildeten und informierten Menschen. Defizite liegen weniger im Bereich der Machbarkeit als im Bereich der Zielsetzung und Durchführung.

Die Kompliziertheit der Teil-Ziele und Steuerung spiegelt die zunehmende Komplexität der menschlichen Umwelt. Der Vielfalt der Teil-Probleme können wir jedoch eine zunehmende Vielfalt von menschlichem Können und Talent entgegensetzen. Wir müssen die Aufgabe nur annehmen. Es besteht auch die Hoffnung, daß viele derzeitige Fehler des Menschen die des „Anfängers" sind. Möge er rasch aus ihnen lernen.

Einzelheiten des Weges sind vielfach noch offen. Gewiß ist, daß er Einschnitte erfordert, gewiß ist die Notwendigkeit, ihn zu beschreiten. Überlassen wir uns der Natur in uns und um uns, so werden wir eine von uns nicht mehr beeinflußbare, wahrscheinlich weit schmerzhaftere Regulation durch das ökologische System erfahren.

4. Schluß

Ist das Ökologie? Nein, aber keine Lösung der um uns liegenden ökologischen Krise ohne die der Innenwelt des Menschen. *Die ökologische Krise ist menschengemacht. Sie ist eine menschliche Krise.* Das Defizit liegt nicht mehr in der Ökologie, in der Wissenschaft, sondern in der Umsetzung des reichlich fließenden Wissens. Es liegt im Menschen, in seiner Entwicklungsfähigkeit als Individuum und Gemeinschaft. Sokrates holte die Philosophie von der Natur, von den Hylozoisten, wieder zum Thema Mensch. Dort sah er in seiner Zeit das Defizit. Heute sind wir in vergleichbarer Situation: Es gibt keinen Fortschritt um den Menschen (Monotop) ohne Fortschritt im Menschen (Monozön). Beide Bereiche des Monosystems müssen Schritt halten.

Nicht Naturwissenschaft und Technik haben versagt. Sie stehen als mehr denn je leistungsfähige Instrumente bereit. Versagt hat die Gesellschaft, die dieses Instrumentarium nicht beherrscht und weise und effektiv einsetzt. Zur Behebung der ökologischen Krise bedarf es eines neuen Entwurfes vom Bild des Menschen und von der Struktur der Weltgesellschaft der Zukunft. Hier liegt die Herausforderung. Mit ein bißchen Wiederversöhnung oder ein bißchen Technokratie ist es nicht mehr getan. Insofern wird hier der Mensch auf sich selbst zurückverwiesen, einem säkularisierten Fundamentalismus das Wort geredet.

Die ökologische Entwicklungsstrategie bemißt sich am Ziel. Dazu bedarf es einer erneuten Loslösung von alten Ansichten über Mensch und Umwelt. Es bedarf einer weiteren Häutung auf dem Weg vom Tier zur wahren Humanität.

LITERATUR

Die Nennung aller Originalzitate hätte den Text überfrachtet. Sie erfolgte nur in Einzelfällen und für die Abbildungen. Zu den im Text durch Hinweis eröffneten Teilbereichen wird einige leicht zu beschaffende weiterführende Literatur angegeben (*).

Adreßbuch Umweltschutz (1987). Wiesbaden.*

Altner, G. (1981): Versöhnung mit der Natur. In: natur 11 (1981).

American Society of Zoologists (Hrsg.) (1984): Science as a way of knowing. II. Human ecology. In: American Zoologist 25, 377–641.*

Arndt, U., W. Nobel, B. Schweizer (1987): Bioindikatoren. Möglichkeiten, Grenzen und neue Ergebnisse. Stuttgart.*

Ax, P. (1984): Das Phylogenetische System. Stuttgart, New York.*

Balogh, J. (1985): Lebensgemeinschaften der Landtiere unter Berücksichtigung der zoozönologischen Arbeitsmethoden. Budapest, Berlin.*

Barbier, M. (1979): Chemical Ecology. Harlow.*

Barisch, H. (Hrsg.) (1980): Leben in Gefahr. Einführung in die Ökologie. Würzburg.*

Barney, G. O. (Hrsg.) (1980): The Global 2000 Report to the President. Council of Environmental Quality and The US Foreign Affairs Ministry, Washington D. C. – Deutsche Ausgabe: Global 2000. Der Bericht an den Präsidenten. – 2001-Versand (1980). – Dazu: Global future. Es ist Zeit zu handeln; Global 2000. Die Fortschreibung des Berichts an den Präsidenten. Dreisam 1981.

Barth, W.-E. (1987): Praktischer Umwelt- und Naturschutz. Berlin, Hamburg.*

Berndt, R., W. Meise (1959, 1962, 1966): Naturgeschichte der Vögel. 3 Bde. Stuttgart.

Bertalanffy, L. v. (1975): Quantitative laws in metabolism and growth. In: Quarterly Review of Biology 32, 217–231.

Bezzel, E. (1980): Verstummen die Vögel? Unsere bedrohte Vogelwelt. Bergisch-Gladbach.*

Bezzel, E. (1988): Species assemblages and distribution patterns of swallows and swifts in the Near and Middle East. In: Zoology in the Middle East 2, 26–30.

Bick, H., u. D. Neumann (1982): Bioindikatoren. In: Decheniana, Beihefte, 26, 1–198.*

Bieber, H. (1989): Ein Platz noch für die Hoffnung. In: Die Zeit, vom 6. 1. 1989.

Birg, H. (1989): Die demographische Zeitwende. In: Spektrum der Wissenschaft 1, 40–49.*

Blab, J. (1986): Grundlagen des Biotopschutzes für Tiere. 2. Aufl. Greven.*

Blab, J., et al. (1984): Rote Liste der gefährdeten Tiere und Pflanzen in der Bundesrepublik Deutschland. Greven.*

Boardman, R. S., A. H. Cheetham, W. A. Oliver (1973): Animal colonies: their development and function through time. Stroudesburg, Pa.*
Bosch, C. (1983): Die sterbenden Wälder. Fakten, Ursachen, Gegenmaßnahmen. München.*
Braun, R. (1959): Tierbiologisches Experimentierbuch. Stuttgart.
Braun-Blanquet, J. (1964): Pflanzensoziologie. 3. Aufl. Wien.
Brauns, A. (1968): Praktische Bodenbiologie. Stuttgart.*
Brauns, A. (1985): Agrarökologie im Spannungsfeld des Umweltschutzes. Braunschweig.*
Breckle, W. (1983): Ökologie der Erde 1. Ökologische Grundlagen in globaler Sicht. Stuttgart.*
Breckle, W. (1984): Ökologie der Erde 2. Geo-Biosphäre. Spezielle Ökologie der tropischen und subtropischen Zonen. Stuttgart.*
Breckle, W. (1986): Ökologie der Erde 3. Geo-Biosphäre. Spezielle Ökologie der gemäßigten und arktischen Zonen. Euro-Nordasien. Stuttgart.*
Brijer, C. J. (1970): Silberne Schleier. Gefahren chemischer Bekämpfungsmittel. München.*
Brown, L. R. (Hrsg.) (1988): Worldwatch Institute Report. Zur Lage der Welt – 88/89. Daten für das Überleben unseres Planeten. Frankfurt a. M.
Buchner, P. (1960): Tiere als Mikrobenzüchter. Heidelberg.
Buchwald, K., u. W. Engelhardt (1968/69): Handbuch für Landschaftspflege und Naturschutz. 4 Bde. Müchen.*
Bund für Umwelt und Naturschutz (Hrsg.) (1988): Umwelt-Bilanz. Die ökologische Lage der Bundesrepublik. Hamburg.*
Bund für Umwelt und Naturschutz (Hrsg.) (1988): Umweltschutz zwischen Reparatur und realer Utopie. Wege aus der Bedrohung. Köln.*
Burhenne, W. E. (Hrsg.) (1980 ff.): Umweltrecht. Systematische Sammlung der Rechtsvorschriften, Entscheidungen und organisatorischen Grundlagen zur Raumplanung und Landespflege sowie zur Nutzung und Erhaltung der natürlichen Hilfsquellen. Berlin, Bielefeld, München, (Loseblattsammlung).*
Buschinger, A. (1987): Staatenbildung der Insekten. Darmstadt.
Campbell, B. (1985): Ökologie des Menschen. München.*
Campbell, R. (1981): Mikrobielle Ökologie. Weinheim.*
Carson, R. (1962): Der stumme Frühling. München.
Christiansen, F. B., u. T. M. Fenchel (1977): Theories of populations in biological communities. Berlin.*
Clapham, W. B. (1973): Natural ecosystems. New York.*
Clements, F. E. (1916): Plant succession: analysis of the development of vegetation. In: Publications of the Carnegie Institute 242, 1–512.
Cramer, F. (1988): Chaos und Ordnung. Stuttgart.*
Dahl, F. (1908): Grundsätze und Grundbegriffe der biocönotischen Forschung. In: Zoologischer Anzeiger 33, 349–353.
Dahl, F. (1921/23): Grundlagen einer ökologischen Tiergeographie. 2 Teile. Jena.*
Dawkins, R. (1976): The selfish gene. New York.*
Deegener, P. (1918): Die Formen der Vergesellschaftung im Tierreiche. Leipzig.

Degens, E. T. (1989): Perspectives on Biogeochemistry. Berlin.*
De Lattin, G. (1967): Grundriß der Zoogeographie. Stuttgart.*
Dingethal, F. J., P. Jürging, G. Kaule u. W. Weinzierl (1985): Kiesgrube und Landschaft. 2. Aufl. Hamburg, Berlin.*
Dylla, K., u. G. Kraetzner (1985): Das biologische Gleichgewicht. 4. Aufl. Heidelberg.
Ehrlich, P. R., u. A. H. Ehrlich (1972): Bevölkerungswachstum und Umweltkrise. Die Ökologie des Menschen. Frankfurt a. M.*
Ehrlich, P. (1983): Der lautlose Tod. Das Aussterben der Pflanzen und Tiere. Frankfurt a. M.*
Ehrlich, P. R., A. H. Ehrlich, J. P. Holdren (1975): Humanökologie. Heidelberg.
Ellenberg, H. (1979): Zeigerwerte der Gefäßpflanzen Mitteleuropas. 2. Aufl. Göttingen.
Ellenberg, H., R. Mayer, J. Schauermann (Hrsg.) (1986): Ökosystemforschung. Ergebnisse des Sollingprojekts 1966–1986. Stuttgart.*
Elster, H.-J. (Hrsg.) (1986): Einflüsse der Zivilisation auf die Psyche der Menschen. Stuttgart.
Elton, C. S. (1927): Animal ecology. 2. Aufl. London.*
Elton, C. (1958): The ecology of invasions by animals and plants. London.*
Erler, B. (1985): Tödliche Hilfe. Freiburg i. Br.
Evenari, M. (1982): Ökologisch-landwirtschaftliche Forschungen im Negev. Darmstadt.
Faber, M. (1983): Entropie, Umweltschutz und Rohstoffverbrauch. Berlin.*
Fabian, P. (1987): Atmosphäre und Umwelt. Chemische Prozesse, menschliche Eingriffe, Ozon-Schicht, Luftverschmutzung, Smog, Saurer Regen. 2. Aufl. Heidelberg.*
Fellenberg, G. (1985): Ökologische Probleme der Umweltbelastung. Berlin, Heidelberg.*
Finke, L. (1986): Landschaftsökologie. Braunschweig.*
Flohr, H., W. Tönnesmann (Hrsg.) (1983): Politik und Biologie. Berlin, Hamburg.*
Francé-Harrar, A. (1950): Die letzte Chance für eine Zukunft ohne Not. München.*
Frank, F. (1986): Der Mythos vom „Gleichgewicht der Natur". In: Berichte der deutschen Sektion des Internationalen Rates für Vogelschutz 26, 27–40.*
Frank, W. (1976): Parasitologie. Stuttgart.*
Franz, M., u. A. Krieg (1982): Biologische Schädlingsbekämpfung. Berlin, Hamburg.*
Gause, G. F. (1934): The struggle for existence. Baltimore, Md.
Grinnell, J. (1904): The origin and distribution of the chestnut-backed chikadee. In: The Auk 21, 364–382.
Graham, F. (1971): Seit dem „Stummen Frühling". München.*
Grathwohl, M. (1983): Energieversorgung. Ressourcen, Technologien, Perspektiven. 2. Aufl. Berlin.
Greenway, J. C. (1958): Extinct and vanishing birds of the world. New York.*
Gruhl, H. (1973): Ein Planet wird geplündert. Frankfurt a. M.*

Gruhl, H. (1982): Das irdische Gleichgewicht. Ökologie unseres Daseins. Düsseldorf.
Gruhl, H. (1986): Häuptling Seattle hat gesprochen. Der authentische Text seiner Rede mit einer Klarstellung: Nachdichtung und Wahrheit. 5. Aufl. Düsseldorf.*
Guderian, R. (Hrsg.) (1985): Air pollution by photochemical oxidants. Berlin, Heidelberg, New York, Tokyo.*
Haarmann, K., u. P. Pretscher (1988): Naturschutzgebiete in der Bundesrepublik Deutschland. In: Naturschutz Aktuell 3.
Haeckel, E. (1866): Generelle Morphologie. Kap. 19, XI Oecologie und Chorologie. Berlin.
Haken, H. (1982): Synergetik. Stuttgart.*
Hassenstein, B. (1954): Abbildende Begriffe. Verhandlungen der deutschen zoologischen Gesellschaft Tübingen 1954, 197–202.
Hartkopf, G. (1983): Umweltpolitik. Bd. 1. Opladen.*
Herrmann, A. G. (1983): Radioaktive Abfälle. Probleme und Verantwortung. Berlin.*
Henry, S. M. (Hrsg.) (1966/67): Symbiosis. 2 Vols. New York, London.*
Hill D. (1987): Agricultural Insect Pests of the Tropics and their Control. Cambridge.*
Hölzinger, J. (1987): Die Vögel Baden-Württembergs. Bd. 1 (1). Karlsruhe.
Huber, J. (1982): Die verlorene Unschuld der Ökologie. Neue Technologien und superindustrielle Entwicklung. Frankfurt a. M.*
Hoffmann, K. H. (Hrsg.) (1985): Environmental physiology and biochemistry of insects. Berlin, Heidelberg, New York.*
Holdgate, M. W., u. M. J. Woodman (Hrsg.) (1978): The breakdown and restoration of ecosystems. New York, London.*
Hutchinson, G. E. (1965): The niche, an abstractly inhabited hypervolume. In: The Ecological Theatre and the Evolutionary Play. New Haven.
Illies, J. (1985): Grzimeks Tierleben, Ökologieband, S. 169–173.
Instinsky, Th. (1983): Zur Bindung von *Gammarus fossarum* Koch, 1835 (Crustacea, Amphipoda) an den Umweltfaktor Strömung. In: Verhandlungen der Gesellschaft für Ökologie 10, 569–573.
James, F. C., R. F. Johnston, N. O. Wamer, G. J. Niemi u. W. J. Boecklen (1984): The Grinnellian niche of the Wood Thrush. In: The American Naturalist 124 (1), 17–30.
Jacobson, J. L. (1988): Environmental refugees: A yardstick of habitability. In: Worldwatch Paper 86.
Jänicke, M., U. E. Simonis u. G. Weigmann (1985): Wissen für die Umwelt. Berlin, New York.*
Jonas, H. (1980): Das Prinzip Verantwortung. Versuch einer Ethik für die technologische Zivilisation. Frankfurt a. M.*
Jünger, F. G., u. M. Himmelheber (Hrsg.) (1975): Bussauer Manifest zur umweltpolitischen Situation. In: Scheidewege 4, 3–20.
Kahnt, G. (1985): Biologischer Pflanzenbau. Stuttgart.*
Kafka, P., u. H. Meier-Leibnitz (1982): Streitbriefe über Kernenergie. Zwei Physiker über Wissenschaft, Fortschritt und die Folgen. München.*

Kattmann, U. (1988): Ethik der Natur. In: Mitteilungen des Verbandes Deutscher Biologen 355, 1627–1629.
Kaule, G. (1986): Arten- und Biotopschutz. Stuttgart.*
Koch, E. R., u. F. Vahrenholt (1980): Im Ernstfall hilflos? Katastrophenschutz bei Atom- und Chemieunfällen. Köln.*
Koch, E. R., u. F. Vahrenholt (1981): Krebswelt. Krankheit als Industrieprodukt. Köln.*
Koch, E. R., u. F. Vahrenholt (1983): Die Lage der Nation. Umwelt-Atlas der Bundesrepublik. Daten, Analysen, Konsequenzen. Hamburg.*
Kraus, O. (Hrsg.) (1986): Regulation, Manipulation und Explosion der Bevölkerungsdichte. Göttingen.
Kendeigh, S. Ch. (1974): Ecology with special reference to animals and man. Englewood Cliffs N. J.*
Kinne, O. (Hrsg.) (1970ff.): Marine Ecology. 4 Bde. London.
Kinzelbach, R. (1987): Faunal history of freshwater invertebrates of the Northern Levant (Mollusca, Crustacea). In: Proceedings of the Symposium on the Fauna and Zoogeography of the Middle East, Mainz 1985, 41–61, Wiesbaden.
Kinzelbach, R. (1987): Das ehemalige Vorkommen des Störs *(Acipenser sturio)* im Einzugsgebiet des Rheins. In: Zeitschrift für Angewandte Zoologie 74 (2), 167–200.
Kloft, W. J., u. M. Gruschwitz (1988): Ökologie der Tiere. Stuttgart.*
Klopfer, P. H. (1968): Ökologie und Verhalten. Stuttgart.*
Koenig, O. (1968): Biologie der Uniform. In: Naturwissenschaft und Medizin 22, 3–19; 23, 40–50.
Koepcke, H. W. (1973, 1974): Die Lebensformen. Grundlagen zu einer universell gültigen biologischen Theorie. 1. Grundbegriffe: Die Selbstwertbehauptung. 2. Die Arterhaltung: Die universelle Bedeutung der Lebensformen. Krefeld.
Kolkwitz, R., N. Marsson (1909): Ökologie der tierischen Saprobien. Beiträge zur Lehre von der biologischen Gewässergütebeurteilung. In: Internationale Revue der gesamten Hydrobiologie und Hydrographie 2, 126–152.
Krupp, F. (1987): Freshwater Ichthyogeography of the Levant. In: Proceedings of the Symposium on the Fauna and Zoogeography of the Middle East, Mainz 1985, 229–237, Wiesbaden.
Kühnelt, W. (1970): Grundriß der Ökologie. 2. Aufl. Stuttgart.*
Küppers, M. (1987): Hecken. Ein Modellfall für die Partnerschaft von Physiologie und Morphologie bei der pflanzlichen Produktion in Konkurrenzsituationen. In: Naturwissenschaftliche Rundschau 74, 536–547.
Kurt, F. (1982): Naturschutz – Illusion und Wirklichkeit. Berlin, Hamburg.*
Larcher, W. (1984): Ökologie der Pflanzen auf physiologischer Grundlage. 4. Aufl. Stuttgart.
Lewis, T., u. R. L. Taylor (1967): Introduction to experimental ecology. London, New York.*
Liebmann, H. (1960/62): Handbuch der Frischwasser- und Abwasser-Biologie. 2 Bde. München.
Linnaeus, C. (1759): Systema naturae. 10. Aufl. Stockholm.

Lorenz, K. (1978): Vergleichende Verhaltensforschung. Grundlagen der Ethologie. Berlin.
Markl, H. (1983): Untergang oder Übergang – Natur als Kulturaufgabe. In: Mannheimer Forum 82/83, 61–98.
Markl, H. (1986): Evolution, Genetik und menschliches Verhalten. München, Zürich.*
Markl, H., B. Heydemann (1981): Das Ende der Menschheit – na und? In: Natur 11, 24–31.*
Mauersberger, G. (1984): Zur Anwendung des Terminus „Population". In: Der Falke, Monatschrift für Ornithologie, A 31, 373–377.
May, R. M. (1973): Stability and complexity in model ecosystems. Princeton, N. J.*
May, M. (Hrsg.) (1980): Theoretische Ökologie. Weinheim.*
Mayer, E. (1975): Grundlagen der Zoologischen Systematik. Hamburg, Berlin.*
Meadows, D., D. Meadows, E. Zahn, P. Milling (1973): Die Grenzen des Wachstums. Hamburg.
Meadows, D. L., u. D. H. Meadows (1974): Das globale Gleichgewicht. Stuttgart.
Mehlhorn, H., G. Piekarski (1989): Grundriß der Parasitenkunde. 3. Aufl. Stuttgart.*
Merian, E. (Hrsg.) (1984): Metalle in der Umwelt. Weinheim.*
Michaelis, H. (1982): Handbuch der Kernenergie. Band 1–2. München.*
Möbius, K. (1877): Die Auster und die Austernwirtschaft. Berlin.
Mühlenberg, M. (1976): Freilandökologie. Heidelberg.*
Müller, P. (1980): Biogeographie. Stuttgart.*
Nachtsheim, H. (1971): Geburtenkontrolle. In: Naturwissenschaftliche Rundschau 24 (2), 64–70.
Nicholson, A. J. (1954): An outline of the dynamics of animal populations. In: Australian Journal of Zoology 2: 9–65.
Niethammer, G. (1963): Die Einbürgerung von Säugetieren und Vögeln in Europa. Ergebnisse und Aussichten. Hamburg, Berlin.*
Nowak, E. (1982): Wiedereinbürgerung gefährdeter Tierarten. Wissenschaftliche Grundlagen, Erfahrung und Bewertung. Münster-Hiltrup.
Odum, E. P. (1980): Grundlagen der Ökologie. I. Grundlagen. II. Standorte und Anwendung. Stuttgart, New York.
Odzuck, W. (1982): Umweltbelastungen. Belastete Ökosysteme. Stuttgart.*
Ökologische Probleme in Verdichtungsgebieten (1987). Hohenheimer Arbeiten. Stuttgart.*
Oller, G. (1985): Bodenkunde. 2. Aufl. Hamburg.*
Osche, G. (1981): Ökologie. 9. Aufl. Freiburg i. Br.*
Patten, B. C. (Hrsg.) (1971, 72, 75): Systems analysis and simulation in ecology. I–III. London, New York.*
Peccei, A. (1981): Die Zukunft in unserer Hand. Gedanken und Reflexionen des Präsidenten des Club of Rome. 2. Aufl. Wien, München.
Peus, F. (1954): Auflösung der Begriffe „Biotop" und „Biozönose". In: Deutsche Entomologische Zeitschrift NF 1 (3–5), 271–308.

Pielou, E. C. (1976): Ecological Diversity. London.*
Poll, R. (Hrsg.) (1984): Literatur zu Umweltschutz und Umweltforschung. 3. Aufl. Stuttgart.*
Popper, K. R. (1966): Logik der Forschung. 2. Aufl. Tübingen.*
Rasmussen, L. (Hrsg.) (1984): Ecotoxicology. In: Ecological Bulletin 36.*
Rat von Sachverständen für Umweltfragen (1980): Umweltprobleme der Nordsee. Stuttgart, Mainz.*
Rat von Sachverständigen für Umweltfragen (1985): Umweltprobleme des Rheins. Stuttgart, Mainz.*
Rat von Sachverständigen für Umweltfragen (1985): Umweltprobleme der Landwirtschaft. Sondergutachten. Stuttgart, Mainz.*
Reise, K. (1985): Tidal flat ecology. Berlin, Heidelberg, New York.*
Remane, A. (1954): Die Grundlagen des natürlichen Systems, der vergleichenden Anatomie und der Phylogenetik. Leipzig.
Remane, A. (1956): Die Grundlagen des natürlichen Systems, der vergleichenden Anatomie und der Phylogenetik. 1. Theoretische Morphologie und Systematik. 2. Aufl. Leipzig.*
Remane, A., u. C. Schlieper (1971): Biology of brackish water. Stuttgart.*
Remmert, H. (1984): Ökologie. Ein Lehrbuch. 3. Aufl. Berlin, Heidelberg, New York.*
Remmert, H. (1985): Ökologie und Ökonomie. In: Mitteilungen des Verbandes Deutscher Biologen 322, 1467–1468.
Remmert, H. (1988): Naturschutz. Ein Lesebuch. Berlin, Heidelberg.*
Riedl, R. (1966): Biologie der Meereshöhlen. Hamburg, Berlin.*
Rippen, G. (1988ff.): Handbuch Umwelt-Chemikalien. Stoffdaten, Prüfverfahren, Vorschriften. Loseblattsammlung. Landsberg.*
Rossnagel, A. (1983): Bedroht die Kernenergie unsere Freiheit. Das künftige Sicherungsystem kerntechnischer Anlagen. 2. Aufl. München.*
Runge, F. (1980): Die Pflanzengesellschaften Mitteleuropas. 7. Aufl. Münster.*
Schemel, H.-J. (1985): Die Umweltverträglichkeitsprüfung (UVP) von Großprojekten. Grundlagen und Methoden sowie deren Anwendung am Beispiel der Fernstraßenplanung. Berlin.*
Schilder, F. A. (1950): Lehrbuch der Allgemeinen Zoogeographie. Jena.*
Schimitschek, E., G. T. Werner (1985): Malaria, Fleckfieber, Pest. Auswirkungen auf Kultur und Geschichte. Stuttgart.*
Schlichting, E. (1986): Einführung in die Bodenkunde. 2. Aufl. Hamburg, Berlin.*
Schubert, R. (1985): Bioindikation in terrestrischen Ökosystemen. Stuttgart, New York.*
Schulz, R. S. (Hrsg.) (1987f.): Deutsche Umweltschutzgesetze. Loseblattausgabe in vier Bänden. Percha.*
Schwerdtfeger, F. (1963/68/75): Ökologie der Tiere. 1. Autökologie. 2. Demökologie. 3. Synökologie. Hamburg.*
Shelford, V. E. (1911): Ecological succession: stream fishes and the method of physiographic analysis. In: Biol. Bull. 21, 9–34.
Shelford, V. E. (1913): Animal communities in temperate America. Chicago.

Sinha, R. (1984): Le paysannat sans terre: un problème toujours plus aigu. Rom, Fao.*

Sladecek, V. (1973): System of water quality from the biological point of view. Stuttgart.*

Stanley, St. M. (1988): Krisen der Evolution. Artensterben in der Erdgeschichte. Heidelberg.

Stocker, O. (1963): Das dreidimensionale Schema der Vegetationsverteilung auf der Erde. In: Berichte der deutschen Botanischen Gesellschaft 76, 168–178.*

Streit, B. (1980): Ökologie. Ein Kurzlehrbuch. Stuttgart.

Stugren, B. (1979): Grundlagen der Allgemeinen Ökologie. Stuttgart.*

Tansley, A. G. (1935): The use and abuse of vegetational concepts and terms. In: Ecology 16, 284–307.

Teilhard de Chardin, P. (1959): Der Mensch im Kosmos. München.

Thienemann, A. (1939): Grundzüge einer allgemeinen Ökologie. In: Archiv für Hydrobiologie 35, 267–285.

Thienemann, A. (1956): Leben und Umwelt. Vom Gesamthaushalt der Natur. Hamburg.

Tischler, W. (1975): Wörterbücher der Biologie. Ökologie. Stuttgart.*

Tischler, W. (1976): Einführung in die Ökologie. Stuttgart.*

Tüxen, R. (1965): Wesenszüge der Biozönose. Gesetze des Zusammenlebens von Pflanzen und Tieren. In: Biosoziologie, 10–13.*

Trepl, L. (1987): Geschichte der Ökologie. Frankfurt a. M.*

Uexküll, J. v. (1921): Umwelt und Innenwelt der Tiere. Berlin.

Uexküll, J. v. (1970): Streifzüge durch die Umwelten von Tieren und Menschen. 3. Aufl. Frankfurt a. M.*

Usher, M. B., u. M. H. Williamson (Eds.) (1974): Ecological stability. London.*

Vester, F. (1972): Das Überlebensprogramm. München.*

Vester, F. (1983): Ballungsgebiete in der Krise. Vom Verstehen und Planen menschlicher Lebensräume. München.*

Walletschek, H., u. J. Graw (1988): Öko-Lexikon. Stichworte und Zusammenhänge. München.*

Walter, H. (1973): Allgemeine Geobotanik. Stuttgart.*

Walter, H. (1985): Bekenntnisse eines Ökologen. 4. Aufl. Stuttgart.*

Walter, H., u. S.-W. Breckle (1983): Ökologische Grundlagen in globaler Sicht. Stuttgart.*

WAÜ (Washingtoner Artenschutzübereinkommen) (1985 ff.): Erkennungshandbuch. Bonn, Fortsetzungswerk.*

Wegler, R. (1970–77): Chemie der Pflanzenschutz- und Schädlingsbekämpfungsmittel. Bd. 1–5. Berlin, Heidelberg, New York.*

Weizsäcker, E. U. (1972): Humanökologie und Umweltschutz. Stuttgart.

Wey, K. G. (1982): Umweltpolitik in Deutschland. Kurze Geschichte des Umweltschutzes in Deutschland seit 1900. Opladen.*

Whittaker, R. H., u. S. A. Levin (Hrsg.) (1976): Niche: Theory and application. Dowden.*

Wieland, D., P. M. Bode, R. Disko (1983): Grün kaputt. Landschaft und Gärten der Deutschen. München.

Wickler, W. (1972): Verhalten und Umwelt. Hamburg.*
Wieser, W. (1986): Bioenergetik. Stuttgart, New York.
Wilson, E. O. (1988): Biodiversity. Chichester.*
Wilson, E. O., u. W. H. Bossert (1976): Einführung in die Populationsbiologie. Berlin.*
Winklers, S. (1980): Einführung in die Pflanzenökologie. 2. Aufl. Stuttgart.*
Wratten, St. D., G. L. A. Fry (1979): Field and laboratory exercises in ecology. London.*
Wright, S. (1960): Physiological genetics, Ecology of populations, and natural selection. In: Evolution After Darwin. Chicago.
Wuketits, F. M. (1984): Evolution, Erkenntnis, Ethik: Folgerungen aus der modernen Biologie. Darmstadt.
WWF (1982): Die Rettung der Tiere. 20 Jahre World Wildlife Fund. Seine Leistungen und Erfolge in aller Welt. München, Scherz.*
Ziswiler, V. (1965): Bedrohte und ausgerottete Tiere. Berlin, Heidelberg, New York.*

REGISTER